本书是教育部人文社会科学研究青年基金项目
"商业言论及其法律规制"（11YJC820154）的研究成果。

商业言论及其法律规制

应振芳　著

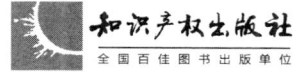

知识产权出版社
全国百佳图书出版单位

图书在版编目（CIP）数据

商业言论及其法律规制／应振芳著. —北京：知识产权出版社，2016.6
ISBN 978 - 7 - 5130 - 3951 - 2

Ⅰ.①商…　Ⅱ.①应…　Ⅲ.①商业—言论自由—民事责任—研究—中国
Ⅳ.①D923.04

中国版本图书馆 CIP 数据核字（2015）第 307615 号

责任编辑：刘　睿　邓　莹　　　　　责任校对：董志英
封面设计：张国仓　　　　　　　　　责任出版：刘译文

商业言论及其法律规制
Shangye Yanlun jiqi Falü Guizhi
应振芳　著

出版发行：**知识产权出版社** 有限责任公司	网　　址：http：//www.ipph.cn
社　　址：北京市海淀区西外太平庄 55 号	邮　　编：100081
责编电话：010 - 82000860 转 8113	责编邮箱：liurui@ cnipr.com
发行电话：010 - 82000860 转 8101/8102	发行传真：010 - 82000893/82005070/82000270
印　　刷：保定市中画美凯印刷有限公司	经　　销：各大网上书店、新华书店及相关专业书店
开　　本：720mm×960mm　1/16	印　　张：18.5
版　　次：2016 年 6 月第一版	印　　次：2016 年 6 月第一次印刷
字　　数：268 千字	定　　价：48.00 元

ISBN 978 - 7 - 5130 - 3951 - 2

目　　录

引　言

　　除却有思想之外，人区别于动物的还有行动，特别是有意识、有目的的行动。行动能够很容易地为人所认识、所感知，这一点与思想不同，除非将思想表达出来，否则外人很难知晓他人脑中的思想。行动可分为言论和行为。本书要讨论的是言论，虽然言论和行为的界限并不是很清楚。❶ 但这一点无关紧要，只要能够在理论上将两者区分开来就可以。

　　言论，或者称言语，范围广大，千差万别。"说话是日常生活中太熟习的事情了，我们难得会踟蹰一下来给它下个定义。"❷ 既然如此，权且勉为其难地对之进行十分粗糙的分类。依其态度，有褒扬言论、贬损言论和中性言论；依其主题，有政治言论、商业言论、艺术言论和生活言论；依其主体，有政府言论和民间言论；依其形式，有口头言论和书面言论。

　　本书要讨论的是商业言论。简单说，商业言论是有关商业的言论，是处在商业过程中的言论。这一描述不太准确，但已经可以大略揭示商业言论与政治言论、艺术言论以及生活言论的区别。生活言论，例如对明星性格癖好甚至发型、服饰的评论，例如家长里短的评论，常常是所

---

　　❶ 例如，在美国，把焚烧国旗等行为当成象征性言论，虽然在这里仅仅是行为，并没有言语或语言，甚至并没有文字或符号。

　　❷ ［美］爱德华·萨丕尔：《语言论——言语研究导论》，陆卓元译，商务印书馆 1985 年版，第 3 页。

谓的"法外空间"，不受法律的调整。❶ 政治言论则不然，历史地看，曾经大量存在对于政治言论严加管制的时期和朝代。时至今日，仍有对于政治言论的形形色色的管制。❷ 有些国家对政治言论仍抱持一种极不宽容的态度。

商业言论事关商业。持一种广义的对于"商"的理解，商是指一切以赢取利润为目的的行为。❸ 因此，商业即企业。而商业言论，即涉及企业及其产品或服务的言论。如关于企业的信誉、行为，企业领导人和管理者的信誉、行为，对于企业的产品或服务的评价等均属于商业言论。

某企业就自己的产品所做的推广、宣传、广告属于商业言论，某企业就他企业的信誉、行为所做的评论属于商业言论，某企业对于他企业产品所做的陈述和评论属于商业言论，甚至某媒体、消费者或某一个社会组织对某企业的产品所做的陈述和评论也属于商业言论。据此可以将商业言论进行大致的分类，按照商业言论是由企业自己作出，还是由他人作出，将商业言论分成对己的商业言论和涉他的商业言论。对己的商业言论由商人（绝大多数是企业）作出，涉他的商业言论多半由企业针对竞争对手作出，但也并非必然如此，也存在由消费者或者其他社会组织针对企业作出的商业言论。上述这些均是民间商业言论。此外，涉他

---

❶ 盖由于法律的功能在于维持人际间的关系，所以非人际的关系便不是它的规范对象。所谓非人际的关系，特别是指一个人的私人之好恶、生活方式、信仰、感情、思想及意见，等等。另外，一些生活事实，虽然已涉及人际关系，如如何与人打招呼、谈天、约会以及宴会如何进行、友谊关系等，但这些事项被认为不适宜用法律，而宜用其他的生活规范如习俗来规范。以上所述的法律管不着，或不需要用法律，或不适宜用法律来规范的事项，构成一个所谓的"法外空间"。黄茂荣：《法学方法与现代民法》，中国政法大学出版社2001年版，第189页。

❷ 各国刑法中的言论类犯罪涉及的往往既有政治言论也有其他言论。而其他言论中则包含商业言论。从政治类言论犯罪罪名与其他类言论犯罪罪名数量比例，可以推测一国对于政治言论的宽容程度。

❸ "商的概念从原先的约定俗成而嬗变成为一个法定概念，商的内涵也逐渐特指营利活动。"范健主编：《商法》，高等教育出版社2007年版，第6页。

的商业言论甚至包括政府机构针对某企业或其产品或服务作出的言论，是为政府商业言论。

商业言论也有褒贬之分，企业自家所作的广告常常褒扬自己的产品或服务，多为褒扬言论，如果褒扬过分乃至失实就有欺诈或者误导之嫌；竞争对手常常以言语为利箭攻讦企业，是为贬损言论，贬损过头乃至捏造事实，即有诋毁之嫌。有一些中立的第三方机构会发表对于不同产品或服务的评论类的言论，往往宣传其立场中立客观，只陈述事实，不夹带感情与价值判断，是为中性言论。

就表现形式而言，商业言论既可以是在产品上或其包装上的说明、标示；也可以是广告、宣传和推广；既可以是口头形式，也可以是书面形式；既可以是言语形式，也可以是文字形式；甚至，如果不是十分执着于言论和行为的区分的话，还可以是动作形式。

有必要对本书涉及的范围略作交代，基于篇幅的考虑，也由于一些商业言论的研究已经自成系统，本书的研究范围不包括证券法上的信息披露，也不研究《商业特许经营条例》中的信息披露，也不包括传统上认为属于知识产权范畴的商标、商号等商业标识的混淆行为。

订立合同过程中的要约和承诺虽然在某种意义上属于商业言论的范畴，但是，本书并不详细讲述这方面的内容，只在要约和承诺涉及欺诈的、胁迫等有限的情形，才进行讨论。本书也不涉及例如经济学家在其文章中对经济形势所做的预测、对于投资的劝导以及股评家对于股市的预测和劝导。本书也不打算涉及那些本身违法的言论，如贩卖枪支弹药、制作假文凭的广告。

第一章 商业言论概论

第一节 商业言论在中国

一、历史

社会上的人素来以其所处的身份、地位而被划分为不同的阶层。《管子》中已经明确提出古代中国社会存在士、农、工、商四阶层，故钱穆先生认为，中国社会自春秋战国以下，当称为"四民社会"；❶ 并略陈中国社会"钞票始行于南宋，至元而大盛。银号汇兑制度，亦在清初成立于山西"，指出，中国社会两千年来，即为一农、工、商并盛的社会。❷

商，在中国社会中的形象具有两面性。一方面，"士志于道"，在传统社会有限的几种人生价值实现途径的选择中，商人从来不是读书人的优先选项。"士农工商"的排序意味着商业在主流价值观中的低下地位。重农抑商几乎是历代统治者的选择。商鞅的一段话总结了采纳这一政策的理由"末事不禁，则技巧之人利，而游食者众……能事本而禁末者，富……戮力本业耕织，致粟帛多者复其身，事末利及怠而贫者举以为收孥"。❸ 民间对于商人的态度也不太友善，"无商不奸"，是普通老百姓其实就是四大阶层中的其他三个阶层对于商阶层的基本看法。另一方面，巨商大贾，在社会阶层中实际所占的位置高过工、农，甚至高于未能入仕的寒士。吕不韦以一介商人的身份，成功运作一个强盛的秦王

---

❶ 钱穆：《国史新论》，生活·读书·新知三联书店2001年版，第44页。
❷ 同上书，第52页。
❸ 《史记·商君列传》，中华书局2009年版，第420页。

朝，如同大医治国一样，大商经营国家，甚至成为大政治家的代名词。民间在主流价值观的影响下，对于商阶层抱持鄙视不屑的态度，但这并不妨碍对于成为一个成功商人的强烈向往。

帝制政权在树立礼教之类的正事之余，似乎也不忘打击商家的假冒行为。唐高宗时的法典《唐律疏议》中就明确规定，变质腐坏的食物，必须就地焚烧。非法销售的或被杖刑90，或被判监禁1~3年，情节恶劣致人死亡的则会被处以极刑。唐朝的商业管理条例——《关市令》中也有相关规定："诸以伪滥之物交易者，没官；短狭不中量者，还主。"简言之，假冒伪劣的没收归公，缺斤短两的，或补齐或退货。南宋时，官府在一桩卖假药案的判词中便指出，"小则不足愈疾，甚则必至于杀人，其危害岂不甚大哉！"同期，在另一起假药案件中，贩假药者被判"勘杖六十，枷项本铺前，示众三日"的处罚，不但挨打，还要示众三天。❶

除却主流价值观对于商阶层的总体的压抑倾向之外，这一阶段对于商业言论的记载并不多，当然也几乎未见有意识的规范。商阶层奉为圭臬的训诫——"商之道，在于诚"与民间对于商阶层的普遍印象——"无商不奸"恰成有趣的对比。

1949年新中国成立之后，长期实行计划经济体制，资本主义被当做毒草割除，商阶层作为一个整体几乎被消灭。直到70年代末80年代初，浙江温州等地才重新出现商的萌芽。❷改革开放以后，历经有计划的商品经济、社会主义市场经济等阶段，商人作为一个社会群体，逐渐走上历史舞台，犹如雨后春笋一般，转瞬成林，继而占据了重要的社会地位。

有商人就有关于商人与商业的言论，商业社会充斥着各种各样的商业言论。这些言论通过媒体、广告牌和标语墙等载体，甚至纯粹就是通

---

❶　以上均转引自陈事美："唐宋官府如何打击'假冒伪劣'"，http://www.21ccom.net/articles/fsyl/yulu_ 20140324102948.html，2014年3月26日最后访问。

❷　"八王"应该是1978年后温州最早的民间商人，柳市则是温州民营经济的发祥地。

过口耳相传的方式得以传播。但在步入网络时代以后，商业言论呈现出两个方面的变化。一是出现了一种新型的言语方式，即网络言论；二是作为一种通信工具，网络极大地扩张了言论的传播范围。

二、现状

商人以营利为依归，商业言论是重要的营商手段。受经济利益的驱动，或受制于法律的明确规定，商人需要经常发表言论。例如，为了推销商品或服务所做的广告，为了指示产品的使用所做的产品标示，为了推广企业形象所做的面向公众的宣传，为了满足证券法的要求所进行的持续信息披露，为了满足《商业特许经营条例》的要求，特许人对于潜在受许人以及受许人所做的信息披露。

总体而言，现代社会中，商业言论的广度和深度达到了空前的程度，甚至可说现代社会是个充斥着叽叽喳喳的商业言论的社会。

（一）规模

2013 年 4 月 26 日，国家工商行政管理总局局长张茅在杭州表示，截至 2012 年年底，中国广告经营额占国内生产总值的比重达 0.9%，比 2011 年上升 0.24 个百分点，广告业市场总体规模已跃居世界第二位。截至 2012 年年底全国广告经营单位达到 37.78 万户，广告从业人员 217.78 万人，广告经营额 4 698 亿元人民币，分别同比增长 27.41%、30.14% 和 50.32%。❶ 2012 年，仅中央电视台这一家媒体，其广告营业额就达 269 亿元。2012 年，非媒体服务类的中国广告企业，排名第一的上海李奥贝纳广告有限公司的营业额超过 74 亿元；媒体服务类的中国广告企业，排名第一的群邑（上海）广告有限公司的营业额超过 128 亿元。❷

2014 年第 43 届世界广告大会开幕之际，张茅表示，30 多年来，中

---

❶ 载中国新闻网，http://finance.chinanews.com/cj/2013/04-26/4767062.shtml，2014 年 8 月 11 日最后访问。

❷ 载中国广告协会网，http：//www.cnadtop.com/tongji.html，2014 年 8 月 11 日最后访问。

国广告经营额年均递增 30% 左右，是中国增长最快的行业之一，已成为全球第二大广告市场。2013 年，中国广告业经营总额突破 5 000 亿元人民币，广告经营单位 45 万户，吸纳就业 200 多万人。❶枯燥的数字容易被人们忽略，具体来说，就广告而言，30% 的递增速度持续 30 年，这一市场的扩张速度远超过任何最为辉煌的投资者的年复合增长率，即便是巴菲特也不例外。❷

广告、宣传和推广自不消说，其数量已经无法斗量。标识类的商业言论（不像广告，由于标识常常附着于产品，不与声音结合，因此可以被称为无声的商业言论），其规模也不遑多让，甚至可以说有可能超过广告宣传的规模。考虑到几乎每一件商品都会附带一些产品标识，这一推论是有道理的。这一类的商业言论不受重视的一个原因是它的依附性，不像广告，后者已经是一个独立的行业。产品标识厕身于产品之后，并没有一个针对它的专门的统计资料。

除了前面两种自成系统的商业言论之外，其他地方也到处可见商业言论的影子。公司高管发布的言论，往往与公司或其提供的商品或服务有关，或者就是与其竞争对手以及竞争对手提供的商品或服务有关，因此，往往属于商业言论。微博、微信朋友圈、手机接收的短信息和电话，邮箱接收的纸质信件或电子邮箱接收的电子邮件，传真机接收的传真，也有很大部分是与商业有关的；甚至文艺作品，影视节目中都充满了商业性的说教或者类似植入广告、软文之类的东西。❸可以说，商业言论无处不在，甚至惹人厌烦。若说现代社会是一个商业社会，当可从商业言论占据各类言论的比重中得到印证。

---

❶ 载千讯咨询网，http://www.qianinfo.com/index/56/4446251.html，2014 年 8 月 11 日最后访问。

❷ 巴菲特曾称，"2011 年我们的 A 类股和 B 类股每股账面价值增长 4.6%。过去 47 年中，即目前管理层掌管公司（指伯克希尔—哈撒韦公司）以来，账面价值从每股 19 美元增至 99 860 美元，年复合增长率为 19.8%。"载腾讯网，http://finance.qq.com/a/20120226/000539.htm，2014 年 8 月 11 日最后访问。

❸ 有人统计，电视剧《咱们结婚吧》共植入广告 49 个。

（二）严峻的形势

与看起来相当喜人的数字相反，商业言论的口碑不甚乐观，甚至可说形势严峻。

浙江上虞有一家梁记餐馆，曾发行预付费卡给其消费者，在歇业前一个月发布公告，请持有预付费卡的消费者前来办理退款手续，并请接手该餐馆的下一个经营者协助办理退款手续，被称做"最诚信经营者"。❶ 餐厅歇业，应将消费者未用完的预付费卡退款，这本是商家的义务。在时下的中国，却被当成诚信的模范加以宣传。这可以从反面说明中国社会的诚信状态。在社会诚信度极低的状况下，商业言论失范的程度是可以想象的。

总体来说，中国现代社会是一个低信任度的社会，且呈全线恶化之势。最近火爆的一档电视选秀节目尽管取得了空前成功，却被爆出选手假造故事感动观众和评委。例如，参赛选手美甲店老板黄×被人肉搜索出家底殷实，并非从小生活拮据，四处打工；朴实农民邹××被指实为富二代。❷ 这些虽说谈不上属于商业言论，但没有理由对于商业领域保持乐观的态度，这种普遍的不诚信必然延伸至商业领域。

比如，房地产行业的情况就不容乐观。2011年11月1日《人民日报》第16版，对时下房地产开发商爱用的一些楼盘宣传用语进行汇总。以《雷人的"楼盘文化"》为标题，按地段篇、规划篇、配套篇三部分"罗列"了25组开发商爱用且常用的"楼盘宣传语"。例如，所谓的"绝版水岸风光"，可能只是挨着臭水沟；"坐拥中央商务区"，可能是只有一家信用社等。❸

家具行业也面临大规模的诚信危机。报道称："达芬奇家具产地风波，可能触发大规模诉讼。"事件源于达芬奇涉嫌伪造家具产地。上海市工商局在事件曝光后进行调查，2011年7月中旬初步认定达芬奇家具

---

❶ 2013年7月4日浙江经视报道。

❷ http://news.xinmin.cn/t/xmwbtj/2012/07/17/15541097.html，2012年12月22日最后访问。

❸ 载《人民日报》2011年11月1日。

部分产品有涉嫌虚假宣传、不合格以及多数产品不标注产地和材质三大问题。❶ 2011 年 12 月 23 日，上海市工商局向达芬奇家具发出行政处罚决定书，处以 133.42 万元罚款。

空气净化器行业也是乱象纷呈。在卖场，各大净化器品牌纷纷以数据说明自身强大的净化效率，例如"PM2.5 去除率 99%""甲醛清除率 98%"。在权威的监测数据面前，这些数据沦为笑话。上海市消费者权益保护委员会对 22 个品牌的空气净化器进行比较试验，产品涵盖从 1 488 元到 9 300 元的市场主流机型。测试结果表明，在可吸入颗粒物净化效率方面、甲醛净化率方面都存在不同程度的问题，如一台价格为 5 880 元的空气净化器甲醛净化效率仅为 9%。❷

食物也不太让人放心。价格比普通食品高出数倍甚至数十倍的有机食品，被媒体揭露存在乱象，一是标志杂，二是认证乱，有的代理机构承诺 4 万元即可获得认证。❸ 不仅有机食品的标志存在问题，酒也同样存在问题，酒鬼酒、茅台酒一一被爆出含有增塑剂但从未向公众表明，业内人士更指出，酱油、醋等调味品中的增塑剂含量更是酒的几百倍。❹ 而公众一直被蒙在鼓里。

信息技术和网络技术极大地扩张了言论传播的广度，因此也加剧了商业言论失范的现象。有人说：诋毁一个人，赞美一个人，只需要一个月的包月费。❺ 微博、微信等现代通信工具扩展了一切言论，也包括商业言论的范围、数量和社会影响。

网络世界的诚信度更是令人堪忧。就连淘宝、百度等互联网巨头也

---

❶ http://www.zaobao.com/special/hotspot/pages1/hotspot110820.shtml，2012 年 12 月 22 日最后访问。

❷ http://www.zaobao.com/wencui/technology/story20140823-380819，2014 年 12 月 9 日最后访问。

❸ 邹娟、俞立严："有机食品乱象再调查"，http://www.dfdaily.com/html/3/2011/11/4/691323.shtml，2012 年 12 月 22 日最后访问。

❹ http://business.sohu.com/20121222/n361235412.shtml，2012 年 12 月 22 日最后访问。

❺ 语出贵州卫视 2012 年 7 月 28 日《壹周立波秀》节目。

相继被爆出淘宝商家卖假货、百度为虚假网站提供推广链接等丑闻。除此之外，互联网上也充斥虚假不实或者误导性的言论，甚至删除网上的负面信息成了一门有利可图的生意。有些公关公司主动出击搜寻政府、企业负面信息后，再通过相关网站的工作人员进行删帖，并向上述人员支付费用。公关公司被怀疑"在网上搜寻政府、企业类负面新闻、帖子等信息，之后指使公司员工联系相关的政府、企业单位，迫使有负面信息的政府、企业单位同意花钱找上述公司帮助在网上删除、压制或屏蔽负面信息，从中牟利"。此外，他们还被警方怀疑曾向多名网站管理人员行贿，以删除负面信息。❶

跨国公司也并非诚信与道德的优等生。2015 年 3 月 10 日，上海市工商局在其网站披露，广州宝洁有限公司的佳洁士双效炫白牙膏以台湾艺人小 S（徐熙娣）为代言人的电视广告宣称：只需一天，牙齿真的白了。画面中突出显示代言人使用牙膏后的美白效果。经查，该美白效果系通过电脑修图软件过度处理产生，并非广告牙膏的实际使用效果。当事人的行为构成虚假广告，被工商部门处罚款 603 万元。❷ 这也是我国目前针对虚假违法广告的最大罚单。

政协委员朱永清在全国政协十一届四次会议上的一个提案中指出，据有关数据统计，中国每年由于企业诚信缺失造成的经济损失高达5 855亿元，其中每年因为逃避债务造成的直接损失 1 800 亿元，因合同欺诈造成的直接损失约 55 亿元，产品质量低劣和制假售假造成的各种损失至少有 2 000 亿元，由于"三角债"和现款交易增加的财务费用约有 2 000 亿元。❸

---

❶ 张媛："北京收钱删帖利益链曝光，一名网警受贿百万落网"，http：//www.21ccom.net/articles/zgyj/gqmq/article_ 20140326103120.html，2014 年 3 月 26日最后访问。

❷ http：//www.sgs.gov.cn/shaic/html/govpub/2015 - 03 - 10 - 0000009a201-503090001.html，2015 年 3 月 15 日最后访问。

❸ 胡应泉："产权制度与法治秩序"，http：//www.21ccom.net/articles/zgyj/fzyj/article_ 20140704108864.html，2015 年 3 月 29 日最后访问。

认识到诚信危机的严重性后，我国政府采取了行动。时任国务院总理温家宝 2011 年 10 月 19 日主持召开国务院常务会议，部署制订社会信用体系建设规划。会议对制订社会信用体系建设规划作了重点部署，指出良好的社会信用是经济社会健康发展的前提，是每个企业、事业单位和社会成员立足于社会的必要条件。诚信缺失、不讲信用，不仅危害经济社会发展，破坏市场和社会秩序，而且损害社会公正，损害群众利益，妨碍民族和社会文明进步。特别指出：当前社会诚信缺失问题依然相当突出，商业欺诈、制假售假、虚报冒领、学术不端等现象屡禁不止，人民群众十分不满。❶

法院系统对此问题也有类似的体认。在一份最高人民法院向各高级人民法院发出的通知中，最高人民法院提到："目前消费市场很不规范，诚信严重缺失，制售假冒伪劣商品的行为屡禁不止，严重损害了消费者的利益。" 因此，"人民法院在审理消费者维权案件中，要坚持重典治乱。"❷

第二节　商业言论的概念和类型

一、概念

"商业言论" 一词，有时也称 "商业性言论" 或 "商业语言"，其对应的英文词语是 "commercial speech"。虽然商业言论很容易理解，但要给它下个精确定义似乎并不是一件易事。日本宪法学者芦部信喜教授翻译为 "营业性的言论"。❸ 有人认为所谓商业言论是经营者为了获取

---

❶ 载中国政府网，http://www. gov. cn/ldhd/2011 – 10/19/content_ 1973304. htm，2012 年 8 月 3 日最后访问。

❷ 2013 年 12 月 28 日发布的《最高人民法院关于认真学习贯彻实施消费者权益保护法的通知》。

❸ ［日］芦部信喜：《宪法（第三版）》，林来梵等译，北京大学出版社 2006 年版，第 164 页。

交易机会对产品或服务所作的广告。❶ 该定义将商业言论等同于广告，显然过窄。在 Bolger 案中，美国最高法院认为，有关商业言论的定义受到限制，其核心可以被看做"对商业交易的建议"，它包含三个要素：经济动机，以广告形式，针对某一产品。❷ 与前述学者的定义一样，这三个要素的归纳虽然准确，但存在定义过窄的问题。

上述关于商业言论的定义有不敷应用的危险。抽象的概念往往不足以掌握某一生活现象的多种表现形态。比如，有学者就已经指出：依据这一概念（指上述对于商业言论的定义），商业言论的外延过于狭窄，因为某些商业言论并非以广告的形式出现。❸

就本书的研究目的而言，完全可以跳脱上述对于商业言论的狭窄认识，而将商业言论理解为"关于商业的言论"。区别于政治言论、生活言论和艺术言论，商业言论的主题是商业。而"商业"一词，按照法律上惯常的理解，涵盖任何以营利为目的的事业。因此，凡是与营利事业有关的言论，均为商业言论。

然而，有时要在具体情况下区分某一言论究竟是商业性的言论，还是政治性的言论，殊非易事。1979 年，欧洲人权法院判定，英国政府禁止报纸报道镇静剂萨立多胺致害消息的做法，违反了《欧洲人权公约》，欧洲人权法院显然是将这一消息当做政治性言论，但是，讨论镇静剂萨立多胺是否致害，是切切实实地是关于商业的。而这种实务区分上的难题不至于影响到上述理论分类的成立。

大量的商业言论，是由商人作出的，例如广告就是典型的商人所作的商业言论。但商业言论是否必须是商人作出？回答是否定的。非商人针对商人作出的言论也应属于商业言论，如政府机关、律师事务所等中介机构、消费者团体、媒体乃至公民个人关于某一商人的言论，也属于

---

❶ 赵娟、田蕾："论美国商业言论的宪法地位——以宪法第一修正案为中心"，载《法学评论》2005 年第 6 期。

❷ Bolger v. Youngs Drug Products Corp. 463 U. S. 60. 66（1983）.

❸ 蔡祖国、郑友德："不正当竞争规制与商业言论自由"，载《法律科学》2011 年第 2 期。

商业言论。另外，很容易理解的是，商人的言论也并非全是商业言论，商人发表的无关商业的言论（如政治言论、艺术言论）就不是商业言论。

商业言论的形式也在所不限，说话或者言语等口头形式固然是商业言论，书面的形式，如说明书、标签和标示也应理解为是商业言论。商业言论，其要旨是传达某种商业信息。因此，虽然并未采取口头言语的形式，文字、符号、标签只要传递了一种商业信息，也应属于商业言论。

此外，传播途径也不成为商业言论的限制。固然，大多数商业言论需要通过中间途径得以传播，如广告便是，其往往需要通过媒体传播，但是，也有大量的商业言论无须通过传播中介。例如商人发表的直接的商业评论，餐厅、售楼处印发并放置在经营场所，任由顾客自取的传单、楼书，附着在产品上的标签说明书等，均无须通过传播中介。

是否面向公众也非判断是否属于商业言论的考量因素。面向公众的固然是商业言论，并且构成商业言论中的主要部分。小范围的，例如限于协会、商会上的言论也可以是商业言论；甚至只限于你知我知的言论也可以是商业言论，只要其与商业有关。上述传播范围的不同，无非是在法律后果上有所区别。

二、类型

当抽象——一般概念及其逻辑体系不足以掌握某生活现象或意义脉络的多种表现形态时，大家首先会想到的补助思考形式是"类型"。❶现代关于类型的所有见解，以及所有将类型与一般概念对立以观的想法，其均以下述想法为基础：类型或者以此种方式，或者以彼种方式，或者同时以此种方式及彼种方式，较概念为具体。❷

"法以社会现实为调整对象，所以，社会现实是第一性的，法是第

---

❶❷　［德］卡尔·拉伦茨：《法学方法论》，陈爱娥译，商务印书馆2003年版，第337页。

二性的。"❸ 商业言论成为一种社会现象之后，才有了法律的规范。法律规范某一种社会现象，或者是规定它的条件、流程和程序；或者是针对某种行为，课以某种责任。因此，根据不同的法律规范商业言论的目的，就有各种类型化的商业言论。

法律常常取向于一定的目的，将商业言论分门别类地予以规范。如广告，就是一种面向社会公众的，通过媒介进行的商业言论，与之相应，为了规范广告秩序，有《广告法》等专门规范广告的法律；而产品说明书、标示等，则是一种附着于产品的商业言论，类似的，与之相应为了规范其被正确地标注，也有专门规范产品说明书、标签等商业标示的法律法规。

以商业言论的具体目的，可将商业言论划分为如下类型：商业评论、商业广告以及商业说明和标示。商业评论是指针对商人或商业的有关情况发表的评论，常见的是竞争对手发布的商业评论，但不限于此，媒体以及消费者也常常会针对某一企业或其提供的商品或服务发表商业评论，商业诋毁或贬低就是一种负面的商业评论；商业广告则是为了推销商品或服务而借助媒体所做的宣传；商业说明和标示则是直接附着于商品或其包装上的说明书、标签等。

以商业言论的形式，可将商业言论分为以下类型，言语类的商业言论，这里特指以说话的方式发表的商业言论，商业评论就是其典型；广告类的商业言论，即用于推销商品或服务的商业言论，电视、广播、平面、户外等广告全部包含在内，甚至包括邮件、电子邮件、传真、即时通信工具等传递的广告；标签标识类的商业言论，较之于言语类的商业言论，标签标识类的商业言论就是无声的商业言论；此外，还有信息披露类的商业言论。

以商业言论正当与否，可将商业言论分成正当商业言论与不当商业言论，两者互相说明、互相定义，即正当商业言论就是除了不当商业言

---

❸ 李琛："法的第二性原理与知识产权概念"，载《中国人民大学学报》2004年第1期。

论以外的所有其他商业言论。一国法律体系中往往有专门规范不当商业言论的法律，例如在我国，民法、反不正当竞争法等诸多法律调整不当商业言论。在实定法中，不当的商业言论又有虚假广告、虚假表示、引人误解的宣传、商业诋毁、不当的比较广告、违法标示、垃圾信息等类型。对此，下一节将有详论。

以作出商业言论的主体为准，可将商业言论分成工商企业关于自己企业、商品或服务的言论，以及他人关于某工商企业本身、其商品或服务的言论，即商人作出的商业言论与针对商人的商业言论。前者是工商企业自己作出的，后者则是他人针对某工商企业作出的。由于前者的言论主体是工商企业，在奉行民商分立立法模式的国家，工商企业往往属于商人的范畴，因此，商人的商业言论可以被归入商行为的范畴，对于商人的商业言论的调整是商法的任务。❶后者又可细分为竞争对手对于某企业的言论，广告代言人关于某企业的言论，消费者对于某企业的言论以及新闻媒体等机构对于某企业的言论。在民商分立的国家，针对商人的商业言论，视作出言论的主体的不同，可能分别适用商法或民法。

以是否强制为标准，可将商业言论分成自愿的商业言论以及强制性的商业言论。绝大多数商业言论是自愿的，尤其是其中的商业评论与商业广告，没有人会强迫另外一个人发表评论或必须做广告。强制信息披露就是后者的典型。不同于自愿的商业言论，强制性的商业言论，其前提是法律设定了一个强制性的说明义务。

食品等事关社会公众生命健康的商品的信息披露制度则是强制信息披露的典型。以食品为例，其具有"搜寻品质、经验品质、信任品质"

---

❶　法国学者在其著作中，将对于商事活动的限制纳入商法的范畴予以阐述，例如消费者法中禁止不准确的广告就是一种对于商事活动的限制。参见［法］伊夫·居荣：《法国商法》，罗结珍、赵海峰译，法律出版社2004年版，第989页以下。

的三重特性,❶ 消费者无法从市场上获取信息,即使生产者之间掌握的信息也不对称。❷ 而信息不对称是食品安全事故频出的根源所在。要消除这种信息不对称现象,一个办法就是强制信息披露。

比较为难的是自愿与强迫交错的情形。这是指是否作出该种商业言论是自愿的,但是一旦决定作出该种商业言论,则法律规定在该种商业言论中必须包含某些特定的内容或必须遵守某些要求。我们经常在商业广告与标签标识中发现这种交错的现象。例如,如果工商企业要为应当在医生指导下使用的治疗性药品做广告,则在广告中必须注明"按医生处方购买和使用"。❸

第三节　不当商业言论的概念与类型

一、概念

不当商业言论,往往被认为是从道德层面观察商业言论,认为其显然违反公认的道德。其实,不当的商业言论往往为法律所规范,故也可称为违法的商业言论,这是常态。也有一些不当的商业言论,现行法律并未明确界定其违法性,是为不当但不违法的商业言论;❹ 反之,有些在道德上并无瑕疵的商业言论,却违背了法律的明确规定,是为并无不当但违法的商业言论,这两种均为例外情形。

---

❶　搜寻品质是指消费者在消费前就知道其特性的产品;经验品质是指只在使用后才能确认其特征的产品;信任品质是指产品的质量即使在消费之后仍然不能确定。参见郭准:"试论食品安全与透明度",http://www.21ccom.net/articles/china/gqmq/20141125116647.html,2014 年 11 月 25 日最后访问。

❷　郭准:"试论食品安全与透明度",http://www.21ccom.net/articles/china/gqmq/20141125116647.html,2014 年 11 月 25 日最后访问。

❸　《广告法》第 15 条。

❹　是否违法,是个颇为复杂的问题。鉴于法律往往包含原则和规则,其中,原则条款调整范围甚广,有很大的解释空间。这里所讲的违法的商业言论,乃是特指违反法律规则而言。

不当商业言论与诚信问题高度相关，但又不仅是诚信问题。在探讨诚信的含义时，从《辞海》对"诚实"的解释——"言行与内心一致，不虚假"——出发，陈平设计了两种语境，有趣的是，这两种设计的语境都指向言论而非行动。❶ 在第一种语境中，药品推销人张三清楚地知道自己所推销的药品不具有抗癌的功能，却对他人表示药品有抗癌功能，在这一情境下，言论者的言论与内心一致，不虚假，但与事实不一致，且言论者的内心就是想骗人。在第二种语境中，李四对未来上课的同学说："王老师来上课时拿了一个漂亮的蓝色的粉笔盒。"事实上这个粉笔盒一面蓝色，一面绿色、一面红色、一面橙色。在这一情境下，言论者的言论与内心一致，不虚假，与事实却不一致，但言论者的内心并无骗人的打算，仅仅是认知能力出现了偏差。陈平认为，在第一种语境中存在不诚信，而在第二种语境中，并无不诚信的存在。

陈平上述对于不诚信的分析细致并且准确。但若就言论与事实状态之间存在差距而言，两者都可以称为虚假陈述。若情境转移，设想上述场景发生在商人推销商品的情形，则两者都可以称为不当商业言论。并且，两者的区别还可以细细甄别出来：前者，言论与事实状态存在差距的原因是有意的欺骗；后者，言论与事实状态存在差距的原因则是认识错误。

佛教对于言论的态度可资法学借鉴。佛教对于信徒的行为订有一套严密的行为规则，这一套行为规则系统被统称为"戒"。戒，是防止身、口、意三业的过失，有五戒、十戒、具足戒三级，❷ 分别是在家居士、出家沙弥以及比丘所持守的。对于在家居士，佛家有五戒："不杀生、不偷盗、不邪淫、不妄语、不饮酒"。❸ 其中，"不妄语"的含义丰富。《大智度论》里说，"妄语者，不净心欲诳他。覆隐实，出异语，生口业，是名妄语"，简单说就是隐瞒真相骗人。又《大乘义章》曰："言不

---

❶ 陈平：《新中国诚信变迁：现象与思辨》，中山大学出版社 2010 年版，第 5～7 页。

❷ 赵朴初：《佛教常识答问》，东方出版社 2013 年版，第 44 页。

❸ 圣严法师：《佛学入门》，陕西师范大学出版社 2008 年版，第 130 页。

当实，故称为妄。妄有所谈，故名妄语。"惟贤长老解释说："不妄语，就是不说谎话，不说离间话，不说粗恶话，不说下流话，要说真实话、正直话、和合话、如意话，这才是真正的语言美，从心底到语言都很美。"

"戒"的定义是：有所不为，有所不得不为。通常的人，仅以为佛家的戒是消极地防止犯罪。事实上，那只是就有所不为的一点而言。这点固然重要，站在大乘佛教的立场，有所不得不为的积极态度，更为重要。❶ 十善是在五戒的基础上建立的，将身、口、意三业分为十种。其中口业有四种，不妄语欺骗、不是非两舌、不恶口伤人、不说无益绮语。❷

佛家对于言语类的"持戒"规定简洁明了。这种行为上的"戒"是放在修行的角度上去要求的。违背了言语上的"戒"，当然也会有后果。所谓五篇七聚，就是犯戒的五等罪行以及犯戒的七项罪名。其中，妄语中的大妄语，被归为与行淫、偷盗、杀人一样，是最重的罪行，即波罗夷，将失去出家人的资格。❸

对于大妄语与小妄语的区别，据圣严法师：通常的说谎、戏笑，是小妄语。为了名闻利养，自己不是圣者而妄称是圣者，是大妄语。这样看来，基本上只是为了利益之争的不当商业言论，大部分当属于小妄语的范畴。

据其教义，佛家的"五戒""十戒"等只约束其信众，包括居士以及出家人，并不约束众生。但是，"佛"是人格的究竟完美者，没有完美的人格作基础，便无从成佛，因此，佛教的"五戒"，也是人类道德生活的共同要求。❹ 经由伦理要求向法律义务的转化，在规范上设定不当商业言论及其责任即成为可能。

借鉴以上的理解，结合实定法上关于各种类型的不当商业言论的规

---

❶ 圣严法师：《佛学入门》，陕西师范大学出版社 2008 年版，第 129 页。

❷ 赵朴初：《佛教常识答问》，东方出版社 2013 年版，第 161 页。

❸ 圣严法师：《佛学入门》，陕西师范大学出版社 2008 年版，第 52 页。

❹ 圣严法师：《佛学入门》，陕西师范大学出版社 2008 年版，第 130 页。

定，可以大体上把握不当商业言论的特性。

言论的不当性，首先，可以从其内容分析，可分为两种情形，其一在于言论与事实的不一致，其原因在于认识错误。例如，某房地产开发商在广告中声称其楼盘离西湖边仅 500 米，实际上无论如何测算，其楼盘离西湖边均不止 500 米，但开发商仅凭经验以为楼盘距离西湖边不足 500 米，此即属此；其二在于言论与事实的不一致，其原因在于有意识地欺骗。仍是上述例子，若房地产商内心知晓不论如何测算，其楼盘与西湖边距离均不止 500 米，却仍如此宣传，即属于此。可以将第一种情形称为"错误"，即言论涉及某一事实，但言论所指称的与事实并不一致；可以将第二种情形称为"欺骗"，即明知不如此却宣称如此。第二种情形大致相当于佛教所说的狭义上的"妄语"。

其次，言论的不当性还可以从其主观用意或目的判断，如粗鲁的言论或恶意贬低他人的言论。此类言论往往与事实无关，而与言论者的态度或用意有关，其表现形式往往是直接贬低言论所指向的对象。这种情形大致相当于佛家所说的"粗口"。

再次，言论的不当性，除了从其内容判断之外，还有从其手段或方式判断的情形。有些言论的不当，无须过问内容，仅凭其手段或方式即可认定。如明知客户并无需求而反复骚扰。在商业社会中，此类言论呈现爆发式增长，如骚扰信件、骚扰短信、骚扰电话、骚扰邮件、骚扰传真等均是。

复次，言论的不当性，又可以单纯依据受众是否遭受误导而定。如果受众容易遭受误导，则不管言论者的主观状态，即不论这种误导性的效果是言论者的主观意欲（欺骗），还是纯属于无心之失（错误），甚至不必具备言论与事实状态不一致的条件，即甚至是真实的言论也可能误导受众，都可以认为构成不当的商业言论。

最后，有些言论的不当性表现为在公众期待应该有说明的时候保持沉默。这特别发生在法律或者其他社会规范要求言论者作出一定的言论，言论者却违背规范要求保持沉默。例如药品生产者应该披露药品的副作用却保持沉默。

正如佛教所说的"妄语"，其具体情形无法一一列举一样，不当商业言论也无法作穷尽式的列举。但至少还有其他一些要求，商业言论，如同任何言论，尤其是政治性言论以及日常语言一样，国家会基于文化保存与发扬、国家政策、国家安全、公共安全、民族政策等事由加以规制。❶ 此时，商业言论的不当性与任何言论的不当性并无分别，因此这不是本书的讨论重点。

综合以上所说，商业言论的不当性，有些是从言论的内容出发来界定的，例如其内容不真实（不论是有意的欺骗还是无心的错误），或误导他人，或贬低或诋毁他人，有些是从言论的手段或方式出发来界定的，如骚扰性的言论或不当的沉默。从应然的意义上来说，应当被规定为违法的商业言论，可统称为不当的商业言论。

二、不当商业言论的类型

根据以上分析，可以归纳不当商业言论为以下大致的、粗略的类型，必须再次指出，这种分类未能穷尽现实中存在的所有的不当商业言论。

（一）欺诈性陈述

这是一类以欺诈性推销为代表的不当商业言论。如前所述，这类言论的不当性，在于不诚信地导致言论与事实的不一致。而言论与内心认知是一致的，本意就是要骗人。言论者是明知其言论内容虚假而故意为之，构成欺诈。

欺诈是言论与事实不一致且内心明知此种不一致并有意为之。在于××与华润万家公司案中，❷ 被告销售的牙膏包装上宣传："清热去火，化瘀止痛，对上火引起的牙肿痛、牙溢脓、牙出血、口腔溃疡有显著的疗效"，"极品"。法院认定构成误导消费者，并依据消费者权益保

---

❶ 《广告法》第 7 条。
❷ 天津市河北区人民法院（2007）北民初字第 3309 号民事判决。

护法裁判被告承担双倍赔偿；类似地，在李×与沃尔玛案中，❶被告销售的清凉枕包装上印有"具保健功效，枕眠其上香气入脑，可较快清除疲劳并明显改善睡眠质量"字样，法院认定构成虚假宣传，并依据消费者权益保护法惩罚性赔偿的规定裁判此案。

关于欺诈性陈述的构成要件，学者多于法律行为可撤销之名目下予以讨论。例如，有学者认为，受诈欺行为的构成要件包括：须有诈欺行为，须有诈欺的故意，须相对人因诈欺而陷于错误，须受诈欺人基于错误而作出意思表示。❷然而，上述构成要件乃是针对可撤销法律行为而设置，取向于整体法律制度对于欺诈性陈述的规制，似无须如此严格地界定，本书认为，欺诈性陈述的构成要件仅仅是须有欺诈行为以及须有欺诈的故意即可，相对人是否因此而陷于错误以及是否基于错误作出意思表示，在所不问。

欺诈是一种道德上受谴责的行为，任何存在法律制度的地方几乎都存在对于欺诈的制裁。粗略统计显示我国法律中大量使用"欺诈"这一术语。❸举例而言，我国通过刑法（诈骗罪、虚假广告罪等规定）、合同法中的欺诈制度以及消费者权益保护法中的欺诈惩罚性赔偿制度来规范欺诈。

需说明的是，我国法律中并无欺诈性陈述的术语。民法通则与合同法中使用的术语是"欺诈"，消费者权益保护法亦步亦趋，在规定惩罚性赔偿的条款中也使用该词。除了直接使用"欺诈"这一术语之外，合同法还使用"故意隐瞒与订立合同有关的重要事实或者提供虚假情况"这一较长的语句来表示实质上的欺诈。❹

在广告法（1994年）中，使用了两个概念，即"虚假宣传"与

---

❶　天津市和平区人民法院（2007）和民一初字第0590号民事判决。

❷　张俊浩、刘心稳、姚新华主编：《民法学原理》，中国政法大学出版社2000年版，第287～288页。

❸　在北大法宝中，使用"欺诈"作为关键词，在中央法规司法解释库中进行全文检索，可发现，在"法律"中，共有70条记录。

❹　《合同法》第42条，顺便提及，违反该条的责任属于缔约过失责任。

"虚假广告"，并对"虚假宣传"与"虚假广告"设定了行政责任与民事责任，且通过援引刑法的规定，此种行为尚有可能承担刑事责任。❶那么，"虚假宣传"或"虚假广告"，是否就是欺诈性陈述呢？

从《广告法》第38条的文义来看，"虚假广告"不能等同于欺诈性陈述，因为在该条中，除了提到欺骗之外，还提到了误导，也就是说，行为客观上使得消费者产生误导，并给消费者造成损害的，相关主体就要承担责任，即使广告主主观上并无欺诈的意图。有学者总结，需从两个层次出发，以界定某则广告是否属于虚假广告。一是虚假不实、引人误解；二是能对相当数量的消费者构成误导。在第一层次中列举了数种属于"虚假不实、引人误解"的情形，其中包括"广告主要内容的真实性无法判断，甚至可能是真实的（或者从某种角度上去理解是真实的），但引人误解"的情形。❷这也是学界的普遍看法。

《反不正当竞争法》使用了"引人误解的虚假宣传"的术语，如同广告法中的情形，这一术语也不能等同于欺诈性陈述。最高人民法院已经通过司法解释将引人误解的虚假宣传解释为大致相当于后文的误导性宣传。《最高人民法院关于审理不正当竞争民事案件应用法律若干问题的解释》第8条规定："经营者具有下列行为之一，足以造成相关公众误解的，可以认定为《反不正当竞争法》第9条第1款规定的引人误解的虚假宣传行为：（一）对商品作片面的宣传或者对比的。（二）将科学上未定论的观点、现象等当作定论的事实用于商品宣传的。（三）以歧义性语言或者其他引人误解的方式进行商品宣传的。"以明显的夸张方式宣传商品，不足以造成相关公众误解的，不属于引人误解的虚假宣传行为。

可见，最高人民法院的见解，是将误导作为此类不当商业言论的考察重点，观察解释中的"足以造成相关公众误解"措辞可以得出该结

---

❶ 《广告法》第37条（使用了"虚假宣传"一词）、第38条（使用了"虚假广告"一词）。

❷ 陈柳裕、唐明良：《广告监管中的法与理》，社会科学文献出版社2009年版，第34页以下。

论。虚假与否，不是考察的重点，固然，大多误导性宣传是虚假的，但是，难辨真假的宣传也可能构成误导，虽然真实但宣传的方式也可以能引人误解；反之，明显夸张的虚假宣传不属于此类不正当竞争行为。

欺诈性陈述可以分为以下几个类型：

（1）根据陈述的主题，可分为对商品或服务的欺诈性陈述以及对于主体的欺诈性陈述。

（2）既遂的欺诈性陈述以及未遂的欺诈性陈述，此种分类是以相对人是否因欺诈陷入错误认识并因此作出意思表示为依据，如答案为肯定，则属于既遂的欺诈性陈述；如答案为否定，则属于未遂的欺诈性陈述。该分类的意义在于，在既遂的欺诈性陈述之情形，有相对人撤销权的发生。而在未遂的欺诈性陈述，可能有行政责任甚至刑事责任，但是并无相对人撤销权的发生。

（二）误导性宣传

这是一类以受众的误导作为判断标准的不当商业言论。这类不当商业言论与前一类有高度的重合，因此往往导致混淆。[1] 原因在于：欺诈性陈述往往容易导致误解，尤其应当考虑到，欺诈的本意就是要引起相对人误解。因此，许多欺诈性陈述同时属于误导性宣传。但两者仍有非常重要的区别，即这两者的判断标准是不同的。前面已经提及在此予以重申：欺诈性陈述考察言论者的主观因素，而误导性宣传纯就受众的反应而定。并且，两者在外延上也存在重大的差别，即与事实一致的言论（真实的言论）有时也会产生误导的效果，另外，有一些言论，不涉及真实与否的判断，但是可能会导致误解。

须说明的是，如同欺诈性陈述一样，误导性宣传也并非我国法律上的用语。与之相关的概念，有"虚假广告""虚假宣传""引人误解的虚假宣传"。这些词语见诸我国多部法律，其中，最重要的当属广告法、

---

[1]　这也是"类型"，而不是抽象概念的特点。与抽象概念相反，作为思考形式的类型之认识价值在于：其能够清楚显现——并维持彼此有意义地相互结合的——包含于类型中的丰盈的个别特征。［德］卡尔·拉伦茨：《法学方法论》，陈爱娥译，商务印书馆2003年版，第347页。

反不正当竞争法与消费者权益保护法。

我国 1993 年的《消费者权益保护法》第 19 条第 1 款规定：经营者应当向消费者提供有关商品或者服务的真实信息，不得作引人误解的虚假宣传。对该款进行字面上的解读：违反这一经营者应尽的义务，必须具备经营者向消费者提供信息，信息引人误解以及信息虚假，这几个要素才能构成。

而 2013 年修正《消费者权益保护法》第 20 条第 1 款规定：经营者向消费者提供有关商品或者服务的质量、性能、用途、有效期限等信息，应当真实、全面，不得作虚假或者引人误解的宣传。将之与 1993 年《消费者权益保护法》第 19 条第 1 款作比较，可知原先使用的措辞"引人误解的虚假宣传"被替换成了"虚假或者引人误解的宣传"，也即，修正后的法律区别虚假宣传与引人误解的宣传。

这一修改是否意味着立法者的重大的思维转变，尚不得而知。然而，人们可以对该条款作出与以往完全不同的解读，则是正常的。2013 年《消费者权益保护法》的该款可以被理解为对于经营者发布了两条性质不同的禁令：一是不得欺诈性陈述，二是不要误导性宣传。

误导性宣传，或误导行为，❶ 是指经营者通过对其提供的商品或服务进行虚假的或引人误解的宣传，造成或可能造成消费者对其商品或服务产生错误印象的行为。❷ "虚假宣传的要害不在于竞争者对于产品、服务或者商业活动本身做出了虚假描述，而在于这种虚假描述误导了市场上的消费者，同时还损害了其他竞争者的利益。"❸ 此种不当商业言论关键在于宣传具有误导性，即能使相当数量的受众产生错误认识；因此，我国法律称之为"虚假宣传"或"引人误解的虚假宣传"，名不副

---

❶ 宋红松编著：《知识产权法案例教程》，北京大学出版社 2005 年版，第 477 页。

❷ 宋红松编著：《知识产权法案例教程》，北京大学出版社 2005 年版，第 478 页；刘春田主编：《知识产权法》，中国人民大学出版社 2002 年版，第 355 页；李明德：《知识产权法》，法律出版社 2008 年版，第 299 页。

❸ 李明德：《知识产权法》，法律出版社 2008 年版，第 299 页。

实，不如直接替之以"误导性宣传"。此种不当商业言论是以后果为判断基础的，即只要受众容易受到误导，足以构成误导性宣传，行为人是否具备欺诈的故意，在所不问。

在上海分众广告传播有限公司诉上海电洋数字传媒科技有限公司等不正当竞争纠纷案中，❶ 被告利用网络宣传其系金茂大厦液晶电视广告服务提供者，事实上金茂大厦与其仅有签约意向，金茂大厦是原告客户。法院认定被告构成虚假宣传，依据反不正当竞争法裁判此案。

误导性宣传可以分成以下几个类型：

（1）根据陈述的主题，可以将误导性宣传分成对商品或服务的引人误解的陈述，以及对主体的引人误解陈述。❷

我国《反不正当竞争法》第 9 条只关注前者，即产品或服务的属性，该条列举了在质量、制作成分、性能、用途、生产者、有效期限、产地等方面的误导性宣传。世界知识产权组织《反不正当竞争保护示范规定》第 4 条专门例示以下各项可能发生误导性宣传：产品的制造工艺，产品或服务对特定目的的适用性，产品或服务的质量、数量或其他特性，产品或服务的地理来源，产品或服务的提供或供给条件，产品或服务的价格或其计算方式。这类误导性宣传在案例中占了多数。

事实上，对于主体的误导性宣传也很常见，如主体的历史、荣誉、资产、资质、排名、行业地位等。在南京艾志工业技术集团有限公司诉中国摩擦密封材料协会、浙江国泰密封材料股份有限公司不正当竞争纠纷一案中，❸ 摩擦密封材料协会以协会文件的形式向济南钢铁公司等密封产品用户发出声明，主要内容为："本协会声明浙江国泰是我国密封材料行业骨干企业、同类产品中唯一的国家重点高新技术企业，其产

---

❶ 上海市第一中级人民法院（2004）沪一中民五（知）初字第 44 号民事判决。

❷ 谢晓尧：《在经验和制度之间：不正当竞争司法案例类型化研究》，法律出版社 2010 年版，第 325～329 页。

❸ 北京市海淀区人民法院（2005）海民初字第 16146 号民事判决，北京市第一中级人民法院（2006）一中民终字第 5251 号民事判决。

值、销售额、税金均居国内同行业首位……拥有国内唯一的静密封研究院。"这一声明即是关于主体的宣传。

（2）按照该宣传是积极的言语还是消极的沉默，将误导性宣传分为宣传误导性的事实与隐瞒真实情况。常见的是积极的言语，例如宣称实木地板，其实不是。少见的是消极沉默，这只有在有法定陈述义务时，或者依照诚实信用原则有陈述之义务时却保持沉默才可以构成，因为，除此之外，商人并没有必须说什么的义务。有学者认为，除这两个极端之外，还有第三种情形，即故意的省略和遗漏，如"买一送一"等用语。❶

（3）按照陈述的性质，将误导性宣传分为引人误解的事实陈述，与引人误解的意见陈述。这种区分理论上可行，现实中不易实现。因为有些陈述很难归类为事实陈述还是意见陈述。例如绝对化的表述，"唯一""最佳"等词很难说是事实陈述还是意见陈述。这一分类的意义在于：事实陈述有客观标准，意见陈述则见仁见智，很难说对错。这也说明"虚假宣传""引人误解的虚假宣传"这一类词语的不确切性，因为意见陈述无所谓真实或虚假。相较于事实陈述，法律对于意见陈述，一般较为宽容。

（4）按照陈述是否有人代言，分为误导性自行陈述与误导性荐证广告。这一分类的意义在于，明确荐证性广告中代言人的责任问题。名人代言对于商家而言，有借梯登高的作用，且因名人旁边聚集着大批粉丝，商家还可以将名人粉丝转化为客户。但是，名人代言中因误导性宣传引发的纠纷和案件，为数也不少。例如，刘嘉玲代言 SK－Ⅱ，被江西消费者诉上法庭；郭德纲代言藏密排油减肥茶，被有关部门认定为虚假广告；唐国强代言药品"迈道通"，鼎力推荐："治疗脑中风，一定要迈道通……告别脑血栓，摆脱后遗症"，其中含有不科学的表示功效的断言或保证；王刚代言"华风再造胶囊"，推荐"消除血栓，就要华

---

❶ 谢晓尧：《在经验和制度之间：不正当竞争司法案例类型化研究》，法律出版社 2010 年版，第 330 页。

风再造胶囊，不怕病重，吃上就见效"，片中还有彻底治疗脑中风等不科学的断言和保证。

（三）违法或不当的标识

几乎所有产品或其包装上都会附加标签标识，这类商业言论具有种类多、范围广的特点。又由于这类商业言论只以文字图案的形式出现，不以口头言语的形式出现，因此又有无声的商业言论的特点。附着在商品或包装上的标签、标识以及随同产品的说明书属于标识类商业言论。法律法规对于标识类商业言论必须包含的内容以及必须不包含的内容往往设有规定，如有违反，则构成违法的标识；即使法律法规未有规定，如有标识会导致混淆误认或误导消费者之嫌，则构成不当标识。

在我国，多部法律对于产品标识作出了规范。例如《产品质量法》从正面和反面分别规范该类商业言论。其第4条规定：禁止伪造或者冒用认证标志、名优标志等质量标志；禁止伪造产品的产地，伪造或者冒用他人的厂名、厂址。其第15条规定：产品或者其包装上的标识应当符合下列要求：（1）有产品质量检验合格证明；（2）有中文标明的产品名称、生产厂厂名和厂址；（3）根据产品的特点和使用要求，需要标明产品规格、等级、所含主要成分的名称和含量的，相应予以标明；（4）限期使用的产品，标明生产日期和安全使用期或者失效日期；（5）使用不当，容易造成产品本身损坏或者可能危及人身、财产安全的产品，有警示标志或者中文警示说明。裸装的食品和其他根据产品的特点难以附加标识的裸装产品，可以不附加产品标识。又如《消费者权益保护法》第18条就经营者的说明和警示义务也作出了规范。

以上可以说是规范产品标识的一般法。除此之外，规范某类商品的特别法也对产品标识问题作出了规范。例如：《食品安全法》第42条对预包装食品的标签作出了规范。《药品管理法》第54条则对药品标签和说明书进行规范。

违反法律对于标签标识的规定，则构成违法标识，可将违法标识作如下分类。

（1）违法质量标志、违法产地标志、违法成分标识、违法营养标识、违法期限标识以及其他违法标识，这是根据产品标识的内容所做的区分。

（2）依据是否属于法律规定的必须标注的事项，可以将标签标识分为强制性标识以及自愿性标识，相应地，有违法的强制性标识以及违法的自愿性标识。

（3）违法食品标识、违法药品标识、违法保健品标识以及违法的普通商品标识，这是根据标识所附着的产品所做的区分。

由于标签标识所记载的事项，除了少数事项（如厂名、厂址、质量标志）之外，其余的往往是高度专业的事项（如药品的标签和说明书所记载的事项），普通消费者往往无法鉴别，因此，此类商业言论引发的纠纷，较之于因欺诈性陈述、误导性宣传以及商业诋毁引发的纠纷要少。但是，近年来也有职业的打假人，开始进入此类不当商业言论的领域，发动针对违法标签标识的法律行动。

有报道称，职业打假人叶光称蒙牛集团生产的"未来星儿童成长牛奶"的产品与包装标签标示名称不相符，涉嫌欺骗消费者。其已经递交诉讼状，江北区人民法院已受理此案。其认为蒙牛集团生产的"未来星儿童成长牛奶"名称虽然好听，但实际是打着牛奶的旗号吸引消费者。此外，蒙牛集团生产的"新养道珍养牛奶""奶特牌香蕉牛奶"和"奶特牌香草口味牛奶"等产品，同样存在这一问题。叶光介绍，卫生部就《预包装食品标签通则（GB 7718—2011）》问答时，专门指出反映食品真实属性的专用名称通常是指国家标准、行业标准、地方标准中规定的食品名称或食品分类名称。也就是说，这些实质为调制乳的产品，不应该是"××牛奶"，而应是"××调制乳"。

对于叶光的诉讼，蒙牛集团相关负责人在电话中说："我们这几个产品还不完全在用复原乳生产的标准规定范围内，属比较尴尬的地带，这是行业的一个普遍现象。该人士解释称，"食品标准名称"不同于"食品名称"，"食品标准名称"是指食品生产时所预知的国家、地方或行业标准的名称，而"食品名称"是指某食品的一个或几个名称，两者概念也不同。该人士承认，调制乳就是上述三款产品（"新养道珍养牛

奶""奶特牌香蕉牛奶"和"奶特牌香草口味牛奶")的标准名称，而不是食品的名称。❶

需说明的是，违法的商业标识，可能构成欺诈性陈述，也可能构成误导性宣传，但并不必然如此。

（四）　商业诋毁或贬低

商业诋毁也称商业诽谤，❷指通过捏造、公开虚伪事实或虚假信息，对特定商事主体的商誉、商品或服务进行贬低和诋毁，造成其商业利益损失的侵权行为。❸其实施主体为一般主体，不限于与被侵权人存在竞争关系的经营者，其他主体如社会组织、消费者以及媒体等，也都可以构成商业诽谤。❹

这是一类以言论者的主观恶意为判断标准的不当言论，这类言论往往不涉及事实，因此无从判断是否与事实相符。这类言论往往内心认知与言论高度一致，直接指向言论的对象，且往往是贬低、侮辱言论对象。大致对应佛家所言的"恶语"。考虑到《反不正当竞争法》第14条的狭窄调整范围，这类商业言论的范围显然要广于《反不正当竞争法》第14条的规定。

诋毁，是毁谤、污蔑之意。顾名思义，意指攻击他人的言辞，且这种攻击性的言辞往往是虚假的。商业诋毁，则指针对商人及其商品、服务的虚假陈述，是一种典型的不当商业言论。另外，贬低的含义是客观上无合理理由而降低竞争者或其产品在相关交易人群中的声誉。与商业诋毁不同，商业贬低主要是指贬低性的意见表达，也包括在传播真实的

---

❶ http：//news. sohu. com/20140818/n403521762. shtml，2014 年 8 月 19 日最后访问。

❷ 李明德：《知识产权法》，法律出版社 2008 年版，第 306 页。

❸❹ 杨立新、蔡颖雯："论商业诽谤行为及其民事法律制裁"，载《河南省政法管理干部学院学报》2004 年第 5 期。

事实的基础上的贬低。❶

诋毁或贬低通过什么手段进行，在所不问，诸如通过网络、传统媒体以及通过召开新闻发布会、见面会、推介会等形式，都可构成商业诋毁。附着的载体也不受限制，既可以是书面形式，也可以是口头形式。

在腾讯诉奇虎案中，❷ 初审认为，"360 隐私保护器"在对 QQ2010 软件监测时，对 QQ2010 软件扫描计算机中可执行文件的行为，使用了"可能涉及您的隐私"的表述，使用了"窥视""为谋取利益窥视""窥视你的私人文件""如芒在背的寒意""流氓行为""逆天行道""投诉最多""QQ 窥探用户隐私由来已久""请慎重选择 QQ"等词语和表述来评价 QQ 软件。法院认为，上述评价的词语和表述，带有强烈的感情色彩并具有负面评价效果和误导性后果。尤其是，这些表述是没有任何事实基础，不符合诚实信用的商业准则，不符合维护市场正当合理竞争秩序的要求，因此构成商业诋毁。

在娃哈哈诉巨人公司案中，❸ 巨人公司声称："娃哈哈儿童营养液含有激素，造成小孩早熟，产生许多现代儿童病"，但巨人公司并无证据证明。本案在法院认定巨人公司的行为违反《反不正当竞争法》第 14 条的基础上，调解结案。

在携程诉蓝豹案中，❹ 被告在其网站上声称："中国订房联盟鄙视携程"，"没有办法让全国人民都知道携程已经卖给日本人，但绝对有义务让中国旅游人都知道携程已姓'日'了。"法院认为被告的行为损害了原告的商业信誉和商品声誉，构成不正当竞争。

我国《反不正当竞争法》第 14 条规定：经营者不得捏造、散布虚伪事实，损害竞争对手的商业信誉、商品声誉。这是我国法律中对于此

---

❶ 范长军：《德国反不正当竞争法研究》，法律出版社 2010 年版，第 125 页。在德国法上，诋毁与贬低有明确的区分，在法条上体现在，前者规定于《反不正当竞争法》的第 4 条第 8 项，后者则是第 4 条第 7 项。

❷ 北京市第二中级人民法院（2011）二中民初字第 12237 号民事判决。

❸ 最高人民法院公报案例 1996 年。

❹ 上海市高级人民法院（2007）沪高民三（知）终字第 13 号民事判决。

种商业言论的最集中的规范调整。但是，这一法律规定的调整范围是狭窄的。

首先，该条规定仅针对经营者，因此，大量的由消费者以及其他非经营者针对商人及其商品或服务进行的诋毁便不属于该法条调整的范围。此类诋毁，究其实质而言，属于针对商人及其商品或服务的言论，属于商业言论无疑，但是，我国反不正当竞争法将之排除在管辖范围之外。这类商业诋毁通常经由《民法通则》中关于名誉权的规定得到救济。例如，在双鹿公司诉武穴报社案中，初审法院就是以法人名誉权作为救济的对象的。❶

其次，该条规定将虚伪事实作为必备要件，因此，大量不涉及虚伪事实，但的确会损害竞争对手商业信誉、商品声誉的行为，至少在字面上，将不受该条的管辖。

世界知识产权组织《反不正当竞争保护示范条款》第 5 条规定："（损害其他企业或者其活动的信誉）（1）［一般原则］在工商业活动中，任何虚假的或者不合理的陈述，损害或者可能损害其他企业或其活动的信誉，特别是损害此类企业提供的商品或服务的信誉的，构成不正当竞争行为。（2）［损害信誉例示］损害信誉可以产生于广告或者促销，特别发生在下列情形：①产品的制造过程；②产品或者服务对特定目的的适合性；③产品或者服务的质量、数量或其他特性；④对产品或者服务所承诺或提供的条件；⑤产品或者服务的价格或者价格的计算方法"。

世界知识产权组织《反不正当竞争保护示范条款》指出："被攻击的个人或者公司通常是一个竞争者，或者至少所涉及的当事人之间存在某种竞争关系。但是，不但竞争者，而且像消费者团体或者新闻媒体，也可以实施违反公平竞争原则的行为。如果它们对一个企业产品、服务或者商业活动作虚假的或者不合理的陈述，应当对其提起损害信誉的

---

❶ 黄冈市中级人民法院（2000）黄民初字第 34 号民事判决。

诉讼。"❶

《巴黎公约》第 10 条之 2 "不正当竞争"第 3 项规定：下列各项特别应予禁止……2. 在经营商业中，具有损害竞争者的营业所、商品或工商业活动的信用性质的虚伪说法。可见，《巴黎公约》将商业诋毁针对的对象界定为竞争对手的营业所、商品或者工商业活动的信用。

比较我国《反不正当竞争法》第 14 条规定与世界知识产权组织《反不正当竞争保护示范条款》第 5 条规定以及《巴黎公约》第 10 条之 2 "不正当竞争"第 3 项规定，可知：就损害的对象而言，我国《反不正当竞争法》第 14 条界定为"商业信誉、商品声誉"，这一词语的含义不明确，法院在司法实践中有时将之理解为名誉权，❷ 有时将之理解为商誉。❸《巴黎公约》第 10 条之 2 "不正当竞争"第 3 项界定为"信用"，而世界知识产权组织《反不正当竞争保护示范条款》第 5 条界定为"信誉"，包括企业信誉以及商品或服务的信誉。

就言论本身而言，我国《反不正当竞争法》第 14 条要求虚假言论，《巴黎公约》第 10 条之 2 "不正当竞争"第 3 项大致相同；要求虚伪说法，世界知识产权组织《反不正当竞争保护示范条款》第 5 条放得最宽，可以是虚假陈述，也可以是不合理的陈述。

就作出言论的主体而言，我国《反不正当竞争法》第 14 条要求是经营者，《巴黎公约》第 10 条之 2 "不正当竞争"第 3 项与我国《反不正当竞争法》第 14 条大致相同；世界知识产权组织《反不正当竞争保护示范条款》第 5 条放的最宽，其并未特别指出必须是经营者。

在我国，除了反不正当竞争法之外，还有其他法律对商业诋毁作了规定。例如《广告法》第 12 条规定：广告不得贬低其他生产经营者的商品或者服务。鉴于广告是最重要的一种宣传。与反不正当竞争法的规

---

❶ Model Provision on Protection Against Unfair Competition.

❷ 例如密士强与三向集团案，参见山东省高级人民法院（2000）鲁经终字第 317 号民事判决书。

❸ 例如上海市测绘院与中盛律师事务所案，参见上海市高级人民法院（2008）沪高民三终字第 175 号民事判决书。

定相比，广告法该条构成要件似乎更为简单，同时，两法之间不同的规定也会引发商业诋毁构成要件的争论。

再如《民法通则》第 101 条规定：公民、法人享有名誉权，公民的人格尊严受法律保护，禁止用侮辱、诽谤等方式损害公民、法人的名誉。与广告法以及反不正当竞争法相比，该条规定，由于不限定是否发生于经营者之间，不限定是否采用广告的方式，因此其调整范围更广。

综合以上法律规定，可知商业诋毁或贬低可以分为以下类型：

（1）首先当然是商业诋毁和商业贬低的区别，有时也称为捏造事实的诋毁与评价性诋毁。这种分类与误导性宣传中的事实性误导与意见性误导类似。在百度诉三际案中，❶ 初审认为，三际公司将超级搜霸与搜索伴侣描述为恶意软件，被认定构成商业诋毁；但在阿里巴巴诉三际案中，❷ 初审认为，三际将雅虎助手标注为恶意软件，法院认定构成不正当竞争，但适用了《反不正当竞争法》第 2 条，拒绝认定构成商业诋毁。判决认为："尚不构成捏造散布虚假事实，但其行为降低了阿里巴巴公司商品的声誉。"这些是将商业诋毁狭义解释为捏造散布虚伪事实。两个案件的关键，在于涉案言论属于事实还是意见。法律对于事实性陈述以及意见性陈述，应该有所区别。

（2）按照诋毁的对象，可以将商业诋毁分为对经营者商品或服务的诋毁以及对经营者本身的诋毁。例如，携程诉蓝豹案中，涉及对经营者本身的诋毁，而在娃哈哈诉巨人案中，涉及对产品的诋毁。

（3）经营者之间的诋毁以及第三人对经营者的诋毁。后者中的第三人，常见的有消费者、消费者组织以及媒体。这一分类的意义在于，前者往往适用反不正当竞争法，后者往往无法适用反不正当竞争法，而需适用民法通则等的规定《最高人民法院关于审理名誉权案件若干问题的解释（1998）》指出，新闻单位或者消费者因为对经营者的产品质量或者服务质量进行批评、评论失当，甚至借机诽谤、诋毁、损害经营者

---

❶ 北京市海淀区人民法院（2007）海民初字第 17564 号民事判决。

❷ 北京市第二中级人民法院（2006）二中民初字第 16174 号民事判决。

的，应当认定为侵害名誉权的行为。

（五）不当比较广告

比较广告，也有人称为挑战性广告、竞争性广告、对比性广告。比较广告，除了必须满足一般广告的特征以外，还应当包括比较和针对具体个体两个方面。❶

比较广告是这样一种商业言论，既有陈述自己企业、产品或服务的因素，又有陈述他人企业、产品或服务的因素。

《广告法》第12条规定：广告不得贬低其他生产经营者的商品或者服务。一般认为：所谓贬低，是指给予不公正的评价。含有贬低内容的广告，是对竞争对手的人格权的严重侵犯。在认定广告中是否含有贬低他人商品或者服务的内容时，应当正确区分正当的比较广告和含有贬低内容的广告之间的界限。正当的比较广告一般来说具有以下特征：

（1）正当的比较广告所涉及产品应当是相同的产品或可类比的产品，即属于同一竞争领域内的产品，比较之处应当具有可比性。1993年国家工商行政管理局颁布的《广告审查标准》第34条规定："比较广告的内容，应当是相同的产品或可类比的产品，比较之处应当具有可比性"。关于这一点，国际上也有比较明确的规定，如我国香港特别行政区广告商会的《广告实施条例》中规定，"用一组产品与同一领域里的其他产品作比较在一定环境下是允许的"；加拿大《广告准则》规定，"在比较中指名的商品必须确实是相互竞争的"，比较广告"必须是在相关的或相似的特点、性能、质量、成分之间的比较"；美国广告代理协会《对制作对比广告的政策方针》规定，"应当指出所对比的产品的名字时，它应是市场上存在的作为有效竞争的一种产品"，"广告应就产品有关或类似的性能或成份进行比较，面对面，点对点"。

（2）对比的内容应以具体事实为基础，并且这些事实是可以证明的。《广告审查标准》第33条规定，"对一般性同类产品或者服务进行间接比较的广告，必须有科学的依据和证明。""比较广告中使用的数据

---

❶ 李大雪："德国比较广告研究"，载《中德法学论坛（2002年）》。

或调查结果，必须有依据，并应提供国家专门检测机构的证明。"这一点，在国际上也有比较明确的规定，如新加坡《广告法》规定，"比较的论点必须是建立在可以证实以及不得被不公正选择的事实的基础上"；加拿大《广告准则》规定，比较广告中"应能拿出实在的研究数据来支持所作的宣传"；我国香港特别行政区广告商会《广告实施条例》规定，"各种情况下的比较物应该能够证明，并由研究和统计证明支持"，"在介绍文字和图片中不得低毁竞争者"。因此，正当的比较广告是法律所允许的。但是，我国的有关法律、法规还规定，对于一些特殊商品不得做比较性广告，如《药品广告管理办法》第16条规定，药品广告不得含有"贬低同类产品或与其他药品进行功效和安全性对比评价的内容"。《医疗器械广告管理办法》第12条规定，医疗器械广告不得出现"有与同类产品功效、性能进行比较的言论或画面、形象"。

比较广告可以分为以下类型：

（1）直接比较广告和间接比较广告。按广告是否明确提及竞争者的名称，可将比较广告分为直接比较广告和间接比较广告两种。直接比较广告就是广告主将自己的产品与某一竞争者进行对比，而间接比较广告指广告主将自己的产品与不指明的竞争者进行对比。尽管间接比较广告没有公开指名道姓，但通常看广告的人都明白广告中所指的竞争者是谁。❶

但有学者认为：直接比较广告，是指商品的经营者或者服务的提供者在其广告中"指名道姓"地与竞争对手的商品或者服务进行比较的广告。间接比较广告，是指商品的经营者或者服务的提供者在其广告中与不特定的同一行业的竞争对手的商品或者服务进行比较的广告。❷

可见，对于直接比较广告与间接比较广告，学者之间理解并不一致。争论的焦点在于间接比较广告指向的对象是可以推知的特定竞争者还是不特定的竞争者。直接比较广告与间接比较广告分类的意义在

---

❶　程国平："欧美的比较广告"，载《外国经济与管理》1997年第8期。

❷❸　张志松："试论比较广告的有关法律问题"，载《法律适用》2000年第5期。

于所受规制强度不一样。《广告审查标准》第四章第 32 条规定：广告中的比较性内容，不得涉及具体的产品或服务，或采用其他直接的比较方式。受此规定影响，很多法院倾向于认为直接比较广告本身违法。

（2）倚靠性比较广告与批评性比较广告。倚靠性比较广告对竞争者的产品持肯定的、赞赏的态度，并使之与自己的产品相联系，期望借助竞争者的良好品牌声誉来促进自己产品的销售。像"A 牌子的产品与 B 牌子的产品一样好""A 的疗效与 B 相似"等均属此类广告。而批评性比较广告对竞争者的产品持负面的、批评性的态度，期望通过对比抬高自己，以吸引消费者。❶

（3）客观性比较广告和主观性比较广告。按比较的客观性可将比较广告分为客观性比较广告和主观性比较广告。客观性比较广告以客观事实作为比较的基础，如电冰箱广告中比较制冷速度和冷冻容积，就属此类。而主观性比较广告以主观评价作为比较的基础，如咖啡广告中比较味道。❷

不当的比较广告是指违法的比较广告或者虽没有违反明确的法律规定，但违反了法律的原则或不正当竞争的一般条款的比较广告。鉴于比较广告有以上的分类，不当的比较广告也可以出现于上述任何类型中。

在与它种不当商业言论的关系上，不当的比较广告既有可能构成引人误解的虚假宣传，也有可能构成商业诋毁，还有可能两者皆是。然而这并不妨碍不当的比较广告称为单独的一种不当商业言论的类型。在深圳市施尔洁生物工程有限公司与深圳市巨和实业发展有限公司、深圳有线广播电视台不正当竞争纠纷案中，被告巨和公司为了宣传自己的柔巾纸，将原告的施尔洁湿巾作为对比对象，宣称："湿纸在包装内长期存放，就会使细菌孳生。"一审法院认为：巨和公司的上述行为，属于发布虚假广告，捏造事实，损害竞争对手的行为，该行为已构成不正当竞

---

❶❷ 张志松："试论比较广告的有关法律问题"，载《法律适用》2000 年第 5 期。

争。二审法院认为：经营者为宣传其产品而发布的比较广告应当遵循法律规定的公平、诚实信用原则和公认的商业道德，应当遵守比较广告的行为准则，不得以虚假事实诋毁竞争对手。❶可见，一审法院是将被告的涉案比较广告当做误导性宣传，而二审法院的观点则有不同，是将涉案比较广告主要当做商业诋毁。

（六）骚扰信息或垃圾信息

这是一类以言论的方式或手段定义的不当言论。这种方式或手段本身令人不快甚至让人讨厌，往往未经过接收者的同意即进入接收者的生活领域，所以，也往往将之称为"不请自来的广告"。不仅如此，这类言论可能还会占用接收者的资源，或消耗接收者的财产。例如接收者付费的传真会消耗接收者的财产，或铺天盖地的垃圾邮件占用邮箱资源，可能导致重要邮件无法进入接收者的邮箱系统。

这类不当商业言论包括骚扰电话、骚扰传真、骚扰短信、骚扰邮件以及其他骚扰性信息，有时也称它们为垃圾短信、垃圾邮件等，其特点在于不请自来。德国法中将之称为"不可合理预期的骚扰"。❷

骚扰信息的不正当性在于过分侵入他人的私生活，这一点无可质疑。但是，也并非所有的骚扰均构成不当的商业言论，任何形式的商业言论，都内在着一定程度的骚扰。只有当骚扰聚集到一定的密度，达到不可合理预期的程度，大部分消费者无法容忍时，才是不正当的。❸

除了保护作为人格权核心的生活安宁权之外，保护相对人的财产也作为正当化规制骚扰信息的理由。有些接受信息的装置是相对方付费的，如传真，即使不是相对方付费，接受骚扰信息也耗费了相对人的资源，如占用了电话时间以及有限的邮箱容量。

保护竞争对手免受骚扰信息这种不正当竞争行为之害也构成正当化

---

❶　深圳市中级人民法院（2001）深中法知产初字第 177 号民事判决，广东省高级人民法院（2003）粤高法民三终字第 55 号民事判决。

❷　范长军：《德国反不正当竞争法研究》，法律出版社 2010 年版，第 301 页。

❸　范长军：《德国反不正当竞争法研究》，法律出版社 2010 年版，第 303 ~ 304 页。

规制骚扰信息的理由。因为消费者可能由于想尽快结束言论者的骚扰行为而仓促作出交易决定，而这就损害了未采取骚扰信息方式进行交易的竞争对手的利益。

我国法律对于此类不当商业言论的规制处于刚刚起步阶段，不仅反不正当竞争法中并无具体的条款明确规范之，其他法律中也鲜见对于此类不当商业言论的额规范。直到 2012 年 12 月，全国人大常委会通过的《关于加强网络信息保护的决定》才提及：任何组织和个人未经电子信息接收者同意或者请求，或者电子信息接收者明确表示拒绝的，不得向其固定电话、移动电话或者个人电子邮箱发送商业性电子信息。此后，在 2013 年修正后的《消费者权益保护法》中，重申"经营者未经消费者同意或者请求，或者消费者明确表示拒绝的，不得向其发送商业性信息"。但无论是上述决定，还是修正后的消费者权益保护法，均未对此类行为的法律后果加以明确规定，也未提出有效的解决此类行为的措施。

（七）违法或不当的沉默

与骚扰相反，这是一类应当说明而不予以说明的不当言论。说其是言论，多少显得有些误导，因为此种情形下，并没有任何言论被发表。唯从社会期待此类言论被发表的意义上来讲，不当的沉默构成一类特定的不当商业言论。此类不当商业言论的构成，以法律或者其他社会规范要求言论者作出一定的言论，言论者却违背规范要求保持沉默。现实中这类强制性规范已经较为常见，例如证券法等规定的信息披露制度，商品标示法对于商品标示的强制性规定，食品安全法、药品管理法等对于此类特殊商品标示的强制性规定。

规定披露义务的法律尤其包括技术性法规，如各类技术标准，包括药品、食品等特殊商品的技术标准以及其他商品的标准。事实上，存在信息不对称的地方，就有很大的动力要求生产者或者提供者承担信息披露义务。

有时私法责任的规定背后隐含了强制性信息披露的义务，如产品责任的背后就暗含了此类强制性信息披露。在导致承担产品责任的产品缺陷中，有一类通常被称为"指示缺陷"或"警示缺陷"。"当产品造成之可预见的危险能藉由合理的指示或警告来减少或避免，而不提供指示或警告将使该产品具有不合理的危险，则缺乏适当指示或警告的产品为瑕疵产品"。❶

第四节　不当商业言论的"不当性"及其成因

如前已述，从应然层面讲，所有不当的商业言论，都应当被界定为违法的商业言论。然而"不当性"究竟有何表现呢？上一节已经对各种不当商业言论，做了类型化的讨论。其实，这些类型化的不当商业言论仍有进一步抽象出"不当"之共性的可能。

例如不当或违法的标识，这一类型仅仅是针对标识这一特定类型的商业言论而设，其之所以"不当"或"违法"，往往是因为"欺诈"或"误导"，或是违反了强制信息披露义务。所以，严格来说，这一不当商业言论的类型不具有独立性。

再如不当比较广告，这一类型也是针对一种特定类型的商业言论而设，即针对广告中的一个亚种——比较广告而设。之所以不当，往往在于其构成"诋毁"，或构成"误导"，或构成"欺诈"。可以说，不当比较广告，不是构成商业诋毁，就是构成引人误解的宣传，要么就是兼而有之。因此，严格来说，这一不当商业言论的类型也不具有独立性。

最后，就连违法或不当的沉默，其背后的根基，有很大部分也是因为此类情形，由于存在严重的信息不对称，非令商人作出相应商业言论不可，不如此，容易引起相对人的误解。因此，强制信息披露往往乃是避免误导的一种措施。当然，我们也认可强制信息披露也有除此之外的其他理由，因此仍然将违法或不当的沉默归为独立的一类不当商业言论。

---

❶　［美］威廉·伯纳姆（William Burnham）《英美法导论》，林利芝译，元照出版有限公司 2005 年版，第 303 页。

如此来看，商业言论的"不当性"，或是"欺诈"，或是"误导"，或是"贬低、诋毁"，或是"骚扰"，或是"不该有的沉默"。以下是不当商业言论的一个简单的原因分析。

一、表层原因

（一）宗教说法

佛家将言论方面的过咎称为"口业"，并就口业的具体形态做了细致的划分，即妄语、两舌、恶口、绮语。似乎恶口与绮语成反对。恶口是言语粗鲁，说话难听、伤人；绮语则是花言巧语，言语动听但不诚实，类似于灌迷魂药；两舌则是挑拨是非，在甲处说乙的坏话，在乙处又说甲的坏话；妄语则是欺罔别人。恶口、两舌、绮语都是妄语。所以妄语也是一个概括的说法。

佛家关于口业的说法颇多道德的成分。佛家声称，"五戒"所对应的五种恶行，其根源在于心理上的"三毒"，即"贪、瞋、痴"。"这五戒是戒'贪''瞋''痴'三种心理行为，借身体四肢及口舌行为所作的具体表现。"❶ 也就是说，不健康的心理活动是妄语的本源。

佛家的上述理论具有一定的解释力。就不当商业言论而言，根据言论者的主观状态，产生不当言论的原因有言论者的恶意、疏忽、无心或无知。例如，商业诋毁都包含言论者的恶意，欺诈性陈述也是因言论者的恶意造成；误导性宣传则不必然，其中有一些误导性宣传是属于疏忽。骚扰则一般出于故意，不当的沉默则既有故意，也有过失。

（二）俗世见解

上节所列举的几种典型不当商业言论，如欺诈性言论、误导性言论、违法或不当的标识、诋毁性言论、不当的比较广告、骚扰、不当的沉默。从发表言论者的主观状态来说，均是有瑕疵。❷ 但是，各自瑕疵

---

❶ 圣严法师：《佛学入门》，陕西师范大学出版社 2008 年版，第 130 页。

❷ 瑕疵，与法律意义上的过错，容有区别。瑕疵未必意味着言论者主观上有过错。

的层次不同，有些是由于故意或过失，有些则是由于对于真实情况的不了解，如错误的言论即是如此，错误的言论往往会误导他人，但言论者未必具有主观的故意或过失，他可能仅仅是因为对于事实的错误认知。

大致来说，有瑕疵的商业言论可以基于言论的欺诈性，可以基于言论的误导性，可以基于言论的诋毁性或贬低性，也可以基于言论的骚扰性。

二、深层原因

佛家只将一切阻碍成佛的原因归于心理因素。在修炼成佛的过程中，凡人需要克服各方面的缺陷，从而成为完人——佛；在这些缺陷之中，被认为最重要的是内心方面的缺陷。外界的诱惑只是被理解为不当行为的诱发因素，而非这些不当行为的原因。

俗世的见解则将不当商业言论的深层原因归结为特定经济、社会、文化条件下的产物。所有不当商业言论，均反映了一个社会的制度环境、道德水准以及文化基因。例如，不健全的法律制度倾向于产生更多的不当言论。而社会的诚信水平也可以不当言论的数量来量度。文化则是另一个产生不当商业言论的深层原因。一个社会，如果极度抑制商业，一个典型的例子是改革开放之前实行计划经济体制的中国，那么，商业言论本身也受到抑制，不当的商业言论也随之减少。市场经济完善的社会，不当商业言论也趋于减少；而转型期的市场经济社会，由于对于利益的渴求支配了大多数人的行为，又无健全的法律制度以及完善的执法机制来规范人们的商业行为，倾向于产生最多的不当商业言论。

有人分析，中国社会诚信度低下在于政府信用低下。❶ 所谓"其身正，不令自行，其身不正，虽令不行。"❷ "君臣不信，则百姓诽谤，社

---

❶ "在政务诚信、商务诚信、个人诚信中，关键还是政务诚信……如果政府不讲诚信，企业诚信就难以做到，个人诚信就更无从谈起。"李松：《中国社会诚信危机调查》，中国商业出版社 2011 年版，第 3 页。

❷ 《论语·子路》，中华书局 2011 年版，第 153 页。

稷不宁。"❶ 一个典型的情况是：公共事件发生之后，民间出了一些消息和议论，政府的第一个反应是辟谣，过了一段时间，政府又直接或间接地肯定这些消息和议论。故民间调侃说："谣言就是遥遥领先的预言。"对于当下商业言论方面的严峻形势，本书倾向于将之看做在当下这一特定的历史条件下，经济与社会，物欲与人心，制度与行为交相作用的结果。

---

❶ 《吕氏春秋·贵信》，岳麓书社 1989 年版，第 179 页。

第二章 商业言论的规制史

言论的历史，就是一部规制与反规制的历史。对言论进行某种程度的控制，似乎是一切主权者的共识。古今中外，概莫能外。

在中国，《史记·周本纪》记载，周厉王统治暴虐，遭到国人的评议，于是厉王颁布一条法令：凡有人议论天子，便构成诽谤罪，处以死刑。❶ 又，《国语·周语》中记载，周厉王为了"弭谤"不惜大开杀戮，极端的舆论控制导致"国人莫敢言，道路以目"。开明的召公劝告周厉王，指出"防民之口，甚或于防川，川壅不溃，伤人必多，民亦如之。"先秦儒家和法家的主张大相径庭，对于要控制言论这一点却出奇地一致。孟子认为"邪说"会对社会造成不良影响。"圣王不作，诸侯放恣，处士横议，杨朱、墨翟之言盈天下；天下之言不归杨，则归墨"。❷ 法家的代表人物商鞅则劝告秦孝公"燔诗书而明法令"。

作为中国历史上第一个中央集权的帝王专制王朝，秦朝的统治者在巩固专制统治上下了很大的功夫。秦律中，关于言论类的罪名很多，有诽谤罪，意指讥评皇帝过失的言论之罪；以古非今罪，以古代学说非难当今政策的言论即构成此罪；非所宜言罪，即"说了不该说的话"就要构成此罪，此罪具体所指为何？法无明言，为统治者任意出入人罪提供了方便；妄言罪，颠覆国家政权的言论构成此罪。❸

汉承秦律，也以刑罚控制人民的言论。汉律中也有"怨望诽谤政治罪""妖言罪""非所宜言罪"等言论类罪名。❹ 唐律中的斗讼律，有包括诬告、教唆词讼等言论类罪名。

---

❶ 曾宪义主编：《中国法制史》，中国人民大学出版社2009年版，第34页。

❷ 《孟子·滕文公章句下》，新华出版社2003年版，第137页。

❸ 曾宪义主编：《中国法制史》，中国人民大学出版社2009年版，第57页。

❹ 同上书，第75～78页。

宋代，乌台诗案被视为文字狱的开端，不同的朝代，文字狱有其具有时代特点的名称，因其惹祸的载体不同，在宋朝多称"诗案"，明朝称"表笺祸"，而清代则称"史案"或"书案"。❶《明律·吏律》公式门有"上书奏事犯讳"条，奏章行文、诗词文字等常常被疑为暗讽皇帝而遭治罪。延至清代乾隆朝，文网严密，是为言论控制的顶级表现。

据不完全统计，仅在康雍乾三朝，就发生文字狱 108 起，康熙朝的"庄氏《明史》案"、雍正朝的"查嗣庭案"和乾隆朝的"胡中藻诗案"等，都是典型的根据文字随意罗织、锻炼而成的大案，牵连极广，为害极大。由于在《大清律例》中并无文字狱条款，所以对于此类案件，往往按照谋反、大逆罪处罚，极为酷烈。❷

民国肇造，对言论的控制并未有根本改善。尤其是在抗日战争爆发后，国民党以时局非常为由，进一步强化独裁统治，压制各种民主势力，加强对言论的管制。除了执行更为严苛的新闻检查制度外，在图书出版业，国民党继续推行图书杂志原稿审查制度。1938 年 7 月，国民党中央执行委员会常务会议通过《战时图书杂志原稿审查办法》和《修正抗战期间图书杂志审查标准》，规定对未经原稿审查的图书杂志一律予以取缔。❸

西方的中世纪，教会行使着书籍审查的权力。通过制定颁布禁书目录、特许制和审查制，教会掌控着异端思想的传播。封建王权继承了教会的做法，特许制、检查制仍得以施行。此时出版检查被"非教士化"，成为专制王权的一种统治制度。❹ 1538 年，英国国王亨利八世发布公告，任何想要从事出版的人都必须事先申请许可证，这项制度创造了利

---

❶ 罗素英："中国文字狱述论"，载《求是学刊》2000 年第 6 期。

❷ 曾宪义主编：《中国法制史》，中国人民大学出版社 2009 年版，第 191 页。

❸ 瞿巍："抗战时期四川的图书杂志审查"，载《中国出版》2013 年第 4 期。

❹ 黄春平："西方印刷媒介内容监管的制度变迁及历史启示"，载《中国出版》2010 年第 12 期。

润丰厚的出版垄断，同时阻止了种种非正统观点的传布。❶

就言论自由进行压制的另一种方式则是《反煽动性诽谤法》，该法将任何对政府、教会抑或上述两机构官员的不恭言辞都视为犯罪，引人注目的是，对于煽动性诽谤和指控而言，即使被告人所述属实，也不能构成抗辩的事由。❷

就言论自由而言，纸面规定往往与实际情况容有差距。美国宪法第一修正案虽然早在18世纪末就规定国会不得立法限制言论、出版自由。但从纸面到实际，将近300年过后，中间经历了如《纽约时报》诉沙利文这样的里程碑性质的案例之后，美国人才有底气说自己是世界上言论最为开放的国家。❸

传统的印象是，较之于政治性的言论，商业言论受到控制的机会可能少些。这一传统印象事实上被证明是错误的。相对于政治言论，商业言论更容易受到规制，也在事实上承受着更多的规制，至少从规制的数量而言更是如此。与政治言论不同，商业言论似乎受到较少的关注，但不代表商业言论即享有表达自由。恰相反，在号称言论最为开放自由的美国，商业言论一度不受宪法第一修正案的保护。❹ 由于作为一种宪法上的基本权利的言论自由最先是在针对政治言论的压迫的反抗中诞生的，因此最初的言论自由仅仅被理解为政治言论自由。对商业言论的控制，也许沿着与对于政治言论的控制不同的方向展开。即主要并非基于言论对政权的臆测或实际的危害的目的，而是基于诸如维护竞争秩序以及保护消费者权益这样的目的。这些理由似乎更容易得到支持并且更容易通过违宪的检验。

---

❶ ［美］安东尼·刘易斯：《言论的边界——美国宪法第一修正案简史》，徐爽译，法律出版社2010年版，第8页。

❷ 同上书，第9页。

❸ "我们的栖身地——今日美国——乃是世界上言论最为开放社会"，同上书，第1页。

❹ 在1942年的一个案件中，最高法院把"纯商业性广告"排除在第一修正案保护范围之外。参见 Valentine v. Chrestensen, 316 U. S. 52（1942）。

以下略述美国、欧盟和中国商业言论的规制史。"规制"一词，取其规范、控制之意。

第一节　美国的商业言论规制史

一、联邦贸易委员会对商业言论的规制

美国联邦贸易委员会（FTC），如其名称所示，是执行联邦贸易政策的机构，即负责反托拉斯调查和保护消费者法律的联邦机构。FTC 的目标是确保国家市场行为具有竞争性，且繁荣、高效地发展，不受不合理的约束。FTC 也通过消除不合理的和欺骗性的条例或规章来确保和促进市场运营的顺畅。

《美国联邦贸易委员会法》第 5 条关于禁止"不公平竞争的商业手段"的规定，是联邦贸易委员会授权管理推销行为的关键所在。1938 年，通过修订《联邦贸易委员会法》第 5 条，《惠勒——李修正案》大大扩张了联邦贸易委员会的授权范围，其结果是联邦贸易委员会能够禁止"不公平或欺骗性的商业行为"。《惠勒——李修正案》新增了第 12 条，该条专门授权联邦贸易委员会制止推销食品、药品、治疗设施或化妆品的过程中的虚假广告从而补充了联邦食品与药物署关于管理这些产品标签的权力。

后来的许多立法授予联邦贸易委员会专门管理某些产品标签、多种消费品包装和其他许多有关消费的业务的权力。最重要的权力扩张发生在 1975 年，其时通过了《马格纳森——莫斯消费保证/联邦贸易委员会修正法》，该法将联邦贸易委员会的权力扩大到包括制止"商业中的或影响商业的不公平竞争手段和商业中的或影响商业的不公平和欺骗行为"。这个修正案使得联邦贸易委员会有权裁定不利于州际商业的地方商业行为。在此之前，州际商业要求构成了对联邦贸易委员会的司法上的重要限制。除州际商业要求之外，第二种对联邦贸易委员会权力构成明显司法限制的是：对竞争行为或竞争手段的诉讼必须是为了"公众利

益"。此外，1975 年的修正案还赋予联邦贸易委员会发布界定不公平竞争手段规则的权力。❶

触犯《美国联邦贸易委员会法》或联邦贸易委员会法规时，可获得多种补救方法。从其历史渊源来看，大都限于发布停止令。

如上所述，联邦贸易委员会主要对以下两种行为进行管理：（1）对欺骗行为的管理；（2）对不公平行为与不公平竞争手段的管理。联邦贸易委员会对欺骗行为的管理，主要围绕欺骗能力和能实际影响购买决定的推销活动进行管理。其中广泛涉及对于商业言论的规制。

有欺骗能力的行为通常有三种形式：直接陈述、暗示性陈述以及实际内容的保密。

联邦贸易委员会将所禁止的欺骗行为分为两大类：（1）有关产品、服务或商业企业本身的欺骗性陈述；（2）与产品、服务或商业企业推销过程中的"外部"因素有关的欺骗性陈述。不过禁止这两类欺骗的理论依据有很大不同。❷

最常见的是对产品内容、质量或效用进行错误描述的欺骗行为。这种错误描述行为可以是广告中的直接错误描述，也可以是暗示性错误陈述，如欺骗性商标等。❸在联邦贸易委员会诉阿尔格马木材公司案（1934）中，将黄松说成上乘白松是欺骗性行为。在查理豪华批发公司诉联邦贸易委员会案（1944）中，销售贴有"返老还童"商标的雪花膏实际上并不能使皮肤恢复活力，因此也是欺骗性行为。❹以上的欺骗行为，与本书第一章中所述误导性宣传这类不当商业言论相类。

上述行为需要承担的私法责任主要是禁止令，当然，委员会也可以对违反禁止令的行为提起民事诉讼，在委员会提起的诉讼中，法院有权准许救济，以便个人、合伙人或公司，由于他人违反不公平的或欺骗性行为规则受到的伤害得以补偿。该救济不仅限于变更或解除契约、返还

---

❶　［美］麦克马尼斯：《不公平贸易行为概论》，陈宗胜等译，中国社会科学出版社 1997 年版，第 214～217 页。

❷❸❹　同上书，第 223 页。

财产、金钱赔偿、公开说明违反等。❶

除了联邦贸易委员会，其他机构如消费品安全委员会、食品与药品管理局也对商业言论进行规制。

二、对于广告的规制

广告是数量庞大的一类商业言论，可称为商业言论的典型。美国的广告监管是一个非常复杂的体系。

美国并无统一的广告法。美国政府监管广告的机构是联邦贸易委员会，其主要职责是管理跨州销售的产品广告。美国联邦贸易委员会运用一套"不正当方针"对受到投诉的广告展开调查，"不正当方针"涉及五个方面："广告是否符合道德？广告是否有悖伦理？广告是否令人压抑？广告是否肆无忌惮？广告是否会给消费者或竞争对手造成严重的伤害？"这一套"不正当方针"指涉的具体情形似乎过于宽泛，以致可以理解为联邦贸易委员会对于认定广告是否不正当具有极大的裁量权。

除联邦贸易委员会之外，美国联邦通信委员会及美国食品药品管理局也是广告的主要管理机关。联邦通信委员会主要管理广播、电视、电话、卫星、互联网和有线电视，该机构确认广播电台和电视台的广告播出资格，对广播广告、电视广告的内容、表现形式、播出方式及时间和数量进行严格控制。美国食品药品管理局的主要职责是保护消费者吃到安全可靠的食品，使用安全有效的药品、化妆品和医疗器械，尤其是对处方药的广告进行严格管理。可见，较之于联邦贸易委员会，这两个机构对于广告的监管主要建立在对于广告的传播手段以及特殊商品的基础之上。

这些管理机构权责清晰，各司其职，在各自的职责范围内实现着对美国广告行业的有序管理。如在药品管理方面，美国联邦贸易委员会和美国食品药品管理局都对药品广告拥有管理的权限，但分工非常明确。美国的药品广告包括两大方面：一种是在报刊杂志、电视电台电话互联

---

❶ 《美国联邦贸易委员会法》第 19 条之（2）。

网以及广告牌上登载的广告，即大广告；一种是在产品包装上做的药品标签即小广告。按照联邦政府执法部门的分工，联邦贸易委员会负责不需要太多专业知识就可以判断其是否违法的非处方药品的大广告；专业性强的非处方药品小广告和处方药品的大广告则由联邦食品及药物管理局负责。这样就较好地解决了高效管理和专业管理之间的冲突。❶

除了联邦政府的相关法规之外，还有美国各州和地方政府的相关法规对广告活动进行规范。

美国有很多非政府的广告监督机构，比较重要的有商业促进局、美国国家广告审查委员会、美国广告公司协会、美国广告联合会、全国广告主协会、儿童广告审查处等。其中商业促进局是美国最大的商业监督组织，其主要任务是保护消费者不受虚假和欺骗广告以及商业欺诈行为的侵害。美国国家广告审查委员会的主要目的是推广并执行广告的真实性、准确性、品位、道德以及社会责任标准。儿童广告审查处接受针对儿童广告案件的投诉，除此之外，还为消费者、广告主、教育工作者、政府部门、专业协会提供有关儿童广告的咨询工作。美国广告公司协会（4A）通过取消被指控不道德的广告公司的成员资格来控制广告公司的行为，其《行为标准与创意守则》为成员公司提供了广告运作的指导方针。美国全国广告主协会通过自律条文规范各自的广告行为，遵守广告伦理守则。

美国的广告行业自律体系网络，呈现纵横交错的网状结构。鉴于这套体系的有效性，论者称其为"权威且公正的广告行业自律体系"。❷

在纵向，美国广告审查委员会（NARC）是美国重要的全国性广告自律组织，成立于1971年，负责制定广告自律的基本方针，其下设两级自律机构：全国广告部（NAD）、儿童广告评审委员会（CARU）以及这两者的上诉机构——美国广告审查局（NARB）。美国广告部和儿童广告评审委员会负责监视、监听各种全国性广告，并受理任何自然人、

---

❶ 李海英、李新龙："美国广告管理特点"，载《新闻前哨》2009年第7期。

❷ 徐冬杰："国内外广告行业自律体系建设"，载《中国广告》2008年第2期。

法人的投诉，包括消费者、专业人士、商业团体，NAD 和 CARU 自己也可以提起申请。CARU 的任务是对各种媒体面向儿童的广告进行审查和评价。对于误导儿童、不正确的和触犯"儿童广告自律指针"的广告，CARU 将要求广告主自主进行修正。NARB 是广告自律机构 NAD/CARU 的上诉机关，负责对上述案件进行终审。广告主、投诉者对 NAD、CARU 的判令不能接受时，可以要求 NARB 进行再审。如果广告主仍不接受仲裁，则全国广告审查局（NARB）就会公开它对广告主和此案的判定，并将案子移交政府监管机构——联邦贸易委员会。

在横向，则包括广告行业协会自律、广告主自律以及媒体自律。广告行业协会自律的组织主要有美国广告联盟（AAF）、美国广告学会（AAA）、美国广告代理协会（AAAA）。它们曾共同制定《广告业务准则》。作为广告主自律的组织，美国全国广告主协会吸纳了几乎全国所有大企业作为成员。全国广播电视协会（NAB）则作为媒介的行业组织。

另外，在美国，消费者保护组织也积极地参与到约束广告的活动中，主要组织有美国消费者联盟、全国老年人委员会、全国消费者联盟、消费者保护团体，其中消费者保护团体对情况属实的违法广告，要求广告主中止广告，广告主如不履行，该组织将在媒体上对广告主的行为曝光或公开对广告主进行批评，或请求政府机构对广告主进行进一步处理。

三、小结

美国对于商业言论监管的鲜明特点是：（1）由一个独立的机构监管，这个独立的机构就是联邦贸易委员会；（2）对广告的民间的私性的监管。这种监管和自律结合的体制，取得了公认的良好效果。❶ 而在责任设置方面，较少有行政责任与刑事责任，但是比较注重禁令的使用。

---

❶ 徐冬杰："国内外广告行业自律体系建设"，载《中国广告》2008 年第 2 期；夏清华："中外广告管理比较"，载《经济评论》1997 年第 3 期。

第二节　欧盟商业言论规制史

一、关于误导广告和比较广告的指令

1984 年 9 月 10 日，欧洲共同体理事会制定《关于协调各成员国关于误导广告的法律、法规和行政规章的指令》（第 84/450/EEC 号）。1997 年 10 月 6 日，欧洲议会和欧洲联盟理事会通过《关于为将比较广告列入协调范围而修订〈关于误导广告的指令〉的指令》（第 97/55/EC 号），修改后的第 84/450/EEC 号指令的名称为《欧盟理事会关于误导广告和比较广告的指令》。

该指令定义了"广告""误导广告"和"比较广告"，并对判断误导广告应当考虑的因素以及比较广告应当满足的条件作出了规定。引人注目的是，指令所界定的误导广告范围很大，既包括欺骗或可能欺骗受众或接触过广告的消费者的广告，也包括损害或可能损害竞争对手的广告。❶

指令要求各成员国提供法律手段，打击误导广告和不符合规定的比较广告。这些法律手段包括法院的救济途径以及行政机关的救济途径（由各成员国自行决定）。不论何种法律手段，均应赋予该有权机关以下权力：命令停止或者启动适当法律程序以命令停止误导广告，或如果误导广告尚未刊播但刊播在即，即使没有该广告造成实际损失或损害的证据，或者没有该广告主故意误导或因疏忽而造成其广告误导的证据，也可以命令禁止或者启动适当法律程序以命令禁止此类广告的刊播。

各成员国应就本款第一段所说的措施作出规定，使其适用于加速程序，该程序应具有临时效力或具有最终效力两种效力，由各成员国自行选择决定一种。此外，为了避免误导广告继续产生影响，各成员国还应授权法院或者行政机关，使之能够以最终裁决的形式命令停止刊播误导

---

❶　《欧盟理事会关于误导广告和比较广告的指令》第 2 条之 2。

广告：要求广告主以法院或者行政机关认为适当的方式公布或部分公布裁决；此外，要求公布更正声明。❶

二、不公平商业行为指令

欧盟《不公平商业行为指令》于 2007 年 12 月 12 日起开始生效。作为欧盟在消费者保护领域内的一个全新指令，采用了"最大协调"的方法明确禁止不公平商业行为。

具体来说，该指令把不公平商业行为分为错误诱导性商业行为和侵犯性商业行为两种类型。

1. 错误诱导性行为（misleading practices）

错误诱导的商业行为是不公平商业行为的主要形式之一，指令第 6 条和第 7 条明确规定了错误诱导的商业行为的定义和认定标准。错误诱导行为又分为两种类型：

（1）错误诱导性作为（misleading actions），如果商业行为含有不真实或者夸张陈述的虚假信息，错误诱导或者可能诱导"一般消费者"，那么这种行为就应该被认定为是错误诱导行为；或者即使信息是正确的，但是如果这种真实的信息涉及一些因素，而这些因素会导致或者可能导致消费者作出在其他情况下不会作出的交易决定，那么这种行为也将被认定为错误诱导行为。❷

（2）错误诱导性遗漏（misleading omissions），指令规定，在全面考虑商业行为的实际情况及其背景和交易方式的情况下，如果商业行为遗漏了"一般消费者"据以作出知情决定的关键信息；商人隐藏或者以不清楚的、晦涩难懂的、模糊的或者不适时的方式提供上述重要信息，或者在情况不能表明时，未指明该商业行为的目的，而这种信息的遗漏或者信息的表达方式使得"一般消费者"作出了正常情况下不会作出的交

---

❶ 《欧盟理事会关于误导广告和比较广告的指令》第 4 条之 2。

❷ 若与本书第一章中归纳的不当商业言论的类型相比，误导性宣传与之最为类似。

易决定，该商业行为就应该被认定为错误诱导性遗漏。❶

指令明确规定了购买邀请（invitation to purchase）必须明示的重要的信息，如：（a）产品的主要特性，某种程度上应与交易方式和产品相适应。（b）商人的地址和身份，如他的商号。（c）含税价、产品特性决定其价格不能合理地预算时价格的计算方法，以及适当情况下，所有的附加运费、交货和邮寄产生的费用或者当这些附加费不能合理预算时需要支付该费用的事实。（d）支付、交货和投诉处理机制，若这些行为违反职业注意程度的要求。（e）退货或取消交易的权利。

指令附则更以无穷尽列举的方式例举了一系列具体的错误诱导性商业行为。如声称是某行业规范的签署者而实际不是；未经授权运用某些标识；把法律赋予消费者的权利描述成商人发盘的特点等。

2．侵犯性商业行为（agressive practices）

指令的第 8 条对侵犯性商业行为作出了界定。在全面地考虑某一商业行为的事实背景和所有的细节特征的情况下，如果通过骚扰、对身体实施暴力威胁而强迫或者施加不适当的影响，显著地损害了"一般消费者"对产品进行选择的自由，并且导致消费者作出了在正常情况下不会作出的交易决定，这种商业行为就应当被认定为属于侵犯性商业行为。❷

具体判断某一商业行为是否使用了骚扰的手段，或者是否对消费者的身体构成暴力威胁之强迫，应该重点考虑以下五种情形：（a）该行为的时间、地点、状态或持续性。（b）威胁或者恶劣的言语或行为的使用。（c）商人夸大宣称特定的不幸达到一定程度，从而削弱了消费者的判断能力，影响消费者的决定。（d）消费者要行使基于合同的权利，包括终止合同或调换产品时，商人强设的过于烦琐或不适当的非合同性障碍。（e）以将采用不合法的行为相威胁。

指令对交易是否公平的判断已经从关注交易合同的内容扩展到商业

---

❶　若与本书第一章中归纳的不当商业言论的类型相比，误导性宣传与之最为类似。

❷　若与本书第一章中归纳的不当商业言论的类型相比，其中骚扰这种行为与骚扰信息或垃圾信息最为类似。

行为本身。指令不涉及交易的具体内容，仅从规制商业行为本身入手来保护消费者，开拓了消费者保护的新思路，仅是方法本身就是一个巨大的进步；指令具体规定不公平商业行为的种类，而且明确错误诱导性遗漏也属于不公平商业行为；指令中的不公平商业行为更涉及交易的各个时期，包括交易前、交易中和交易后阶段，这样就使得指令能够在交易的任何一个阶段为消费者提供保护。指令的这些创新，无疑对提高消费者保护的水平和促进内部市场的发展具有重大的作用。❶

第三节　中国商业言论规制史

一、古代至改革开放以前

有商业即有商业言论，如影之随形。有商业言论，就有人们对于该商业言论的评价。《韩非子》中"自相矛盾"的故事，就是人们对于夸大不实的广告的嘲讽。中国漫长的帝制时代，多见专制政权对政治性言论的控制，似乎对商业言论，并未特别在意。因此，古代关于商业言论规制的资料不多。

唐《关市令》规定："诸官私斗尺秤度，每年八月诣金部、太府寺平校，不在京者诣所在州县平校，并印署，然后听用。"这说明唐朝已经对经济活动进行了有效管理。官府卖假药案判词中记载："小则不足愈疾，甚则必至于杀人。"❷ 这说明官府对于假冒伪劣行为动用刑罚予以惩治。《大清律报》中有与广告相关的律令："第十四条左列条款，报纸不得揭载：诋毁宫廷之语，淆乱政体之语，扰乱公安之语，败坏风

---

❶　杜志华："欧盟不公平商业行为指令简介"，载《法学评论》2007 年第 5 期。

❷　陈事美："唐宋官府如何打击假冒伪劣"，载 http：//www. 21ccom. net/articles/fsyl/yulu_ 20140324102948. html，2015 年 7 月 21 日最后访问。

俗之语。"❶ 由于资料的欠缺，古代对于商业言论有无规制以及如何规制尚难以描述。但可以想见的是，即使存在对于商业言论的系统规制，此类规制也将与对于政治言论的规制一样，采刑事制裁的方式。

新中国成立后，几个商业发达的城市，如天津、广州、上海、重庆等地，陆续颁布了地方性的广告管理法规。与此同时，各大城市还成立广告行业同业公会。这一时期的广告管理具有以下特点：（1）十分重视政府行政法规对广告行业和广告活动的规范和管理；（2）虽然各大城市广告管理工作的归口不同，有的是公用局、有的是工商局，有的是公安局，有的是文化局，但都具有浓厚的行政管理色彩，是政府行政管理的一部分；（3）政府广告管理机关开始介入对部分媒介广告的事前审查工作；（4）对于广播这种重要媒体广告内容的审查，政府行政管理机关具有终审权，而广播电台商业同业公会仅有初审权。❷

二、改革开放以后

1982 年《宪法》第 35 条规定："中华人民共和国公民有言论、出版、集会、结社、游行、示威的自由。"此前，1954 年《宪法》第 87 条规定："中华人民共和国公民有言论、出版、集会、结社、游行、示威的自由。国家供给必需的物质上的便利，以保证公民享受这些自由。"不过，由于并未建立起具有实效的违宪审查制度，基本上，对于规制商业言论的法律法规进行合宪性审查尚停留在纸面。

在违宪审查制度缺席的前提下，我国法律体系中，规制商业言论的法律规范常见。粗略而言，改革开放以来，对于商业言论进行规制的法律法规主要有以下几种。

（一）广告法

比较集中地专门规范商业言论的法律当属广告法。在改革开放仅 4

❶ 张龙德、姜智彬、王琴琴主编：《中外广告法规研究》，上海交通大学出版社 2008 年版，第 1 页。

❷ 周茂君：《中国广告管理体制研究》，人民出版社 2012 年版，第 29 页。

年以后，我国政府就制定了《广告管理暂行条例》，该条例第 1 条宣示其立法目的是"加强对广告的管理，正确发挥广告在促进生产、扩大流通、指导消费、活跃经济、方便人民生活以及发展国际经济贸易等方面的媒介作用，更好地为建设社会主义的物质文明和精神文明服务"。而第 2 条则表明了管辖范围："一切企业、事业单位，为了推销商品或者提供收取费用的劳务、服务，利用报刊、广播、电视、电影刊登、播放广告，或者在公共场所设置、张贴广告，均属本条例的管理范围。"第 2 条同时也界定了"广告"的含义。以今天的眼光看来，条例规范的广告属于商业言论无疑。

几年之后，《广告管理暂行条例》被《广告管理条例》代替。《广告法》制定施行之后，1987 年的《广告管理条例》并未废止，只是，与《广告法》冲突的规定不再适用。❶ 1988 年，以该条例为基础，制订《广告管理条例实施细则》，该细则历经 1998 年、2000 年、2004 年 3 次修订，至今仍在广告管理实践中扮演重要角色。

1994 年，又制定了《广告法》，明确定义广告是指："商品经营者或者服务提供者承担费用，通过一定媒介和形式直接或者间接地介绍自己所推销的商品或者所提供的服务的商业广告。"该法分 6 章，共 49 条，涵盖广告准则、广告活动、广告审查、法律责任等内容。

2014 年，启动《广告法》修改工作，年初国务院法制办形成《广告法（修订草案）》征求意见稿，在此基础上，8 月底全国人大常委会向社会公开《广告法（修订草案）》，征求意见。值得注意的是，与现行广告法相比，修订草案在以下几处作了变更或修改：补充、完善了广告准则；削减了一些行政许可或非许可的行政审批；明确界定了虚假广告；加大了行政处罚的力度。

2015 年 4 月 24 日，《广告法》由十二届全国人大常委会第十四次会议修订通过，于 2015 年 9 月 1 日起施行。但本次修订仍未解决《广

---

❶ 《广告法》第 49 条：本法自 1995 年 2 月 1 日起施行。本法施行前制定的其他有关广告的法律、法规的内容与本法不符的，以本法为准。

告法》与《广告管理条例》并存的问题。

在广告法之下，则是大量的规范某一媒介或某一特殊商品的广告的细则性规定，以规章和规范性文件层次的规定居多。举例而言，规范某一媒介广告行为的，有 2010 年施行的《广播电视广告播出管理办法》、❶ 1996 年施行的《户外广告登记管理规定》。❷ 规范某一特殊商品的广告行为的，有 1985 年实施的《药品广告管理办法》、❸ 1993 年施行的《食品广告管理办法》。❹

综合《广告法》以及《广告管理条例》的规定，广告法律法规的规制手段主要包括事前审批制、广告内容真实、可识别性等。在规制机关上，则呈现多头管理的样态，粗略统计，现阶段，至少国家工商行政管理总局、中宣部、国务院新闻办公室、国家新闻出版广电总局、国家食品药品监督管理局、住房和城乡建设部、卫生部、农业部等部门在行使广告规制职权。在承担责任上，则是民事、行政以及刑事责任并举。

（二）反不正当竞争法

反不正当竞争法禁止商业中违反诚实信用原则、违背公认的商业道德的行为，这些行为也包括构成不正当竞争行为的商业言论，我国反不正当竞争法涉及的商业言论包括恶意的商业评论（商业诋毁）、虚假宣传以及混淆性的标识（假冒行为）。其中，虚假广告是虚假宣传的下位概念，因此，虚假广告既受前述的广告法规制，也受反不正当竞争法的规制。

反不正当竞争法的规制手段主要是事后的，即由工商行政管理机关对于构成不正当竞争的商业言论进行处罚，同时，还可以由受侵害的竞争者向法院提起民事诉讼的方式追究不正当竞争者的民事责任。

---

❶ 2011 年 11 月 25 日，又通过对该办法的补充规定。

❷ 该规定于 1998 年经过修改，后又被 2006 年新的《户外广告登记管理规定》所废止。

❸ 该办法在 1998 年卫生部法规规章清理中被废止。

❹ 该办法在 2004 年被《国家工商行政管理总局关于第二批废止有关工商行政管理规章、规范性文件的决定》所废止。

（三） 民法通则、合同法、侵权责任法

事实上，传统意义上的民法也规制商业言论。当然，民法以完全不同于广告法的方式规制商业言论，即主要从合同的角度以及侵权的角度，规定某些商业言论的法律后果。例如，虚假的陈述可能构成欺诈，从而导致合同可撤销或者无效；交付的商品与标识不符，可能要承担违约责任；恶意的商业言论造成他人的名誉受损，可以通过侵害名誉权的诉讼加以救济；甚至，因为产品在指示上的缺陷，需要对消费者承担产品责任。

（四） 消费者权益保护法

1993 年，我国制定《消费者权益保护法》，该法被誉为消费者权益保护的基本法。该法第 8 条规定消费者的知情权。❶ 与之对应，则是经营者作出真实、准确的商业言论的义务。❷

在对经营者施加损害赔偿责任上《消费者权益保护法》的引人注目之处是创设了一种惩罚性赔偿制度。其第 49 条规定经营者提供商品或者服务有欺诈行为的，应当按照消费者的要求增加赔偿其受到的损失，增加赔偿的金额为消费者购买商品的价款或者接受服务的费用的 1 倍。

2013 年，在时隔 20 年之后，《消费者权益保护法》得以修订，于 2014 年 3 月 15 日，即当年的消费者权益保护日施行。与 1993 年版相

---

❶ 《消费者权益保护法》第 8 条：消费者享有知悉其购买、使用的商品或者接受的服务的真实情况的权利。消费者有权根据商品或者服务的不同情况，要求经营者提供商品的价格、产地、生产者、用途、性能、规格、等级、主要成分、生产日期、有效期限、检验合格证明、使用方法说明书、售后服务，或者服务的内容、规格、费用等有关情况。

❷ 《消费者权益保护法》第 18 条：经营者应当保证其提供的商品或者服务符合保障人身、财产安全的要求。对可能危及人身、财产安全的商品和服务，应当向消费者作出真实的说明和明确的警示，并说明和标明正确使用商品或者接受服务的方法以及防止危害发生的方法。第 19 条：经营者应当向消费者提供有关商品或者服务的真实信息，不得作引人误解的虚假宣传。经营者对消费者就其提供的商品或者服务的质量和使用方法等问题提出的询问，应当作为真实、明确的答复。

比，修订后的《消费者权益保护法》有一个引人注目的措辞改变，将原第 19 条中的"引人误解的虚假宣传"修改成现第 20 条中的"虚假或者引人误解的宣传"。在现第 55 条中，对于惩罚性赔偿制度作了大幅修改，增加规定："经营者明知商品或者服务存在缺陷，仍然向消费者提供，造成消费者或者其他受害人死亡或者健康严重损害的，受害人有权要求经营者依照本法第 49 条、第 51 条等法律规定赔偿损失，并有权要求所受损失二倍以下的惩罚性赔偿。"将增加赔偿的金额扩大到消费者购买商品的价款或者接受服务的费用的 3 倍；增加赔偿的金额不足 500 元的，为 500 元。法律另有规定的，依照其规定。

（五）产品质量法、药品管理法、食品安全法等

我国于 1993 年制定《产品质量法》，规定了生产者、销售者对于产品质量的义务，该法多处涉及对于经营者作出商业言论的规制。例如，在该法第三章"生产者、销售者的产品质量责任和义务"中，规定产品或者其包装上的标识应当符合法律规定的要求，❶当不符合法律规定的要求时，需要承担相应的责任。❷ 2000 年，该法作了修改。

1984 年我国制定《药品管理法》，该法多处涉及对于商业言论的规制，其中，第 6 章"药品的包装和分装"以及第 9 章"药品商标和广告的管理"更是大量涉及对于商业言论的规制。该法于 2001 年修订，调整了上述提到的章名。

2009 年，在千呼万唤中，我国出台《食品安全法》。该法设专章规定"食品安全标准"，并规定食品安全标准是强制性的标准。其中第 20 条规定："食品安全标准包括对与食品安全、营养有关的标签、标识、说明书的要求。"在法律责任一章中规定了相应的法律责任，是为食品安全领域对于商业言论的规制。同年，制定《食品安全法实施条例》。

2015 年 4 月 24 日，《食品安全法》由十二届全国人大常委会第十四次会议修订通过，于 2015 年 10 月 1 日施行。修订后的《食品安全

---

❶《产品质量法》（1993）第 15 条。

❷《产品质量法》（1993）第 43 条。

法》从法律上明确了由食品药品监管部门统一监管食品安全问题，并加强了对食品安全违法行为的惩处力度，强化了民事责任追究。

（六）技术法规与标准

一般认为，技术法规是指规定技术要求的法规，它或者直接规定技术要求，或者通过引用标准，技术规范或规程来规定技术要求，或者将标准中的技术规范或规程的内容纳入法规之中。❶ 而标准则是指为了在一定的范围内获得最佳秩序，经协商一致制定并由公认机构批准，共同使用的和重复使用一种规范性文件。❷ 在计划经济体制下，我国将技术标准作为执行经济政策的手段，将技术标准视做技术法规执行，掩盖了技术标准与技术法规的区别。❸

在我国，各种技术标准数量众多，无法一一列举。根据《标准化法》第14条，强制性标准，必须执行。不符合强制性标准的产品，禁止生产、销售和进口。关于需要制定标准的事项，《标准化法》明确列举的有：工业产品的品种、规格、质量、等级或者安全、卫生要求；工业产品的设计、生产、检验、包装、储存、运输、使用的方法或者生产、储存、运输过程中的安全、卫生要求；有关工业生产、工程建设和环境保护的技术术语、符号、代号和制图方法。因此，有关商品说明书、标签标识等事项，属于应当制定标准的事项。又，根据食品安全法规定，食品安全标准应当包括对与食品安全、营养有关的标签、标识、说明书的要求。

仅为例示目的，与商业言论规制有关的技术标准包括《预包装食品标签通则（GB 7718—2011）》《预包装饮料酒标签通则（GB 10344—2005）》《预包装特殊膳食用食品标签通则（GB 13432—2004）》。

---

❶ ISO/IEC 指南 2 对于技术法规的定义。

❷ ISO/IEC 指南 2 对于标准的定义。

❸ 逄征虎："论标准与技术法规的关系"，载《世界标准化与质量管理》2003年第 10 期。

三、小结

我国现阶段对于商业言论的规制，令人印象深刻的特点是多头管理以及多种法律责任的并举。这可能暗示着或意味着，我国并未将不当商业言论这一重要的事项作为一个单独的规制对象来看待，而是将它作为管制其他事项的一个附带考虑的因素。

第四节　我国台湾地区的实践

在我国台湾地区，规制商业言论的主要机构是公平交易委员会。规制商业言论的主要法律包括公平交易法、消费者保护法、商品标示法等。

一、公平交易法

"公平交易法"设两个条文规范商业言论，其第 21 条规定：事业不得在商品或其广告上，或以其他使公众得知之方法，对于商品之价格、数量、品质、内容、制造方法、制造日期、有效期限、使用方法、用途、原产地、制造者、制造地、加工者、加工地等，为虚伪不实或引人错误之表示或表征。广告代理业在明知或可得知情形下，仍制作或设计有引人错误之广告，与广告主负连带损害赔偿责任。广告媒体业在明知或可得知其所传播或刊载之广告有引人错误之虞，仍予传播或刊载，亦与广告主负连带损害赔偿责任。其第 22 条规定：事业不得为竞争之目的，而陈述或散布足以损害他人营业信誉之不实情事。

对于不实广告（第 21 条）与商业诋毁（第 22 条），均设定民事、行政甚至刑事责任。在民事责任方面，该法赋予被害人以除去请求权与防止请求权（第 30 条），损害赔偿请求权（第 31 条、第 32 条）以及针对故意行为的惩罚性损害赔偿，依照该法第 34 条，被害人还可以请求由侵害人负担费用，将判决书内容登载新闻报纸。

至于行政责任，根据第 41 条：公平交易委员会对于违反本法规定之事业，得限期命其停止、改正其行为或采取必要更正措施，并得处新台币 5 万元以上 2 500 万元以下罚锾；逾期仍不停止、改正其行为或未采取必要更正措施者，得继续限期命其停止、改正其行为或采取必要更正措施，并按次连续处新台币 10 万元以上 5 000 万元以下罚锾，至停止、改正其行为或采取必要更正措施为止。至于刑事责任，根据第 37 条：违反第 22 条规定（商业诋毁）者，处行为人二年以下有期徒刑、拘役或科或并科新台币 5 000 万元以下罚金。前项之罪，须告诉乃论。

二、商品标示法

1982 年，台湾地区制订"商品标示法"以规范商品标示行为。❶ 根据该法，所称之标示，是指厂商于商品本身、内外包装或说明书上，就商品之名称、成分、重量、容量、数量、规格、用法、产地、出品日期或其他有关事项所为之表示。该法对于标示应当遵守的限制作了一般性规定，由于商品标示事项无法于该法内一一列举，又规定本法未规定者，适用其他法律之规定，并授权中央主管机关得就各种商品之特性，规定其应行标示事项及其标示办法。对于违反规定的，地方主管机关应通知厂商限期改正或暂行停止其陈列、贩卖。经通知改正而逾期不改正者，处以罚锾，情节重大者，报经"中央"主管机关核准后并得处以停止营业或勒令歇业。

该法对于商品标示，基本上采事后监管制，仅对于有限几种情形，规定须经该管主管机关事先核准。这些事项包括商标授权使用、专利权、技术合作以及其他依法应经核准方得标示之事项。

三、消费者保护法

台湾地区的"消费者保护法"在长达近 11 年的酝酿和审议后，于1994 年 1 月 11 日正式发布，共分 7 章，计 64 条。同年 11 月 2 日，又

---

❶ 与之形成鲜明对比的是，我国大陆地区迄今未有规范商业标识的法律层级的文件，两岸对于这一议题的重视程度、处理方式，可作为比较法上的一个课题。

推出了与之配套的"台湾消费者保护法施行细则"，共分 7 章，计43 条。

"消费者保护法"在第二章"消费者权益"专设一节"消费信息之规范"，用以规范商品和服务的广告内容、标示及说明书、保证书和商品包装等消费信息。其明文规定广告所叙述产品的品质应与实际相符，企业经营者对消费者所负的义务不得低于广告的内容；❶ 媒体经营者若明知或得知广告内容与事实不符，其就消费者因信赖广告所受到的损害与企业经营者承担连带责任。

四、广告以及其他商业言论的规范

台湾地区并无专门的广告法，就对广告加以规范的法规而言，除了规范个别产品的法规，如药事法（规范药品、医疗服务之广告）、食品卫生管理法（规范食品之广告）、化妆品管理条例（规范化妆品、保养品之广告）与规范传播媒介的出版品及录影节目带分级办法、广播电视法之外，在消费者保护法通过之前影响广告最大的就是公平交易法。❷

台湾地区"消费者保护法施行细则"对受消费者保护法规范的广告范围予以界定，其包括："利用电视、广播、影片、幻灯片、报纸、杂志、传单、海报、招牌、牌坊、电脑、电话、传真、电子视讯、电子语音或其他办法，可使不特定多数人知悉其宣传内容之传播"。❸ 可见，该广告定义涵盖的范围极广，几乎无所不包。

台湾地区存在大量规范广告活动的法规，这些法规往往是针对某一

---

❶　此点颇值得重视。台湾地区的法学界对于该规定的性质，作了广泛的讨论。约略而言，有两派观点：一派观点认为该规定似乎有意将广告视为要约，而不再是要约之引诱。另一派观点则认为此项规定并未变更广告的性质，只是规范广告的内容，也就是说，只是单纯规范刊登广告之经营者对消费者所负之义务，不得低于广告之内容，在解释上，并不会当然使广告成为要约。参见冯震宇、姜炳俊、谢颖青、姜志俊：《消费者保护法解读》，元照出版有限公司 2005 年版，第 144 页。

❷　冯震宇、姜炳俊、谢颖青、姜志俊：《消费者保护法解读》，元照出版有限公司 2005 年版，第 143~144 页。

❸　见我国台湾地区《消费者保护法施行细则》第 23 条。

些广告活动或者针对某一类广告媒体的。前者例如"农药广告申请审查办法""助产士业务广告管理办法";后者例如"广播电视法""新闻事业广告规约""广告物管理办法""招牌广告与树立广告管理办法"。除了上述广告管理法规外,台湾地区广告界成立的有关行业组织也制定了一些行业自律规则。主要有"综合广告业经营者联谊会(4A)"制定的"执业标准"和"综合广告业经营者自律纲要";新闻界制定的"报业道德规范""无线电广播道德规范""净化电视广告规范手册"等。

关于垃圾邮件的管制,台湾地区专门订有"电子广告信件管理条例",所称的电子广告信件是指以电子邮件方式传送,目的在于介绍或推广商业产品或服务之邮件。该条例对于垃圾邮件作了界定,凡是违反条例第4~10条规定的电子广告信件均属于垃圾邮件,举例而言,未经过收信人事先同意的信件、主题与内容不符的信件。未提供收信人选择不再接收电子广告信件之方式的信件等,并对发送垃圾邮件所应承担的民事责任作了规范。

五、小结

我国台湾地区对于商业言论的规制,与大陆相比,其特点在于:单独制定商品标示"法",但并无单独的广告"法",其对于广告的规范,散见于公平贸易"法"、消费者保护"法"以及其他单行"法规"之中;比较重视"私法"规制,且其"私法"规制的民事责任体系比较健全,并具有独特的令企业经营者对消费者所负义务不得低于广告内容的责任;在"公法"性规制的部分,较之于大陆地区,台湾地区的规制机构相对比较集中,规制权限更为明确,自由裁量权更少。

第三章　商业言论规制的理论基础

人的自由，可以分为行动自由与思想自由。行动自由又可分为言论自由和行为自由。言论是思想的载体与外在表现。思想自由常常被视为绝对自由的代表。在国际人权公约以及有些国家的宪法中，思想自由作为一种宪法基本权利明确被规定。❶ 即使没有明文规定，除非极度专制的国家（规定某种意义上的腹诽罪的国家），否则，也难以对思想自由进行控制。可以禁止人民怎么做，却无法禁止人民怎么想，这是法律这种社会控制技术必须面对的问题。

言论自由是思想自由的一种自然延伸。思想自由，并非仅仅意指内向型的思想自由，也包括外向型的部分，即向外表达的自由。鉴于言论是表达思想的最主要的工具，因此，思想自由内含言论自由。行为自由常常是指依照自己的意志做事的自由，因此也与思想自由密切相关。可以这么说，扩展意义上的思想自由（外向型的而非内向型思想自由）包括言论自由与行为自由。

说到自由，自由是一种人的状态，在这样的状态中，一个人或一些人对另一个人或一些人所施加的强制在社会中被尽可能减至最小程度。这种对于自由乃是免于别人强制的理解，采用的主要是一种消极（或否定性）的途径。而所谓积极自由是指自己的决定的来源是什么？我做事是否是根据自己的意思，抑或听从别人的意思？如果我是根据自己的意思做自己要做的事，那么我是自由的。

在有关政治学或社会学的著作中所论述的自由，是权利意义上的自由。这种意义上的自由，有四层含义：（1）自由是由法律规定的权利；

---

❶　例如，联合国《公民权利和政治权利国际公约》第 18 条第 1 款规定："人人有权享受思想、良心和宗教自由。"日本宪法（1947 年）第 19 条规定："思想及良心之自由不得侵犯。"

（2）自由一定是在"规定范围"内的权利；（3）自由是"不受限制"的权利；（4）自由是"由着（或任凭）自己意愿行事"的权利。以上四点含义，缺一不可地完整地表述了权利意义上的自由概念。有人认为，应该坚持权利意义上的自由概念，把自由确认为"在法律规定的范围内不受限制地、由己之愿行事的权利"，这样更为牢靠、明晰。但是，深入的分析表明这一界定并非如其宣称的那么牢靠。原因在于：自由与限制是一对互相澄清、互相说明的概念。当人们无法说清什么是限制时，也无法说清什么是自由。

关于言论自由的价值，研究言论自由的权威学者爱默生曾说，言论自由具有以下四种价值：个人依据自己的力量实现自己的目标；深化知识、发现真理；确保社会全体成员参加各种"社会性决定的形成"；表达自由还是维持一个社会中的必要共识与健全分化这两者之间，即"安定与变化之间的平衡"的一种手段。❶

密尔曾说：迫使一个意见不能发表的特殊罪恶乃在于它是对整个人类的掠夺，对后代和对现存的一代都是一样。对不同意见于那个意见的人比对抱持那个意见的人甚至更甚。假如那意见是对的，那么他们是被剥夺了以错误换真理的机会；假如那个意见是错的，那么他们是失掉了一个差不多同样大的利益，那就是从真理与错误的冲突中产生出来的对于真理的更加清楚的认识以及更加生动的印象。❷

言论自由还常常被认为是通向人性的自由发展的途径。人由于其个性禀赋、环境条件以及每一个人都不可复制的成长经历，导致人与人之间如书圣王羲之所说："趣舍万殊，静躁不同"，"当其欣于所遇"时，则"快然自足"。纯粹从功利主义的角度来讲，如同功利主义所追求的"幸福"——这个多少有些模糊的词语一样，人性的自由发展也是一个值得追求的目标。无法想象的是，如果没有言论自由，如何称得上"人

---

❶ Thomas I. Emerson. *Toward a General Theory of the First Amendment*，Yale Law Journal，1963（72）：876~887.

❷ ［英］约翰·密尔：《论自由》，许宝骙译，商务印书馆1959年版，第17页。

性的自由发展"？

言论规制，作为言论自由的对立面，向来不受待见。然而，世上没有绝对的自由。"人生而自由，却无往不在枷锁之中。"卢梭的这句话，已经揭开了"自由"的面纱。"言论自由"一词中的"自由"，并非自然的自由，而是规则性自由。规则性自由意指自由必须首先符合规则，即所谓法不禁止即自由。自然的自由则反之，乃是一种以强力为后盾的原始的自由。

洛克曾说："哪里没有法律，那里就没有自由。这是因为自由意味着不受他人的束缚和强暴，而哪里没有法律，那里就不能有这种自由。但是自由，正如人们告诉我们的，并非人人爱怎样就可怎样的那种自由（当其他任何人的一时高兴可以支配一个人的时候，谁能有自由呢），而是在他所受约束的法律许可范围内，随其所欲地处置和安排他的人身、行动、财富和他的全部财产的那种自由，在这个范围内他不受另一个人的任意意志的支配，而是可以自由地遵循他自己的意志。"❶ 洛克在这里指出，自由是规则性的。

然而，问题并没有这么简单。若言论自由，只可理解为规则下的自由，所谓法无禁止即自由，那么，法到底为何要去禁止？在宪法中郑重规定言论自由究竟有何含义？❷ 因此，我们必须先弄清楚，宪法中规定的言论自由，是何含义，这条权利宣言式的"言论自由"的规定，与林林总总的对于言论的限制性规定，具体是怎样的关系。

此外，向来认为，言论自由最初是作为对抗专制统治，表达政治理念的有力武器，而获承认为第一种政治自由。只是，这一权利在宪法文本上甫一确立，至少其文义即可以跳脱政治言论的狭窄框架，而将商业言论、生活言论等包容在内。然而，这并不妨碍我们去思考，商业言论自由究竟是因何种价值，而受到宪法保障？除言论自由之外，是否还可

---

❶　［英］洛克：《政府论（下篇）》，叶启芳、瞿菊农译，商务印书馆1964年版，第35～36页。

❷　《宪法》第35条：中华人民共和国公民有言论、出版、集会、结社、游行、示威的自由。

透过其他宪法上的基本权利，或甚至是宪法上未明确列明的权利（所谓未列举的基本权利），如营业自由，来保障商业言论？

本章所讨论的商业言论规制，是指加诸违法或者不当的商业言论之上的民事责任或刑事责任，以及行政上的规制手段，包括市场准入、事前审查、事中监管以及事后的行政责任，可将民事责任称为私法规制，而将刑事责任以及行政法上的规制手段称为公法规制。尽管有时日常用语也将自律性的措施纳入规制的范畴（"自我规制"），但这并非本节所讨论的规制的范围。

正如布雷耶所言："错误、混淆或者政治权力可能导致规制，但却无法成为规制的正当化根据。"❶ 一个在宪政意义上论证规制正当化的理据是规制能够通过违宪审查的检验。而这涉及违宪审查的基准问题。本章所述商业言论规制的理论，主要即是商业言论规制措施合宪性的议论。

然而，在此之外，并不排除商业言论规制的其他正当性的理据。布雷耶在其著作中，指出一般性的规制的正当性依据在于以下中的一种或几种：垄断权力的控制、控制"租"或过度利润、对溢出（外部性）的补偿、不充分的信息以及过度竞争，除此之外，不平等的讨价还价能力、合理化、道德风险、父爱主义、稀缺也经常被当做规制的正当化依据。❷ 这些列举的正当性依据既包含经济性的依据，如对外部性的补偿，不充分的信息；也包含非经济性的依据，如父爱主义。

经济性的规制正当性分析，是衡量规制的成本和效益。当某种规制手段其规制效益大于规制成本时，才采取该规制手段，否则，就不采取该种规制手段。简单说，经济性的正当性依据诉诸成本效益的功利计算。非经济性的规制正当性分析，则诉诸如功利计算之外的其他因素。但是，不论是经济性的正当性分析，还是非经济性的正当性分析，在宪法确立基本权利并存在违宪审查制度的国家，都要通过规制合宪性的

---

❶ ［美］史蒂芬·布雷耶：《规制及其改革》，李洪雷、宋华琳、苏苗罕、钟瑞华译，北京大学出版社 2008 年版，第 33 页。

❷ 同上书，第 19 页以下。

检验。

许章润先生曾说，市民社会属于私性组织，提供的是表现为市民之国民的消费场域和服务需求，要求政治国家及其政府治权退避三舍，仅以提供必要的公共秩序为已足。换言之，国家及其政府治权于此不享统治权，而只有中立的裁判权。任由人民按照生物禀性和市民理性，于市民社会场域满足自然生物和种属意义上的需求，恰恰是国家的消费性功能所在，而构成国家主权的市场边界，也是政统的经济向度。最近30来年的改革开放，最大成效之一就在于容忍市民社会有限发育，自释放人欲和满足消费的视角提炼统治的合法性。❶

鉴于商业言论乃是市民社会发育的一个表征，言论自由构成宪法上的基本权利，在法治国家，限制此种基本权利，需要提供正当性理由，并须经过违宪审查的检验，以下试析之。

第一节　美国的言论自由与商业言论自由

一、言论自由在美国的扩张

在美国，联邦最高法院的司法实践是：在审理与言论相关的案件时，对待不同类型的言论予以不同程度的保护。在《纽约时报》诉沙利文案中，最高法院的法官布伦南曾说："对公共事务的辩论应当不受抑制、充满活力并广泛公开，它很可能包含了对政府或官员的激烈、刻薄，甚至尖锐的攻击。"❷ 之所以要对政治言论报以最大的宽容，是因

---

❶　许章润："政治立法的主权言说"，载《中国法律评论》2014年第1期（创刊号）。

❷　布伦南法官在《纽约时报》诉沙利文一案中的判决意见，转引自［美］安东尼·刘易斯：《批评官员的尺度：〈纽约时报〉诉警察局长沙利文案》，何帆译，北京大学出版社2011年版，第181页。

为"第一修正案假定，正确结论来自多元化的声音，而不是权威的选择"❶以及"人民自由检视公众人物和公共事务的权利"不应受到约束。❷

尽管《美国宪法》第1条增修条文规定美国国会不得制定剥夺人民言论自由的任何法律，美国最高法院认为美国制宪者并未将某些类型的言论列入《美国宪法》第1条增修条文的保障内，如做伪证、贿赂、欺诈及教唆杀人之不法行为的言论、引人战斗的语句、具煽动性并妨害治安的言论和淫秽猥亵的言论。❸

（一）不受保护的阶段

政治言论历来受到宪法最高程度的重视和保护，商业言论的境遇略显尴尬。其曾受到政府严格的规制，并且长期处于不受第一修正案保护的地位。就此点而言，其与淫秽猥亵的言论和具煽动性并妨害治安的言论遭受的待遇一样。"宪法对于商业言论的保护，尤其是对商业广告的保护经历了变化无常的历史。"❹20世纪70年代中期以来最高法院打破了将所有商业言论排除于第一修正案的保护范围之外的惯例，把商业言论逐渐纳入第一修正案的保护范围。

---

❶ 勒尼德汉德法官在"美国诉美联社案"中的判词，转引自 [美] 安东尼·刘易斯：《批评官员的尺度：〈纽约时报〉诉警察局长沙利文案》，何帆译，北京大学出版社2011年版，第181页。

❷ 语出美国制宪先贤麦迪逊。转引自 [美] 安东尼·刘易斯：《批评官员的尺度：〈纽约时报〉诉警察局长沙利文案》，何帆译，北京大学出版社2011年版，第183页。

❸ [美] William Burnham：《英美法导论》，林利芝译，元照出版有限公司2005年版，第236页。

❹ [美] T. 巴顿·卡特等著：《大众传播法律概要》，黄列译，中国社会科学出版社1997年版，第191页。

在 1942 年的双面广告案中，❶ 美国联邦最高法院确立了将纯粹的商业言论完全排除在言论自由保护范围之外的原则。之后，源自于双面广告案判决的审判原则受到颇多非议。1959 年在"选举广告案"中，❷ 道格拉斯法官（J. Douglas）指出："双面广告案是经不起思考和琢磨推敲的，因为它的判决带有任意性。"

1975 年在"州禁堕胎广告案"中，❸ 第一次对"双面广告案"所确立的审理商业言论案件的原则发出了挑战。联邦最高法院认为在审判中应当限制对"双面广告案"的适用。其后，最高法院又对"双面广告案"案所确立的规则进行了重新解释。因此，最高法院以 5∶4 的表决推翻了州法，撤销了之前对于弗吉尼亚周报的有罪判决。最高法院在判决中指出，"本案的广告被排除在商业言论原理适用范围外是因为广告中含有公共利益的事项，而并非因为其非商业性。"最高法院的结论是："权利法案并不因商业性言论的获利趋向而拒绝对言论提供保护，弗吉尼亚州不能禁止合法的表达商业性言论，因此弗吉尼亚州的法令侵犯了宪法保护的言论。"

（二）从不保护到提供保护

对"双面广告案"所确立的审判原则进行全面否定的是 1976 年的

---

❶ Valentine v. Chrestensen，316 U. S. 52（1942）. 案情简介：被告克莱斯坦森（Chrestensen）因为在街上散发广告传单而被指控违反禁止商业街上分发传单的健康环境保护法。本案的争议焦点在于两面都印有内容的传单。传单的一面是一个商业广告，其内容是一艘退休潜艇的展览信息，而传单的另一面是由于市政府拒绝租赁码头设施而发表的声明。很明显，这些传单是被告精心设计的，其目的在于通过在传单中添加受保护的政治言论来分发商业广告，从而规避法令的禁止。

❷ Cammarano v. United States. 358 U. S. 498（1959）.

❸ Bigelow v. Virginia，421 U. S. 809（1975）. 案情简介：该案件中，弗吉尼亚周报发表了一篇由纽约市堕胎诊所提供的广告。广告指出可为妇女提供在纽约市，价格便宜和合法的堕胎服务。弗吉尼亚州法律禁止"任何鼓励或促进堕胎"的广告，该州法律认为任何出售或传播含有鼓励堕胎的广告构成轻罪，所以弗吉尼亚周报被控违反法律。

"处方药品价格广告案"。❶ 布莱克姆法官认为，药剂师的言论不涉及具体的具有时事价值的事件。同时，药剂师的目的并不在于对政治性或者文化性事件的评价。药剂师想要通过广告表达的观念仅是某类药物的具体价格。布莱克姆法官的意见表明，不能任意地剥夺他人受第一修正案保护的权利，即使他们是为了获取经济利益。案件中涉及的药品广告属于纯粹的商业言论，虽然其与前文介绍的"州禁堕胎广告案"中的堕胎广告不同，但是它仍然应当受到宪法的保护。我们应当认识到消费者通过无障碍的信息交流所获得的利益，绝不会少于从重要的政治言论中获得的利益。在市场经济中，通过许许多多的个人经济决策使得资源获得最优配置。为此，自由流通的商业信息是市场经济体系不可或缺的。正如美国传播法学者唐纳德·M. 吉尔摩所说的，"第一修正案被认为主要是在民主政体中指导公众进行决策的工具，而信息的自由流通也正服务于这一目标"。❷

由此可见，在 1976 年的"处方药品价格广告案"中，美国最高法院的判决完全改变了商业言论以往不受第一修正案保护的司法实践，商业言论获得了和一般言论相同的保护地位。该案也因此被视为是美国最高法院保护商业言论的里程碑性质的案件。

（三）四步分析法

虽然 1976 年的"处方药品价格广告案"确立了商业言论也受美国宪法修正案保护的原则，但是该案并未回答具体的判断标准的问题。在

---

❶ Virginia State Board of Pharmacy v. Virginia Citizens Consumer Council, 425 U. S. 748（1976）. 案情简介：本案涉及弗吉尼亚州禁止出版药剂师处方药的价格。但是消费团体认为，消费者获得药品价格信息的权利受到第一修正案的保护，该州的法律违反第一修正案的规定。因此，药剂师委员会提起起诉。但是，州方认为，州法是合理的，法律可以维持药剂师职业服务水平，避免商业言论造成恶性竞争，并减少药剂师的服务质量，同时和价格有关的药品广告属于商业言论，不受宪法修正案保障。

❷ ［美］唐纳德·M. 吉尔摩等著：《美国大众传播法：判例评析》，梁宁等译，清华大学出版社 2002 年版，第 101 ~ 103 页。

1980 年的 "中央哈德逊广告案" 中，❶ 如何判断商业言论合宪性的问题得到了初步的解答。该案为政府审查商业言论合宪性确立了著名的 "四步分析法"（four-part analysis）：第一，商业信息是否为误导性的或涉及非法活动？如果是，那么它不受宪法的保护，而且可能遭到禁止。第二，政府是否声称可以通过限制该言论获得重大利益？第三，限制是否直接增进了这种利益？第四，限制是否没有超过增进政府利益所需要的必要程度？如果后面三个问题的答案是肯定的，那么法院将支持对该内容真实的商业言论的限制。❷

　　运用 "四步分析法"，法院首先认可了目的在于促进用电的广告是合法的商业言论，国家节约使用电力资源的利益是实质性的。虽然在一定程度上，禁止促进使用电力的广告有助于实现国家节能的利益，但是纽约公共服务委员会的规制明显超过了比例原则，完全禁止这类广告并非必要的。没有直接证据能够证明这类广告导致消耗能源的增加，违背了国家的利益。虽然州在节约能源方面的利益是符合 "四步分析法" 当中的第二步，被主张规制的利益是实质性的，但是未能通过 "四步分析法" 的第三及第四步的检验。纽约州公共服务委员会对于该类广告的完全禁止已经极大地超出节能所必须的手段。我们可以发现，促进用电的广告并不会必然导致能耗的增加。与此同时，我们还可以找到比全面禁止该类广告传播更为有效地促进能源节约的手段。

　　然而，"四步分析法" 并不完善，它的不足之处是给法官留下了很大的自由裁量权。每位法官基于 "四步分析法" 可以对具体言论得出带有个人色彩的意见。1986 年伦奎斯特大法官（J. Rehnquist）在 "波多

---

　　❶　447 U. S. 557（1980）. 案情简介：纽约州公共服务委员会 1973 年的一项规则完全禁止州内的所有公用电气公司从事旨在促进电力使用的公共设施广告。原告 Central Hudson Gas & Electric Corporation 反对上述法则，提起诉讼。委员会辩称，所有这类广告都和节省能源的国家政策相矛盾。第一、二审原告均败诉，原告上诉最高法院，最高法院认为该规则无效。

　　❷　林子仪："商业性言论与言论自由"，载《美国月刊》1976 年 12 月，第24 ~ 25 页。

黎哥赌场广告案"中，❶ 认为波多黎哥政府法规是合宪的，波多黎哥政府对赌博业广告的限制可以通过"四步分析法"进行检验。首先，本案关于博彩业的商业言论是合法的，它不会带来误导或欺诈民众的后果。那么，它属于宪法所保护的范围，并没有太多的争议。第二，该国政府的利益是通过规制博彩业广告来减少当地居民对博彩业的投入，从而维护其国民的人身健康、财产安全和家庭福利，这就构成了实质性的政府利益。第三，波多黎哥政府对博彩业的商业言论进行的规制，可以直接促进政府所追求的目标和利益，维护了政府的权益。第四，这些限制完全符合比例原则，并没有超出实现政府所追求的目标和利益的必需手段。

布仁南法官同样是运用"四步分析法"，得出了完全相反的结论。布仁南法官认为："波多黎哥政府缺少证据证明禁令将直接有助于波多黎哥政府部门控制由博彩业带来的危害结果。因此，不能认为波多黎哥的法令服务于合法且重大的利益，所以波多黎哥政府的禁令违宪。"很明显，两人的意见分歧在于"被主张的规制利益必须是实质性的"。基于相同的检验标准却有截然不同的观点，这就是"四步分析法"的不确定性。

可以说，继"处方药品价格广告案"后，"中央哈德逊广告案"对商业言论的宪法保护而言，产生了深远的影响。"四步分析法"以一个相对比较明晰的标准构建了对商业言论自由的保护机制。

（四）后续发展

1989 年的"大学宿舍推销案"，❷ 对于商业言论的发展具有较大的

---

❶ Posados de Puerto Rico v. Tourism Company of Puerto Rico, 478 U. S. 328. (1986). 案情简介：波多黎哥的博彩业是合法的。同时，波多黎哥政府为保护当地居民的健康、安全和福祉，制定法律禁止向当地居民做有关博彩业的广告，却允许向波多黎哥以外的地区传播同样内容的广告。

❷ Board of Trustees of State University of NewYork v. Fox. 492U. S. 469 （1989）. 案情简介：纽约州立大学禁止私人贸易公司在其学校内买卖产品。当校警执行该校规禁止一家公司在一个学生宿舍联欢会上展示以及销售其家用器皿后，福克斯和另外一些学生向法院起诉，他们诉请法院公开判决此种行为侵犯了第一修正案的权利。

意义，它对"四步分析法"进行了重新解释。斯格利亚法官认同纽约州立大学的规定。该案所显示的问题是对商业言论进行规制时，如果规制的手段违反了"比例原则"，❶ 那么我们是否应当继续执行这种规制手段。"大学宿舍推销案"所涉及的言论不会引起误解，同时是促成合法交易的，所以理应受到保护。但是，纽约州立大学所宣称的利益是通过阻止对学生的商业宣传，保证学生居住环境的安全，提升教育气氛。那么这些学校所坚持的利益也同样应当受到肯定和保护，从而与"四步分析法"中的第三步要求相符。然而，法院并没有将"四步分析法"当中的"必要"解释为"限制最小手段"，而是采用了马歇尔法官在"美国银行案"中宽松的"合理"解释。这个变化意味着审查标准放宽了。

1993 年的"公共商业广告案"，❷ 最高法院认为禁止安放商业广告在一定程度上利于州所标榜的利益，却不能成为将广告和报纸区别对待的理由。最高法院判决："禁止商业广告在公共场所的陈列，在一定程度上的确有利于州政府标榜的利益的实现，但这不能成为区别对待广告和报纸的理由。从另一个角度来说，普通报纸陈列在公共场所之上同样不能达到美观的目的，而且报纸陈列的数量比广告陈列的数量更大，因而对广告陈列的禁止并不符合比例原则。"法院所要传达的意思表明辛辛那提市对于商业言论和一般言论区分得过于严格，对于商业言论的价值又极度的轻视。辛辛那提的禁令将一整类受宪法保护的言论彻底剔除在宪法保护之外。但是，辛辛那提市关于这项政策的理由找不到充分的理论立足点。商业传单和报纸间的差异与该市所主张的利益没有任何关联。

---

❶ 比例原则是指行政权力的行使除了有法律依据这一前提外，行政主体还必须选择对人民侵害最小的方式进行。

❷ City of Cincinnai v. Discovery Network, Inc., et al. 200 U. S. 321, 337 (1993). 案情简介：辛辛那提市基于保证公共场所美观和安全为理由，在没有禁止安放普通报纸的情况下，却禁止在这些地方安放商业广告。

在 1996 年"酒类零售价格广告案"中，❶ 法院认为案件涉及的法令的目的在于提倡和促进戒酒。最高法院的判决表明，罗得岛州的法令不符合"四步分析法"，该政策不能直接促进州所宣扬的利益的实现。而且，禁止价格广告也违反了比例原则。

20 世纪 90 年代以来的几个代表性案例显示出，"大学宿舍推销案"对"四步分析法"的第四部分作了部分修正，放宽了审查标准。但是在审判与商业言论相关的案件时，法官们仍然存在较大的意见分歧。法官们的分歧主要集中在"四步分析法"的第二步和第三步。20 世纪 90 年代中期以后，自由派大法官们从根本上否定了运用"四步分析法"来审判商业言论相关案例的审判原则，他们一致赞成商业言论应获得与一般言论同等对待的地位，不应在商业言论与一般言论作截然的区分。

二、述评

纵观美国法院对于商业言论提供保护的历史，可以发现具有美国特点的违宪审查制度运行的影子。有人说，美国对政治理论的独特贡献是司法审查学说。根据这种学说，法院有权以政府的行为与宪法相抵触为由而宣布其无效。❷ 具体到言论自由的保护，联邦最高法院更是当仁不让。在芝加哥警察局诉莫利斯案中，最高法院曾说过："第一修正案意味着政府无权因表达所传递的信息、思想、主题或内容而对它进行限制。"❸

美国法院倾向于根据限制的不同种类，采取不同的违宪审查标准。对于内容的限制，采取严格的审查标准，而对于非内容限制，则采取宽松的审查标准。前者政府必须证明，审查中的法律是严格地为实现政府

---

❶ Liquormart, Inc. v. Rhode Island, 517 U. S. 484, 518 (1996). 案情简介：联邦最高法院裁决 1956 年通过的罗得岛州两个禁止发布任何酒类饮料价格的广告的法令违宪。

❷ ［美］杰罗姆·巴伦、托马斯·迪恩斯：《美国宪法概论》，刘瑞祥等译，中国社会科学出版社 1995 年版，第 9 页。

❸ 同上书，第 188 页。

首要的或切身的利益而制定的；后者则只需提出次要的政府正当利益即可。❶ 据此可见，对于限制作出商业言论的法律的审查属于应当采用严格的审查标准之列；而对于限制商业言论作出的方式和范围的法律，则可以采取较为宽松的审查标准。

就限制商业言论的违宪审查实践而言，对于"中央哈德逊广告案"中确立的四步分析法，可以简要总结如下：先区分误导的商业言论或涉及非法活动的商业言论，此类商业言论本身被排除于保护范围；然后审查对于言论的限制是否直接增进政府所宣称的重大的政府利益，最后是一个比例原则的审查，即限制是否超过增进政府利益所需要的必要程度。

四步分析法反映了美国式的审查逻辑。即首先有一些不受保护的商业言论，如同淫秽猥亵的言论一样；其次是受保护的商业言论与政府利益的衡量；最后是比例原则的控制。这种美国式的逻辑给人一种不是十分清晰明确的感觉。原因在于：美国法院似乎将不受保护的商业言论，如误导或者违法的商业言论看成不言自明的东西，但是否属于不受保护的商业言论，本身应该也是一个宪法问题。

此种美国式的对于商业言论的规制违宪审查，是否适合将来切实实施了某种意义上的违宪审查体制的中国，本书认为并不太适合。因为，本身就比较模糊的违法或误导商业言论不受保护的大前提，会影响违宪审查的效果。美国式的对于商业言论的规制违宪审查的理论，不合逻辑之处有二；一开始，将商业言论与淫秽猥亵的言论相提并论，认为此等言论不受宪法保护，但这两类言论根本就不是依据同一个标准划分出来的对于言论的分类；此外，即使是淫秽猥亵言论，也只是侵害第三人利益或者公共利益的言论，对此需要衡量之后才能作出判断，断然认为淫秽猥亵言论不受宪法保护，有误杀某些言论的危险。此后，美国法院虽然发展出四步分析法来判断对于商业言论的规制是否违宪，可是这一

---

❶　[美] 杰罗姆·巴伦、托马斯·迪恩斯：《美国宪法概论》，刘瑞祥等译，中国社会科学出版社 1995 年版，第 189 页。

分析方法仍然不太令人满意，原因在于：这一分析方法与此前将商业言论与淫秽猥亵言论等同对待遵循同样的逻辑，即先划分出误导或非法的商业言论，排除出宪法的保障范围。其实，误导或非法的商业言论涉及的乃是有关商业言论是否损害他人利益或者公共利益的问题，本身就应该通过利益衡量的方法才能加以判断。断言误导或非法的商业言论不受保护，同样也有误杀某些商业言论的危险。

典型的大陆法系或者说中国式的逻辑应该是：首先确定是否属于商业言论，如属于，则判断是否损害第三人利益或公共利益，如无损害，则不许限制；如有损害，则进行利益衡量，利益衡量的结果，如是第三人利益或公共利益更值得保护，则允许限制；最后是对于限制之措施，加以形式上的控制以及比例原则的控制。

第二节　中国的言论自由、商业言论自由以及营业自由

一、我国的违宪审查制度

我国从新中国成立后的第一部宪法，即 1954 年《宪法》到以后的历部宪法所确立的违宪审查制，均为代表机关审查制。

现行《宪法》第 5 条规定，一切法律、行政法规和地方性法规都不得同宪法相抵触；一切组织都必须遵守宪法和法律；一切违反宪法和法律的行为必须予以追究；一切组织和个人都不得有超越宪法和法律的特权。该条规定可被视为是违宪审查的基本原则。关于违宪审查的组织机构，根据宪法的规定，全国人大有权监督宪法实施，全国人大常委会也有权监督宪法实施。关于协助全国人大及全国人大常委会监督宪法实施的机构，宪法规定，全国人大之下成立若干委员会，包括专门委员会和根据需要设立的临时性调查委员会，并规定这些委员会的一项重要任务

是协助全国人大及全国人大常委会行使监督宪法实施的权力。❶

我国现行宪法所确立的违宪审查体制，从操作性上看，仍然存在一些问题。其中，两个方面的问题比较突出：（1）缺乏专门的违宪审查组织机构；（2）缺乏违宪审查的程序。❷部分由于上述原因，截至今日，全国人大与全国人大常委会尚无一例就法律、法规进行违宪审查的实例。❸

2014 年 10 月 28 日，《中共中央关于全面推进依法治国若干重大问题的决定》发布，该决定指出："坚持依法治国首先要坚持依宪治国，坚持依法执政首先要坚持依宪执政"，"完善全国人大及其常委会宪法监督制度，健全宪法解释程序机制。加强备案审查制度和能力建设，把所有规范性文件纳入备案审查范围，依法撤销和纠正违宪违法的规范性文件，禁止地方制发带有立法性质的文件。"据此，可以期待未来全国人大与全国人大常委会将发挥其违宪审查的功能。

二、宪法言论自由条款

我国《宪法》第 35 条规定：中华人民共和国公民有言论、出版、集会、结社、游行、示威的自由。在此之前，《1954 年宪法》以及之后的《1975 年宪法》和《1978 年宪法》均明文规定言论自由。可以说，自新中国成立后制订宪法以来，言论自由历来是我国公民的基本权利。虽然宪法明文规定言论自由，但由于没有运行良好的违宪审查机制。❹法律法规经立法机关通过之后，实际上就被视为合宪。

我国《宪法》规定：一切法律，行政法规，地方性法规都不得与宪法相抵触；一切国家机关，政党，社会团体，企事业单位都必须遵守宪

---

❶❷　胡锦光："立法法对我国违宪审查制度的发展及不足"，载《河南省政法管理干部学院学报》2000 年第 5 期。

❸　胡锦光："违宪审查与相关概念辨析"，载《法学杂志》2006 年第 4 期。

❹　此几乎为我国宪法学界的通说，在我国，截至目前，全国人大和全国人大常委会没有就法律、法规、命令等规范性文件进行过一次违宪审查。胡锦光："违宪审查与相关概念辨析"，载《法学杂志》2006 年第 4 期。

法和法律；全国人大有权改变或撤销全国人大常委会不适当的决定；全国人大常委会有权撤销国务院同宪法法律相抵触的行政法规、决定、命令；国务院有权改变或者撤销各部、各委员会发布的不适当的命令、指示和规章；改变或者撤销地方各级国家行政机关的不适当的决定和命令。《全国人民代表大会组织法》规定：全国人民代表大会设立的专门委员会受全国人民代表大会的委托，可以调查违宪事件，并提出专门报告。但是这些规定似乎并未认真实施过。

因此，在我国，言论自由虽然是宪法明文规定的基本权利，具有宪法位阶，但是实际上受到法律法规的大量的、具体的限制，仅为举例的目的，例如刑法中煽动类犯罪的限制；民商法中侵害名誉权、隐私权之类的限制以及反不正当竞争法对于虚假宣传、商业诋毁的规制；行政法中对于言论的规制更是多如牛毛，例如关于广告的规制、关于商业标示的规制、关于如实提供信息义务的限制。由于并不存在实效性的违宪审查机制，因此，对于商业言论是否也受宪法保障，基本上未成为一个讨论的话题。实践中，商业言论，如同其他言论一样，受到法律法规大量的、具体的限制。

三、作为未列举基本权利的营业自由

人们往往倾向于不假思索地认为商业言论受到言论自由这个基本权利的保护。所遵守的是如下的思路，商业言论属于言论的范畴，而言论自由为宪法明文规定的基本权利，故商业言论自由也属于宪法的基本权利。这种不假思索的思考可能低估了问题的复杂性。

除了言论自由可以被认为是限制商业言论中所涉及的基本权利之外，其实还有另外一种基本权利，也被当成限制商业言论中所涉及的基本权利，那就是营业自由。

营业自由，有时也被称为职业自由或工作权。❶ 在有些国家和地区，

---

❶ 如《日本宪法》第 22 条第 1 项规定："任何人，以不违反公共福祉为限，……均有选择职业之自由"；我国台湾地区"宪法"第 15 条，即使用"工作权"的术语。

营业自由具有宪法位阶。❶ 一般认为，营业自由不仅意味着从事商事营业的自由，而且也意味着从事商事营业的手段和方式自由。这样，作为从事商事营业的必经途径的商业言论，也必须是自由的。

1992 年 10 月 12 日，江泽民同志在中共十四大的报告中，第一次郑重宣告我国经济体制改革的目标是建立社会主义市场经济体制。从中华人民共和国成立到 1978 年以前，我国的经济体制一直是高度集中的计划经济体制。十一届三中全会以后，我国开始探讨建立社会主义市场经济的问题。后来，在中共中央提出制定国民经济和社会发展十年规划和"八五"计划建议的同时，邓小平同志又指出：我们必须从理论上搞懂，资本主义与社会主义的区分不在于是计划还是市场这样的问题。社会主义也有市场经济，资本主义也有计划控制。这一论点在 1992 年南方谈话中又得到了进一步的阐述。

在 1993 年的宪法修正案中，将《宪法》第 15 条做了修改，即将"国家在社会主义公有制基础上实行计划经济"修改为"国家实行社会主义市场经济"。这一修正具有重大意义，代表了经济体制的根本性转向，即由计划经济体制转向市场经济体制。营业自由从此有了作为宪法上未列举基本权利的解释可能性。

商业言论是营商的重要手段，在我国改革开放和建设社会主义市场经济体系的背景下，尤其是目下的"全面深化改革"的伟大实践的背景下，考虑到宪法关于社会主义市场经济体制的明确规定，❷ 营业自由作为一种未列举的基本权利已如朝日喷薄欲出。可以说，营业自由涵括了商业言论自由，作为一种重要的营商手段，商业言论自由具有促进社会主义市场经济发展的功能。

2014 年玉林狗肉节，一度成为舆论焦点，对立双方观点非常鲜明。

---

❶　前述《日本宪法》和我国台湾地区"宪法"即如是。又例如居荣在述及法国民法和商法的共同渊源时，即首先指出"宪法"与法国法的各项基本原则或一般原则。其中，就有"商业自由原则"。参见［法］伊夫·居荣：《法国商法》，罗结珍、赵海峰译，法律出版社 2004 年版，第 20 页。

❷　《中华人民共和国宪法》第 15 条。

作为反对的一方，央视主持人张某称："经营有自由吗？经营难道没有管理吗？经营没照吗？经营没证吗？经营没检疫吗？中国对肉类食品的检疫要求是非常严格的，你拿到了什么三证两档案两标识了吗？你符合国家所谓一犬一证的要求了吗？谁做到了，哪个狗贩子做到了，所以经营行为怎么可以自由，我觉得当大家喊这个自由的时候你想过没想过，如果经营是自由的，没有任何管理可以随便的，那是多么危险，你会吃到什么东西，如果要是那样的话，你永远不要抨击毒奶粉，因为人家经营是自由的，爱把奶粉里掺什么毒药掺什么毒药，捍卫他们的自由。"❶

张某似乎不认为存在一种基本权利意义上的经营自由，或者就是把基本权利意义上的经营自由，与私法上的经营自由混为一谈。这实在可算得上是一种对于营业是否自由的典型观念，但显然该观念是错误的。

在宪法理论上，将基本权利当成人民的护身符，可以对抗国家的侵犯。此即基本权利的防御权功能。❷ 国家权力只可以在遵守形式的规范面以及实质的手段面要求的前提下，对于基本权利为限制。❸ 此等基本权防御权功能的发挥，端赖基本权利的保障，即当国家侵犯人民的基本权利时，人民可以针对国家有所请求，请求国家停止侵犯。这一请求权在宪法的实践上，主要表现为违宪审查制度。对经营的管理措施，如张某所述的检疫要求等，由于涉及营业自由的限制，理论上，需要满足合宪性要求才能得到正当化。这些对于经营的限制，其实正是从反面印证营业自由这种基本权利的存在。

第三节　规制商业言论的正当性理由

回顾言论自由以及商业言论自由的历史，可知言论，包括商业言论从来不是绝对自由的。即便在号称言论最为自由的美国，诽谤言论通常

---

❶ 载 http://gongyi.ifeng.com/xianfeng/special/zhangyue/zuixin/detail_ 2014_ 07/07/37210156_ 1. shtml，2014 年 12 月 3 日最后访问。

❷ 法治斌、董保城：《宪法新论》，元照出版有限公司 2006 年版，第 130 页。

❸ 许育典：《宪法》，元照出版有限公司 2011 年版，第 150 页以下。

也被排除在第一修正案的保护之外。在有实效性的违宪审查制度的国家，宪法中的基本权利，包括言论自由、营业自由等乃是悬在政府规制言论头上的利剑，发挥着违宪审查基准的作用。这就要求规制商业言论的规则、政策和措施必须具备正当性。

　　一般来说，宪法对基本权利的界限规定有二：（1）基本权利的行使不得侵犯其他人的合法权益；（2）基本权利的行使不得侵犯公共利益。❶易言之，不是为了公益，就是为了私益。由于宪法平等地保护所有人的基本权利，而各个人的基本权利之间常常会发生冲突，例如一个人的言论自由便常常与另一个人的人格尊严、个人私生活的安宁等发生冲突。因此，产生了对于宪法基本权利进行限制的第一重理由，即他人的基本权利构成对于基本权利进行限制的第一个正当性理由。这种限制，由于系来自基本权利相互之间的关系，因此被称为内在限制。

　　此外，国家也常常为了公共利益的目的，限制个人的基本权利。公共利益虽是很难界定其内涵的术语，但是，其与上文所称的内在限制不同之处在于：在基本权利内在限制的情形，存在可以辨识的其他人的基本权利；而在为了公共利益的目的限制基本权利的场合，尽管在深层次上也常常能见到其他人的基本权利的影子，但在表面上并无可以辨识的其他人的基本权利。

一、内在限制：他人的自由或权利

　　许多基本权利共存的状态下，往往会发生冲突的现象，这时为了某一种基本权利的实现，而限制另一种基本权利，成为基本权利的内在限制。在爱尔兰胎儿保护协会与开门咨询公司、都柏林威尔妇女中心的争议中，涉及未出生婴儿的生命权与言论自由乃至于孕妇的知情权的冲突。爱尔兰最高法院作出裁决，禁止后者及其雇员、代理人为爱尔兰孕妇出国堕胎安排旅行及提供有关医院并与之联系。后者向欧洲人权法院

---

　　❶　胡锦光、王锴："论我国宪法中公共利益的界定"，载《中国法学》2005年第1期。

提起申诉，欧洲人权法院经过审理，认为爱尔兰法院的裁决构成对《欧洲人权公约》第 10 条的违反。

所谓内在限制，其实质是基本权利之间的冲突。❶ 基本权利之间的冲突，其解决方法通常是利益衡量。即在具体事件中透过利益权衡的方式，决定相互冲突的基本权利何者应受优先保护。但是，各个基本权利之间并未划分为不同等级，这增加了利益衡量的难度，导致对于同样的事件，从不同的角度出发，往往得出不同的结论。上述欧洲人权法院与爱尔兰最高法院的不同裁决即是适例。

就商业言论而言，受言论自由与营业自由的基本权利之保障，与之产生冲突的基本权利，鉴于社会生活的复杂性，无法一一列举。仅为举例的目的，可能与他人的营业自由产生冲突，可能与他人的财产权产生冲突，可能与他人的生活安宁产生冲突，也可能与他人的人格尊严或名誉权产生冲突。反不正当竞争法规制虚假宣传，其正当性理由即在于竞争者的自由竞争（属于营业自由的范畴）以及消费者的知情权（获得正确资讯的自由）。而规范骚扰电话、骚扰邮件等商业言论的法律，其正当性理由则来自于他人的生活安宁和财产权（在接收者付费的场合）。

二、外部限制：公共利益

公共利益是典型的不确定法律概念。其中有受益主体以及利益内容两项，其特征在于，受益主体不确定以及利益内容不确定。❷ 虽然如此，学者努力以理论上的探讨尝试对该不确定法律概念进行具体化的作业，例如，有人认为，关于受益主体，"公共"不能理解为全体人民，而是不特定多数人群。❸ 至于利益内容，参考德国学者归纳整理的三个基本内涵，即内部和平、个人自由与社会正义。❹

---

❶ 许育典：《宪法》，元照出版有限公司 2011 年版，第 153 页。

❷ 陈新民：《宪法基本权利之基本理论（上）》，元照出版有限公司 2002 年版，第 134～141 页。

❸ 法治斌、董保城：《宪法新论》，元照出版有限公司 2006 年版，第 157 页。

❹ 同上书，第 158 页。

由于基本权利的行使，可能会影响其他宪法所要保障的公共利益，这种私益和公益之间存在的紧张关系，有待立法者以制定法律的方式来消弭及调和之。❶须注意的是，宪法公益条款具有双重性质，一方面肯定基本权利之价值，另一方面又借以限制基本权利。这是德国宪法学界所盛行的所谓"相互效果理论"。❷

应说明的是，基于公共利益的限制与基本权利的内在限制往往难以区分，两者之间很难划出一条绝对的界限。德国学者归纳整理的三个基本内涵中的个人自由，其实就是他人的基本权利，应属于基本权利的内在限制的范畴。而内部和平与社会正义，多少也可以归结为全体人的基本权利。

消费者的利益经常被当成公共利益的一个具体表现。消费者有获悉真实信息的权利，保障人身财产安全的权利，自主选择的权利，相应地，经营者有提供合格商品或服务，提供真实信息，尊重消费者自主选择的义务。若商业言论危及消费者的上述权利，则应当受到规制。其实，上述消费者的利益往往也属于消费者的基本权利的范畴。

另一些经常被当成公共利益具体表现的是环境保护与公共安全。与消费者保护的情形类似，环境保护与公共安全乃是包含被限制基本权利之公民在内的不特定多数人利益的体现，是一种"公共善"。其背后仍然是各个个体的基本权利之综合。

我国《宪法》第51条规定：中华人民共和国公民在行使自由和权利的时候，不得损害国家的、社会的、集体的利益和其他公民的合法的自由和权利。此条是对基本权利的限制作了概括规定，从此条规定可见，我国宪法与任何文明、法治国家的宪法一样，规定限制基本权利，或者是为了保护他人的权利，或者是为了维护公共利益。其中，其他公民的合法的自由和权利构成基本权利的内在限制。而基于我国的国体、政体以及基本的经济制度，不宜将国家的利益、集体的利益当成是与其

---

❶ 陈新民：《宪法基本权利之基本理论（上）》，元照出版有限公司2002年版，第184页。

❷ 同上书，第198页。

他公民的自由和权利同等的概念，从而认为基于国家的、集体的利益限制公民的基本权利属于内在限制的范畴。而应将国家的、社会的、集体的利益统合为公共利益，构成对于基本权利的外在限制。

第四节　限制商业言论之法规的违宪审查

除了上节所述的合宪事由之外，限制商业言论的措施若要通过违宪审查，还需注意形式问题以及遵守比例原则。此外，还需讨论审查基础的问题。

一、形式问题

所谓形式问题，是指以何种形式的法来限制基本权利的问题。若以宪法直接加以规定，则立法机构也因此丧失法律的形成空间，而不得制定与宪法规定相左的规定，这种宪法直接的规定称为"宪法保留"原则。若宪法本身并无明文，而将对于基本权利的限制委诸立法机关制定法律，则称之为"法律保留"原则。

我国《宪法》第37条规定：中华人民共和国公民的人身自由不受侵犯。任何公民，非经人民检察院批准或者决定或者人民法院决定，并由公安机关执行，不受逮捕。该条所规定的人身自由，仅在宪法明确规定的情况下，才能被以逮捕的方式加以限制，是为宪法保留的例子。我国《宪法》第40条所规定的对于通信自由与通信秘密的限制——除因国家安全或者追查刑事犯罪的需要，由公安机关或者检察机关依照法律规定的程序对通信进行检查外，任何组织或者个人不得以任何理由侵犯公民的通信自由和通信秘密——也是宪法保留的例子。

我国《宪法》第34条是关于选举权与被选举权的规定，该条但书记载："但是依照法律被剥夺政治权利的人除外"。这说明法律可以规定剥夺选举权与被选举权，该但书规定是法律保留的例子。

具体到《宪法》第35条规定的言论自由，宪法本身并未对其限制问题作出规定，可以认为，宪法已经将限制该等基本权利的事项，保留给立法者，可以由立法者对该等基本权利通过法律加以限制。并且，行政机关的行为，如没有法律的授权，则无法合宪地限制该等基本权利。

就我国目前的情况而言，大量存在以行政法规、部门规章、地方性法规、地方政府规章，甚至其他规范性文件限制商业言论的例子。一般认为，"法律保留"中的"法律"，应作实质意义的解释，即应当包含行政机关以及地方立法机关透过法律之授权制定的限制基本权利的行政法规与地方性法规，纵然如此，将来实效性的违宪审查制度得以运行之后，这些众多的、当初并未认真考虑过授权问题的限制性规定可能面临严重的合宪性危机。

二、比例原则

所谓比例原则，是指一个"涉及"人权的"公权力"（可能是立法、司法及行政行为），其"目的"和所采行的"手段"之间，有无存在一个相当的"比例"问题。❶ 又可细分为妥当性原则、必要性原则、狭义比例原则或称比例性原则。妥当性原则是指一个法律（或公权力措施）的"手段"可达到"目的"。必要性原则是在妥当性原则已经获得肯定之后，在所有能够达成立法目的之方式中，必须选择对人民权利"最少侵害"的方法。比例性原则是指一个措施，虽然是达成目的所必要的，但是，不可以给人民造成过度之负担。❷ 其中，比例性原则是以宪法对人权的"关涉分量"来决定一个措施的合法合意与否之标准。因此，比例性原则成为利益衡量的适用。❸

比例原则在有些国家或地区的宪法中，被明确地予以规定，例如在我国台湾地区，其"宪法"第23条规定："人民之自由权利，只有在为防止妨害他人自由、避免紧急危难、维持社会秩序或增进公共利益之必

---

❶　陈新民：《宪法基本权利之基本理论（上）》，元照出版有限公司2002年版，第239页。

❷　同上书，第240～242页。

❸　同上书，第244页。

要范围内，始得受国家公权力的限制。"其中的"必要"二字，即是比例原则的揭示。在我国，宪法并未明定比例原则，然而，比例原则应是限制基本权利的一个应遵守的标准，对此学界并无太大争议。

德国是比例原则的发源地。德国法院自"药房案"❶后，开始大量援用比例原则。前述的"三阶段理论"，即要求行政行为手段的妥当性、必要性和比例性原则，即从兹确立。在此之后，法院的审判实务就将"三阶段理论"纳入了比例原则的内容。比例原则确立后，对各国产生了深远影响。法国、日本、美国的理论界及审判实践中都可以找到比例原则的影子。

遗憾的是，在我国司法实践中，比例原则远未引起足够的重视。由于我国宪法并未明文规定比例原则，又由于一套实际操作层面的违宪审查机制尚付阙如，在违宪审查层面上讨论比例原则更见稀少。但是，鉴于比例原则具有不言自明的正当性，是依法行政的应有之义，在我国法院的司法实践中，依稀也能看到该原则的身影闪现。❷

三、关于限制商业言论的审查基准

（一）外国的审查实践

1. 美国

关于违宪审查之基准的问题，在美国，"作为违宪审查基准的一般构造，而广受学说支持者，乃是双重基准论"。❸ 所谓双重基准论，系在美国判例上形成，认为对于以表现自由为主的精神自由之规制，应依据严格的基准，严密检讨其合宪性，但对于经济自由的规制，应尊重立法部门的判断，以宽松的基准判断其合宪性。❹

---

❶ BVerfGE 7，377 Apotheken Urteil.

❷ 其表现为，在一些案件中，法官重视运用比例原则进行的说理。如汇丰实业公司与哈尔滨市规划局行政处罚决定纠纷上诉案，最高人民法院（1999）行终字第20号。

❸❹ ［日］阿部照哉、池田政章等编著：《宪法（下）——基本权利篇》，周宗宪译，元照出版有限公司2001年版，第67页。

　　而在规制言论自由的合宪性审查实践中，作为双重基准论的典型表现，凭借对众多言论自由案件的积累，美国法院确立了言论自由的"双价值理论"，在 1992 年的 R. A. V. v. City of st. Paul 案中，史蒂文斯大法官将该理论表述为："有关第一修正案问题的判决在对言论的宪法保护方面建立了一套粗略的等级制度：重要的政治性言论享有最高等级的保护地位；商业性言论和具有猥亵内容但与性有关的言论属于次一等级的表达；淫秽性言论和挑衅性言论则仅能得到最低程度的保护。"

　　此种"粗略的等级制度"的表述，明白地提示在宪法保障的基本权利之间存在一个价值序列。即相对于经济自由，精神自由具有较高的价值。然而，也有对于这种价值序列的强烈质疑，即作为依人这个属性而有的权利，若果真认为这些权利之间还存在价值序列，是不适当的。❶因此，又有一种不同的观点被提出来，作为支撑双重基准论的理据。这种观点认为并非人权的价值问题，而是法院的角色、制度性的权限分配问题，才是双重基准论的理据。❷

　　晚近，美国又发展了三重标准，即合理关联性审查基准、中度审查基准以及严格审查基准。

　　合理关联性审查基准只要求手段与目的之间具有"合理的关联性"即可，亦即只要所选择的手段能达成目的，即能承认该规制措施的合宪性。属于最宽松的审查基准，联邦最高法院在审查有关社会或经济型立法措施时，多以合理关联性审查为基准。

　　在采用中度审查基准时，所要求的政府利益必须为实质重要的，并且手段与目的具有实质关联性，并不以合理关联为已足。联邦最高法院在有关性别平等保障案件，或是非针对言论内容的规制措施，多采用中度审查标准。

　　严格审查基准要求政府的规制措施必须符合急迫且非常重要的政府利益，而且该规制措施必须是为达到该等目的所必要之最小侵害手段。

---

　　❶　［日］阿部照哉、池田政章等编著：《宪法（下）——基本权利篇》，周宗宪译，元照出版有限公司 2001 年版，第 68 页。

　　❷　同上书，第 69 页。

联邦最高法院对于在隐私权之下的基础性权利，对于以种族或国籍为分类标准的平等权保障，或是涉及言论内容的政府规制措施，均采用最为严格的审查标准。❶

2. 德国

在德国，联邦宪法法院对于法律违宪之审查，提出三层次理论，作为宽严不一的审查密度：最宽松的明显性审查、中度的可支持性审查以及最严密的严格内容审查。❷

明显性审查是指除非有明显的违反宪法规范情形，而且此情形系属任何人一望即知者，否则应保留给立法或行政机关决定。理由是，针对某些重要的政治议题，应保留给政治部分作决定。可支持性审查要求一个合乎事理并可支持其决定的判断，只要能提出合乎事理的评价，可以支持限制人民基本权利之理由，司法审查即应予以支持。在严格内容审查的情形，法院应对限制人民基本权利之法律做最具体详尽的分析，除非有特别重要的公益上的理由，得以判断限制人民基本权利的合宪性，司法者对于该限制应不予支持。❸

（二）我国台湾地区的审查实践

在我国台湾地区，吴庚先生依据事务性质及所涉及的法益重要性，将违宪审查之审查密度尝试区分为严格审查、中度审查以及低度审查三个层次。限制政治性言论自由之法律，司法院大法官系采严格审查的态度，而对于限制低价值言论自由之法律，则采中度审查基准。❹

在我国台湾地区，释字第 414 号解释指出：药物广告系利用传播方法，宣传医疗效能，以达招徕销售为目的，乃为获得财产而从事之经济活动，并具商业上意见表达之性质，应受"宪法"第 15 条及第 11 条之保障。这是将财产权和言论自由共同作为药品广告这种商业言论的保护基础，唯该解释并未说清楚究竟是依财产权宪法保障的力度来审查有关

---

❶ 转引自法治斌、董保城：《宪法新论》，元照出版有限公司 2006 年版，第 189～190 页。

❷❸ 同上书，第 190～191 页。

❹ 同上书，第 191～192 页。

的法律规定，还是依照言论自由宪法保障的力度来审查有关的法律规定。

释字第 577 号解释则直接将商品标示列为言论自由的保障范围。认商业标示系提供商品客观资讯之方式，为商业言论之一种。"烟害防治法"第 8 条第 1 项规定："烟品所含之尼古丁及焦油含量，应以中文标示于烟品容器上。"该规定虽然对于烟品业者之财产权等形成某种程度的限制，但释字第 577 号解释认为，此乃烟品财产权所具有之社会义务，且所受限制尚属轻微，未逾越社会义务所应忍受之范围，与"宪法"保障人民财产权之规定，并无违背。可见，释字第 577 号解释虽然承认商品标示系属于商业言论的范畴，应受言论自由保障，但在实际操作上，依财产权"宪法"保障的力度来审查有关的法律规定。

以上可见，根据所涉及的基本权利的类型、性质来决定违宪审查的强度，是许多国家和地区违宪审查实践中的共识。在日本，许多论者指出，精神自由仅受内在制约，经济自由除内在制约外，亦受政策的、外在的制约。❶ 此几乎与美国违宪审查实践中所奉行的双重基准论同义。在药事法违宪判决中，最高法院也判示："相对于宪法所保障的其他自由，特别是所谓精神自由，职业自由受公权力规制的要求较强。"❷

（三）我国大陆的情况

我国大陆尚无实效性的违宪审查机制，人民的基本权利，如遭受公权力的侵害，人民无从以自己的名义提起违宪救济。就此而论，在我国，人民的基本权利还不具备请求权的性质。其防御权功能的发挥，目前为止仍处于隐而不彰的境地。

在我国，引起"宪法司法化"议论的是"齐玉苓"案。齐玉苓和陈某某原同系山东省滕州市第八中学初中毕业生。1990 年齐玉苓被山东省济宁市商业学校录取，但录取通知书被陈某某领走。陈某某以齐玉苓

---

❶　[日] 阿部照哉、池田政章等编著：《宪法（下）——基本权利篇》，周宗宪译，元照出版有限公司 2001 年版，第 68 页。

❷　最大判昭和五十年（1975）4 月 30 日民集第二十九卷第四号第 572 页。

的名义到济宁市商业学校报到就读。1993 年毕业后，陈某某继续以齐玉苓的名义被分配到中国银行滕州市支行工作。1999 年齐玉苓在得知陈某某冒用自己的姓名上学并就业的情况后，将陈某某、济宁商业学校、滕州市第八中学、滕州市教委等推上枣庄市中级法院被告席。要求被告停止侵害，并赔偿经济损失和精神损失。1999 年 5 月枣庄市中级人民法院对齐玉苓诉陈某某等四被告一案作出一审判决。法院认为，陈某某冒用齐玉苓名字上学的行为，构成了对齐玉苓姓名的盗用和假冒，是侵害姓名权的一种特殊表现形式。但齐玉苓的受教育权并没有受到侵犯。齐玉苓不服，向山东省高级人民法院上诉。

针对此案，最高人民法院发布法释〔2001〕25 号《关于以侵犯姓名权的手段侵犯宪法保护的公民受教育的基本权利是否应承担民事责任的批复》，指出：陈某某等以侵犯姓名权的手段，侵犯了齐玉苓依据宪法规定所享有的受教育的基本权利，并造成具体的损害后果，应承担相应的民事责任。山东省高级人民法院依据该批复二审审结此案。齐玉苓获得最终胜诉，依法获得了直接、间接经济损失和精神损害赔偿近 10 万元。

如今看来，"齐玉苓"案仅仅应当被看做最高人民法院从宪法规定中推导出公民拥有"受教育权"这一项民事权利，这一民事权利被侵犯之后，侵害人需要承担民事责任，如此而已。"宪法司法化"只是一个略带误导性的词语，该案也与违宪审查无关联。诚如胡锦光先生所言，在宪法意义上，受教育权是一项宪法权利，作为一项宪法权利，其义务的主体是国家，当法律将宪法规定具体化后，即受教育权成为公民的一项法律权利后，其义务的主体既可能是国家，也可能是组织或者公民个人。一个公民只能侵犯另一个公民作为法律权利的受教育权，而不可能侵犯另一个公民作为宪法权利的受教育权。❶

依照传统的理解，基本权利具有防御权的功能，即基本权利是公民用于对抗公权力的利器，但这一利器作用之发挥依赖于违宪审查制度。

---

❶ 胡锦光："违宪审查与相关概念辨析"，载《法学杂志》2006 年第 4 期。

当国家（公权力）侵犯人民的基本权利时，人民可以提起救济，请求排除国家的侵害。但除此之外，基本权利还代表了一种客观价值秩序。这一秩序构成立法机关建构国家各种制度的原则，也构成行政权和司法权在执行和解释法律时的上位指导原则。❶也即基本权利除了作为一种主观权利之外，还是一种客观法，代表了一种客观的价值秩序，这种客观价值秩序流贯于整体法律体系中，起到某种程度上的解释适用控制功能，在判断某一具体的商业言论是否构成商业诋毁方面，我国法院有一些有益的尝试。

　　在腾讯与奇虎不正当竞争纠纷中，❷法院认定被告的行为构成商业诋毁。本案二审审理法官的同事在其所撰写的案例评析中归纳了三个争议焦点，其中一个争议焦点是：安全软件公司商业言论自由、用户信息获取权益与被评测软件公司正当商业利益之间的平衡以及这种平衡对商业诋毁判断标准的影响问题。法官认为：原则上，安全类软件商业性言论自由的边界是"客观真实的评测结果和表述"，然而在很多情况下，对于"评测结果是否客观、真实，是否会造成用户的误解"这一问题本身的判断，并非清楚、确定的。诚如"纽约时报"案中，布伦南大法官在判词中所述的："某种程度的滥用是与每样东西的正当使用分不开的"；陈述失当在自由辩论中是不可避免的。对于安全软件的评测结果，如果我们课以过于严格的判别标准，会使软件开发者过于谨慎的评价其他软件，不敢提出一些怀疑性的意见，反而会影响正常商业性言论自由的监督作用，从而减少用户对潜在危害信息的获取。因此，对于安全类软件合理范围内的错报、误报以及并非明显的表述失当，应当给予适当的宽容，而适当的标准则需要综合考虑行为本身和上文所论述的"市场

---

❶　张翔："基本权利的双重性质"，载《法学研究》2005年第3期。

❷　该案全称为腾讯科技（深圳）有限公司、深圳市腾讯计算机系统有限公司与北京奇虎科技有限公司、奇智软件（北京）有限公司、北京三际无限网络科技有限公司不正当竞争纠纷案，参见北京市朝阳区人民法院（2010）朝民初字第37626号民事判决（一审），北京市第二中级人民法院（2011）二中民初字第12237号民事判决（二审）。

和社会发展的实际情况"作出具体的判断。❶

在上海市测绘院诉上海红邦企业策划有限公司、北京市中盛律师事务所商业诋毁案中，❷二审法院认为：本案被上诉人红邦公司发函指控案外人使用的地图侵犯其著作权，其涉及的著作权争议已超出一般的商业判断、技术判断，需要专业的法律判断。正因如此，原审法院也曾因被上诉人红邦公司对上诉人另案提起侵权诉讼而中止本案审理，虽然被上诉人红邦公司后撤回此案诉讼，但不能因此确定当事人之间已无争议，也不能由此确认被上诉人红邦公司发出律师函时，以一般商人判断，指控案外人所使用地图侵权明显具有诋毁上诉人商誉之故意，且明显属于捏造虚伪事实的行为。同其他法律一样，法院适用反不正当竞争法也要实现公权干预与商业自由之间的平衡，既禁止不正当竞争行为，也必须保证适当的商业自由。因此，在本案系争行为至少是不能明显被确定为"捏造和散布虚伪事实"的情形下，原审法院在决定是否以公权干预私人商业活动时保持了谨慎的态度，二审法院亦深以为然。

四、对于几种典型规制手段的假想的违宪审查

以下对于几种典型的商业言论规制，例如反不正当竞争法中所规范的引人误解的虚假宣传以及商业诋毁、广告法中规范的烟草广告禁止、电视广告的管理措施、垃圾信息之禁止等，设计假想的违宪审查案例。

（一）引人误解的虚假宣传与商业诋毁

反不正当竞争法规范引人误解的虚假宣传与商业诋毁，并为之设定民事责任。此外，对于引人误解的虚假宣传，该法还设有行政责任。对于商业诋毁，刑法并设有损害商业信誉、商品声誉罪，此类限制性的法规是否侵害了宪法所保障的言论自由？

此类限制性规定是为误导性的宣传以及诋毁性宣传设定事后责任，

---

❶ 沈冲："腾讯公司诉奇虎360公司不正当竞争纠纷案"，载 http://zjbar.chinalawinfo.com/newlaw2002/slc/slc.asp?db＝fnl&gid＝118315885，2013 年 1 月 3 日最后访问。

❷ 上海市高级人民法院（2008）沪高民三（知）终字第 175 号民事判决书。

而非进行内容审查，也非设定事前审查制度，且设定事后责任的前提是此类宣传本身的不当性（包括误导以及诋毁），属于对于言论自由的内在限制的范畴（他人的利益构成宪法基本权利的内在限制）。❶ 因此，此类限制性规定当可轻松通过违宪审查。

（二）媒体烟草广告以及公共场所烟草广告之禁止与特殊药品广告之禁止

《广告法（1994）》第 18 条规定：禁止利用广播、电影、电视、报纸、期刊发布烟草广告。禁止在各类等候室、影剧院、会议厅堂、体育比赛场馆等公共场所设置烟草广告。另外，该法第 16 条规定：麻醉药品、精神药品、毒性药品、放射性药品等特殊药品，不得做广告。该两条完全禁绝相关的商业言论，对于经营者的利益影响甚巨，是否能够通过合宪性检验？❷

就烟草广告而言，由于吸烟严重危害公共健康，后者是重要的公共利益。该公共利益与烟草业者的私益相比，显然处于更重要的地位。因此，纵然法规完全禁绝媒体发布烟草广告以及公共场所设置烟草广告，也难谓其损害了商业言论自由构成违宪。

就完全禁绝特殊药品做广告而言，该法规背后可能的用意是，此类特殊药品使用不当，会造成严重后果；关于此类特殊药品之信息，普通民众无知悉之必要，只需专业人士有可以了解的途径即可，不必通过广告的途径。如果持上述理由，则此类限制性法规的合宪性，即不无可议之处。原因在于，（1）即使是专业人士，可能也需要广告的形式了解此类特殊药品的相关信息；（2）此类特殊药品使用不当所造成的严重后果，似无法以完全禁绝此类广告的方式加以避免，关键是建立此类药品的特殊管控制度，才能杜绝滥用或误用的严重后果，即此类限制性法规

---

❶ 这种限制，由于系来自基本权利相互之间的关系，因此被称为内在限制。

❷ 2015 年修订《广告法》，上述禁止性规定仍然存在，且禁止性规定的范围比之 1994 年《广告法》更为广泛。参见 2015 年修订《广告法》第 15 条、第 22 条。

与所欲达成的目的可能不符合适合性原则。❶

（三）电视广告的管理措施

在电视广告播出管理方面，《广播电视广告播出管理办法》规定了总量控制、均衡配置的原则。播出电视剧时，不得在每集（以 45 分钟计）中间以任何形式插播广告。

此类法规涉及对商业言论的范围与方式的规制。不同于对商业言论的内容规制，此类管制措施受到的审查力度较小。只要有能够证明的公共利益，且在价值衡量上该公共利益的分量重于私人利益的分量，且此类规制措施并不构成对于商业言论的过度限制，如不考虑该等限制的形式问题，❷ 当可通过违宪审查的检验。

（四）垃圾信息之禁止

2012 年年底通过并施行的《全国人民代表大会常务委员会关于加强网络信息保护的决定》第 7 条规定：任何组织和个人未经电子信息接收者同意或者请求，或者电子信息接收者明确表示拒绝的，不得向其固定电话、移动电话或者个人电子邮箱发送商业性电子信息。该决定第 11 条规定，对有违反本决定行为的，依法给予警告、罚款、没收违法所得、吊销许可证或者取消备案、关闭网站、禁止有关责任人员从事网络服务业务等处罚，记入社会信用档案并予以公布；构成违反治安管理行为的，依法给予治安管理处罚。构成犯罪的，依法追究刑事责任。侵害他人民事权益的，依法承担民事责任。

垃圾信息应予规制，此几乎为全民共识。唯规制的措施、后果仍应明确，使人民可以准确知晓其行为的后果，该决定为发送商业垃圾信息的人设定了依法追究有关责任的法律后果，虽然罗列的法律后果面面俱

---

❶ 所谓适合性原则，是指当采取措施要限制人民的基本权利时，采取的措施必须能适合达到它所欲追求的公益目的。参见许育典：《宪法》，元照出版有限公司 2011 年版，第 160 页。

❷ 限制基本权利需要考虑形式问题，即究竟是以何种形式的法来限制基本权利的问题，一般来说，分为宪法直接限制以及交给法律限制两种形式，行政机关的行为若要限制基本权利，需要取得法律的授权。可参见本章第四节的介绍。

到，由于该决定并无直接确定此类行为的法律后果之意，而是交由其他
法律明确其构成要件与法律后果，因此仍可以避免违反比例原则的
指摘。

第四章　不当商业言论的民事责任（一）

不当商业言论规制中的"规制"一词，是一种广义的用法，是指规范商业言论的所有法律路径。相应的，当只提及管制商业言论的行政法或者刑法上的措施时，我们会用"公法规制"或"公法性规制"这个词。只要承认商业言论不可能完全自由，就一定会有规制。依其路径，对于商业言论的规制可分为私法规制与公法规制。其中，私法规制的途径主要就是界定不当商业言论的民事责任。

第一节　商业言论私法规制的现行规范体系及其结构

由于言论自由具有宪法位阶，且宪法中的言论并未限定具体范围，因此，商业言论也应享有言论自由的名分，也因此，规制商业言论须有正当性依据，其基础在于商业言论不当。一如第一章中所述，不当的商业言论，或是不真实（欺诈），或是误导，或为烦扰，或为贬低、诋毁（恶毒攻击），或为不当的沉默。可分为以下几种常见的形态，即欺诈性陈述、误导性宣传、商业诋毁或贬低、不当比较广告、违法标识、骚扰信息或垃圾信息、不当沉默。

一、现行规范体系

这里所讲的体系，并不是一开始就有意识地设计出来的系统，也即并不是清晰可见的立法体系。就商业言论的规范而言，其实一开始可能并无清晰的规范体系（并非专门针对商业言论作出规范）。毋宁是经过一番对于现行法的检索，总结出来的体系。可以称这种体系为学理上的体系。

　　本书尝试以民事责任作为检索法律规范的关键词，将那些与不当商业言论有关的民事责任条款做一个尽可能周全的列举。由抽象到具体，由普通法到特别法，首先注意到的是民法通则的规定，然后是合同法以及侵权责任法。一般把上述法律理解成是普通民法的范畴。接下来是一些特别私法，例如消费者权益保护法、反不正当竞争法，其中也规定了一些关于不当商业言论的民事责任规范。最后是一些传统上认为属于特别行政法的法律，例如广告法、食品安全法、产品质量法等，在这些通常被认为是特别行政法的规范中也有民事责任的条款。

　　（一）普通私法

　　1.《民法通则》

　　作为起到暂代民法总则功能的一部法律，《民法通则》的寿命已经超过当初的设计。应当说，一定的灵活性和概括的条文，是其仍能维持基本功能的一个重要原因。在规范不当商业言论上，也能看见这种特点。《民法通则》在其第五章"民事权利"中设置第4节"人身权"，第101条规定："公民、法人享有名誉权，公民的人格尊严受法律保护，禁止用侮辱、诽谤等方式损害公民、法人的名誉。"相应的，又在第六章"民事责任"第3节"侵权的民事责任"中设置第120条，规定："公民的姓名权、肖像权、名誉权、荣誉权受到侵害的，有权要求停止侵害，恢复名誉，消除影响，赔礼道歉，并可以要求赔偿损失。法人的名称权、名誉权、荣誉权受到侵害的，适用前款规定。"

　　众所周知的是，名誉权的保护与言论自由之间存在紧张关系，是一对冤家。强调名誉权的保护，就会在一定程度上抑制言论自由，反之，强调言论自由，则会一定程度上抑制名誉权的保护。民法通则将名誉权列为一种受保护的民事权利，并明确规定法人也享有名誉权。❶ 意味着有一些言论（包括商业言论）可能会逾越界限，构成对于名誉权的侵犯。观察司法判例可知，这一现象的确存在且并不少见。

---

　　❶ 《民法通则》第101条规定法人享有名誉权，而企业毋庸置疑是法人的最主要最大量的现实存在。

不仅如此，《民法通则》也规定有合同责任（第六章第二节），但只涉及违约责任，更详细的规定如无效合同的法律责任等，则留待以后的合同法。此外，《民法通则》第 122 条对产品责任做了初步的、非常原则的规定：因产品质量不合格造成他人财产、人身损害的，产品制造者、销售者应当依法承担民事责任。运输者、仓储者对此负有责任的，产品制造者、销售者有权要求赔偿损失。由于产品质量不合格包含指示不合格的情形，该条规定也与商业言论的规制有关。

2. 侵权责任法

2010 年 7 月 1 日起施行的《侵权责任法》可以被理解为是《民法通则》第六章第三节"侵权的民事责任"的扩展版。❶ 在其"一般规定"中，明确受保护的民事权利包括"名誉权"与"隐私权"。言论、包括商业言论在内，正是与这两个民事权利高度相关。

鉴于产品缺陷包含"指示缺陷"这种情形，《侵权责任法》第五章"产品责任"的规定也与商业言论有关。有疑问的是，《侵权责任法》第五章的规定与《民法通则》第 122 条，以及产品质量法的相关规定之间的适用问题。

3. 合同法

合同法中所涉及的民事责任首先是违约责任，意指违反合同约定时应该承担的责任。但合同法中涉及的责任并不限于违约责任。在合同无效的情形，有所谓的无效合同的民事责任。《合同法》第 58 条即专门就此作了规定。可撤销的合同，在其被撤销之后，产生的民事责任亦同。此外，合同法中还有缔约过失责任的规定。这种责任意指在合同订立过程中，违背诚信义务，给缔约他方造成的损害所承担的赔偿责任。通常发生在合同并未有效订立的情形，但对此也有争议。

由于订立合同过程中的要约和承诺某种意义上都可以被理解为商业言论，因此，上述三种合同法中的责任都与不当商业言论有关。可能由

---

❶ 《侵权责任法》几乎吸收了《民法通则》侵权法总论的全部内容，在此基础上，侵权法的分论部分也有所变更、细化、增加。张志坡："我国侵权法的变迁——从《民法通则》到《侵权责任法》"，载《南都学坛》2010 年第 3 期。

于要约具有欺诈、胁迫或者重大误解的因素，而导致合同被撤销；因缔约一方的过失行为，在合同未能成立时可能产生缔约过失责任。某些商业言论可以被理解为合同条款（例如被理解为一方当事人提供的保证），当事后证明其无法遵守该条款时而有违约责任的承担。

（二）特别私法

1. 消费者权益保护法

消费者权益保护法可以被理解为是一种对消费者权益进行特别保护的特别私法。就其主要是通过加诸于消费者打交道的经营者更重的义务和责任的方式保护消费者权益的意义上，可以更准确地说它是特别商法。

根据《消费者权益保护法》（2013 年修订），消费者享有知情权。根据该法第 8 条，这不仅是指经营者告知消费者的信息必须是真实的，❶而且还指，消费者可以积极地要求经营者提供真实的，与商品或服务有关的信息。❷ 相应的，《消费者权益保护法》第 20 条规定：经营者负有提供真实信息的义务，以及回应消费者的疑问的义务。第 27 条考虑到消费者的人格尊严和名誉权的保护，规定经营者不得对消费者进行侮辱、诽谤，不得搜查消费者的身体及其携带的物品，不得侵犯消费者的人身自由。

不仅如此，《消费者权益保护法》甚至还规定了一项非常广泛的保证义务，在其第 23 条中，规定："经营者以广告、产品说明、实物样品或者其他方式表明商品或者服务的质量状况的，应当保证其提供的商品或者服务的实际质量与表明的质量状况相符。"该款规定大量涉及各种商业言论，明文指出的就有广告与产品说明，可称之为经营者的"如实

---

❶ 《消费者权益保护法》第 8 条第 1 款：消费者享有知悉其购买、使用的商品或者接受的服务的真实情况的权利。

❷ 《消费者权益保护法》第 8 条第 2 款：消费者有权根据商品或者服务的不同情况，要求经营者提供商品的价格、产地、生产者、用途、性能、规格、等级、主要成分、生产日期、有效期限、检验合格证明、使用方法说明书、售后服务，或者服务的内容、规格、费用等有关情况。

陈述"义务，但是，鉴于法律本身并未明确规定经营者违反这一义务的法律责任，这一涵盖范围广泛的条款的作用和效果如何，尚待观察。

与经营者义务相对应的是经营者的民事责任。针对虚假广告与其他虚假宣传方式，该法在其第45条规定了如下的民事责任：其一，消费者针对经营者（指商品或服务的提供者）的赔偿；其二，广告经营者、发布者不能提供经营者的真实名称、地址和有效联系方式之时的损害赔偿责任；其三，广告经营者、发布者设计、制作、发布关系消费者生命健康商品或者服务的虚假广告，造成消费者损害的，与提供该商品或者服务的经营者共同承担的连带责任；其四，社会团体或者其他组织、个人在关系消费者生命健康商品或者服务的虚假广告或者其他虚假宣传中向消费者推荐商品或者服务，造成消费者损害的，与提供该商品或者服务的经营者共同承担的连带责任。

除此之外，由于消费者和经营者之间往往存在合同关系，如有违约，经营者当然不能免于承担违约责任；经营者的行为侵害了消费者的固有利益之时，还可能承担侵权责任，例如《消费者权益保护法》第50条规定：经营者侵害消费者的人格尊严、侵犯消费者人身自由或者侵害消费者个人信息依法得到保护的权利的，应当停止侵害、恢复名誉、消除影响、赔礼道歉，并赔偿损失。第51条进一步规定了经营者有侮辱诽谤、搜查身体、侵犯人身自由等侵害消费者或者其他受害人人身权益的行为时的精神损害赔偿。又例如缺陷产品致消费者受损时需承担的产品责任。❶

《消费者权益保护法》第55条第1款则是著名的惩罚性赔偿。所针对的情形是经营者提供商品或者服务有欺诈行为，增加赔偿的金额为消费者购买商品的价款或者接受服务的费用的3倍；增加赔偿的金额不足500元的，为500元。

2. 反不正当竞争法

毋庸置疑，规范不当商业言论的重镇是反不正当竞争法。由于竞争

---

❶ 《消费者权益保护法》第49条、第55条第2款。

往往通过将商品或者服务呈现在公众面前的方式进行，而最重要的呈现方式就是通过广告宣传，也就是说通过言语的方式，因此，竞争法必然规范商人说话的方式。经历了一个长时段的发展过程之后，"不正当竞争"的概念被发明出来，用来指代任何有违商业道德的竞争行为，当然也包括有违商业道德的言论。

1993 年的《反不正当竞争法》明确规范几种有关商业言论的不正当竞争行为，当然，除了以下明确列举的之外，反不正当竞争法的一般条款也对未被明确列举的不当商业言论具有规范作用。❶

就反不正当竞争法明确列举的不当商业言论而言，共有三种，即违法标识、引人误解的虚假宣传与商业诋毁。《反不正当竞争法》第 5 条第（4）项规范一种违法标识行为，规定经营者不得在商品上伪造或者冒用认证标志、名优标志等质量标志，伪造产地，对商品质量作引人误解的虚假表示。第 9 条规范引人误解的虚假宣传，规定经营者不得利用广告或者其他方法，对商品的质量、制作成分、性能、用途、生产者、有效期限、产地等作引人误解的虚假宣传。第 14 条规范商业诋毁，规定经营者不得捏造、散布虚伪事实，损害竞争对手的商业信誉、商品声誉。

三种与商业言论有关的不正当竞争行为，虽然构成要件各异，但民事责任则同一。根据《反不正当竞争法》第 20 条的规定，行为人的民事责任是一种对于受侵害的其他经营者的损害赔偿责任。司法实践中，经由援引民法通则的规定，不正当竞争的行为人还需承担停止不正当竞争行为的民事责任。❷

----

❶　此即反不正当竞争法一般条款的漏洞补充功能。谢晓尧：《在经验与制度之间：不正当竞争司法案例类型化研究》，法律出版社 2010 年版，第 84 页。

❷　例如，《最高人民法院关于审理不正当竞争民事案件应用法律若干问题的解释》明确提及其制定依据包括《民法通则》，其第 16 条明确提及停止侵害的法律责任。再如，《最高人民法院关于审理注册商标、企业名称与在先权利冲突的民事纠纷案件若干问题的规定》第 4 条也提到被诉企业名称侵犯注册商标专用权或者构成不正当竞争的，人民法院可以确定被告承担停止使用、规范使用等民事责任。

（三）特别行政法

多少有些令人意外的是，在通常被认为属于特别行政法的法律文件中，也有关于不当商业言论应当承担的民事责任的规定。

1. 广告法

首先是《广告法》（1994 年），作为一部专门调整一类商业言论的行政管理性法律，《广告法》中除了大量的管理性规范以及相应的罚则（关于行政责任的条款）之外，也有关于民事责任的规范。这就是该法第 38 条，根据该条，发布虚假广告，欺骗和误导消费者，使购买商品或者接受服务的消费者的合法权益受到损害的，广告主应当承担民事责任；广告经营者、广告发布者明知或者应知广告虚假仍设计、制作、发布的，应当依法承担连带责任。广告经营者、广告发布者不能提供广告主的真实名称、地址的，应当承担全部民事责任。社会团体或者其他组织，在虚假广告中向消费者推荐商品或者服务，使消费者的合法权益受到损害的，应当依法承担连带责任。

稍加分析可知，广告法设定的民事责任规范实际上包含了四种：其一，广告主对于消费者的民事责任（但并未说明是何种民事责任）；其二，广告经营者、发布者明知或应知时应当承担的连带责任；其三，广告经营者、广告发布者不能提供广告主的真实名称、地址之时应当承担的全部民事责任；其四，社会团体或其他组织作为代言人时承担的连带责任。细心的读者还会发现，这四种责任形式与《消费者权益保护法》第 45 条中规定的民事责任高度雷同。❶

2014 年的《广告法（修订草案）》征求意见稿对上述民事责任的规定并无大的修改，只将第四种责任中的主体由"社会团体或其他组织"修改为"广告荐证者"，将个人担任广告荐证者的情形也包含在内。

2015 年修订通过的《广告法》第 56 条规定了四种类型的民事责

---

❶ 一个比较明显的区别是措辞不尽相同，《消费者权益保护法》使用"赔偿"一词，而《广告法》则使用"民事责任"一词。似乎《广告法》的规定涵盖的责任范围更广一些。

任：其一，虚假广告的广告主对于消费者承担的责任；其二，广告经营者、发布者不能提供广告主的真实名称、地址和有效联系方式时，对于消费者应当承担的先行赔偿责任；其三，关系消费者生命健康的商品或者服务的虚假广告，造成消费者损害的，其广告经营者、广告发布者、广告代言人应当与广告主承担连带责任；其四，前款规定以外的商品或者服务的虚假广告，造成消费者损害的，其广告经营者、广告发布者、广告代言人，明知或者应知广告虚假仍设计、制作、代理、发布或者作推荐、证明的，应当与广告主承担连带责任。

可见，与1994年的广告法相比，2015年的修订扩张了相关主体承担民事责任的范围。表现在，广告代言人现在普遍需要承担民事责任，而以前只限于社会团体或其他组织作为代言人的情形；增加了对于关系消费者生命健康的商品或服务的虚假广告的特别规定（无过错的连带责任规定）。

2. 产品质量法

《产品质量法》（2000年修订）一般性的规定生产者的质量保证义务，其第26条规定：生产者应当对其生产的产品质量负责。产品质量要符合在产品或者其包装上注明采用的产品标准，符合以产品说明、实物样品等方式表明的质量状况。如有不符，或产品质量不符合在产品或者其包装上注明采用的产品标准的，根据第40条，销售者应当负责修理、更换、退货；给购买产品的消费者造成损失的，销售者应当赔偿损失。

《产品质量法》第43条规定了产品责任，因此与民法通则以及侵权责任法的规定产生重叠。该条规定：因产品存在缺陷造成人身、他人财产损害的，受害人可以向产品的生产者要求赔偿，也可以向产品的销售者要求赔偿。属于产品的生产者的责任，产品的销售者赔偿的，产品的销售者有权向产品的生产者追偿。属于产品的销售者的责任，产品的生产者赔偿的，产品的生产者有权向产品的销售者追偿。

《产品质量法》第40条是合同责任的规定，而第43条则是侵权责任的规定。

3. 食品安全法

《食品安全法》（2009 年）的任务是保障公众身体健康和生命安全，所运用的手段主要是行政性规制，但也存在私法规制的条款，例如该法第 96 条规定：违反本法规定，造成人身、财产或者其他损害的，依法承担赔偿责任。生产不符合食品安全标准的食品或者销售明知是不符合食品安全标准的食品，消费者除要求赔偿损失外，还可以向生产者或者销售者要求支付价款 10 倍的赔偿金。该条在逻辑上分成两个部分：其一，普通的损害赔偿责任，虽未指出究竟是违约责任，还是侵权责任，但应理解为两者皆有可能。其二，惩罚性赔偿责任，仅消费者可以主张，针对的情形是生产者生产不符合食品安全标准的食品，或销售者销售明知是不符合食品安全标准的食品。

2015 年《食品安全法》的修订扩展了民事责任的范围和程度，其第 148 条第 1 款确立了首负责任制，不论是生产者还是经营者，对于消费者的索赔必须先行赔付，不得推诿；属于生产者责任的，经营者赔偿后有权向生产者追偿；属于经营者责任的，生产者赔偿后有权向经营者追偿。此外，生产不符合食品安全标准的食品或者经营明知是不符合食品安全标准的食品，消费者除要求赔偿损失外，还可以向生产者或者经营者要求支付价款 10 倍或者损失 3 倍的赔偿金；增加赔偿的金额不足 1 000 元的，为 1 000 元。但是，食品的标签、说明书存在不影响食品安全且不会对消费者造成误导的瑕疵的除外。

二、现行规范体系的内在结构

以上所梳理的有关不当商业言论的现行规范体系中所涵盖的民事责任可分为两大类，即合同责任（包括类合同责任）与侵权责任，其中，后者包含了不正当竞争的民事责任，由于不正当竞争的民事责任的构成要件具有相对独立性，以下将之单列。

（一）合同责任与类合同责任

显见的是，这些规定集中于合同法中，合同责任即违约责任，本书使用"类合同责任"这一术语用来指称与合同相关，但又并非违约责任的其他种类的民事责任，❶ 主要是无效合同的法律责任（也包括可撤销合同被撤销之后的法律责任），以及缔约过失责任。不论是合同责任还是类合同责任，其前提都是曾经有合同存在或至少曾经进入合同磋商、谈判阶段。

（二）侵权责任

不同于合同责任，在侵权责任的情形，并不存在合同。更准确的说，是该责任并不依赖于合同的存在。《民法通则》以及侵权责任法中针对侵犯名誉权和隐私权的规定就是典型的关于不当商业言论的侵权责任的例子。此外，在《民法通则》、侵权责任法以及产品质量法中均有规定的产品责任也属于此。通常将后者理解为一种特殊侵权责任，而与之相对，前述侵犯名誉权与隐私权的侵权责任则是一般的侵权责任。

（三）不正当竞争的民事责任

不正当竞争的民事责任是一种特殊的侵权责任，这从责任双方之间并无合同关系（并不依赖于合同的存在）可以看出来。不正当竞争的民事责任，其特殊之处在于此类责任产生于市场竞争之中，因此大多数法院在司法实践中均要求原告与被告之间需要存在竞争关系。此类责任的原告范围受到限制，毋宁说其仅仅是特定原告的救济法，仅仅受侵害的经营者才可以作为原告提起诉讼并追究被告的民事责任。此外，此类责任的特殊之处还在于原告往往并没有一个可以称得上是权利的东西，因此，反不正当竞争法也常常被视为是保护特定法益的特别侵权法，❷ 以

---

❶ 在与责任对峙的请求权的意义上，梅迪库斯曾经使用过"类合同请求权"这样的概念，用来指称合同请求权相近的请求权，包括基于缔约过失的请求权与基于无因管理的请求权。前者与在缔约阶段人的接触相联系，后者则需要借助于委托法中的特定前提。［德］迪特尔·梅迪库斯：《请求权基础》，陈卫佐、田士永、王洪亮、张双根译，法律出版社 2012 年版，第 109 页。

❷ 反不正当竞争法的保护客体是法益，即通过禁止性条款或一般条款制止不正当竞争行为直接或间接保护多种主体的法益，并不创设完全独占权。郑友德、胡承浩、万志前："论反不正当竞争法的保护对象——兼评'公平竞争权'"，载《知识产权》2008 年第 5 期。

及——由于该特别法益往往与知识产权相关——知识产权保护的补充法或兜底法。❶

（四）存在的问题

由于并无明确规定，特别私法与特别行政法中所规定的民事责任的性质以及构成要件令人费解，这是一个棘手的问题。例如，在消费者权益保护法以及广告法中，经营者对消费者的民事责任，各包含数种情形，但并未说明究竟属于何种责任，引发争议；此外，消费者权益保护法以及食品安全法中的惩罚性赔偿，也有责任性质的争论，对这些问题，我将在下文予以讨论。

三、对现行规范体系的初步评析

如前所述，现行规范体系的第一个问题就是在某些特别私法与特别行政法中，某些责任规范未能给出明确的指引。甚至在消费者权益保护法、广告法、食品安全法新近陆续（其中，消费者权益保护法是 2013 年，后两者则是 2015 年）修订后仍未能做到这一点。对这些责任的性质及其构成要件的分析，这一任务只能留待判例和学理去完成。

这一问题也可以表述成是立法上的语焉不详，或者说是立法的懈怠。例如消费者权益保护法和食品安全法中的惩罚性赔偿究竟是何性质，其构成要件如何？条文本身并无明确的结论。类似的，广告法和消费者权益保护法中的经营者（广告主）因虚假宣传导致消费者合法权益受损而应承担的赔偿责任（或民事责任）究竟是何性质，构成要件为何？条文本身也未给出明确的指引。考虑到这一责任乃是广告经营者、发布者以及广告荐证者承担连带责任的基础，这一立法上的语焉不详或者懈怠更加令人难以忍受。这也可以说是我国现行立法中普遍存在的忽视逻辑以及无视体系的一个倾向。

第二个问题则是不必要的重复以及大部重复之外存在的微小差异给

---

❶ 郑成思："反不正当竞争——知识产权的附加保护"，载《知识产权》2003年第 5 期。

公众带来的困惑。这样的例子有两个。

第一个例子就是产品责任，在《产品质量法》第41条中，产品责任（赔偿责任）限于他人的人身以及缺陷产品以外的其他财产。而在《侵权责任法》第41条，因缺陷产品造成"他人损害"的，需承担侵权责任。"他人损害"这一措辞，似乎已经变更了产品质量法中产品责任的赔偿范围不包括缺陷产品本身这一立场。

第二个例子则是经营者（广告主），广告经营者、发布者以及广告荐证者对于消费者承担的责任。如前已述，消费者权益保护法与广告法中的规定存在大面积的重复。然而，也有一些差异，即消费者权益保护法中所使用的措辞是"赔偿责任"，而在广告法中则使用"民事责任"的措辞。这两者之间有无实质性的差别，有待积累更多的司法判例才能看出来。

第三个问题实际上与第一个问题有些类似。现行规范体系中的某些条文似乎更像是一种宣示与告白，而不是要产生法律效力的规范。循环相因，由于条文看起来像是宣示与告白，法院以及社会公众也更倾向于将之作为宣示性、告白性的规定，而非实心实意要予以执行的条款。这方面的例子首先是《消费者权益保护法》第23条规定的经营者的"如实陈述"义务，由于并无后续的责任规定，这一经营者的义务极易流于形式；此外还有《广告法》第47条第（3）项，该项规定广告主、广告经营者、广告发布者贬低其他生产经营者的商品或者服务的，依法承担民事责任。但对于依何法？何为贬低其他生产经营者的商品或服务？与《反不正当竞争法》第14条（商业诋毁）的适用关系为何？广告主与广告经营者、发布者的承担责任的基础是否应有所区别等问题，均未置一词，从而基本上使得该条款成为具文。

第二节　不当商业言论的合同责任
以及类合同责任

不当商业言论，损害的对象既包括消费者，也包括经营者，在经营者中，既包括竞争者，通常是同行业竞争者，也包括其他经营者，例如上下游经营者，以及最纯粹的、与之没有任何关系的其他经营者。因此，讨论不当商业言论的私法责任，既包括对于消费者的私法责任，也包括对于经营者的私法责任，其中，后者还可以细分为对于竞争者的私法责任以及对于其他经营者的私法责任。

不当商业言论行为人对于竞争者的私法责任，由反不正当竞争法规范，所承担的是不正当竞争的民事责任，我们也将不正当竞争的民事责任理解为特别的侵权责任。对于消费者的责任以及对于其他经营者的责任，则除了侵权责任之外，合同责任也常见。

合同责任即指违约责任，但在扩张的意义上，也包括因合同无效、可撤销所引发的责任以及缔约过失责任。本文称其为类合同责任。不当商业言论，尤其是不当的商业广告，通常发生在订立合同之前，❶ 因此，所引发的多为合同无效、可撤销所引发的责任，违约责任相对少见。

特别法也常常对不当商业言论的民事责任作出规定，因此，当某一行为，满足特别法上的构成要件时，将引发特别法规范的适用问题，例如消费者权益保护法以及广告法中关于经营者对于消费者应当承担的责任的规定，但特别法又未指明该等民事责任的性质，即，究竟是属于违约责任还是侵权责任，或是它种民事责任，引发规范适用上的困难。因此，下一章将分析所涉及的这些责任规范的性质。

特别法也常常创设惩罚性赔偿责任，在不当商业言论上，《消费者权益保护法》（2013 年）第 55 条所规定的惩罚性赔偿以及《食品安全法》（2015 年）第 148 条规定的惩罚性赔偿责任具有重要意义。但与上一段所指明的一样，特别法本身并未指明这些惩罚性赔偿依据的责任之性质，即究竟是属于违约责任还是侵权责任，或是它种民事责任，引发规范适用上的困难。因此，下文也将分析所涉及的这些惩罚性赔偿规范的性质。

---

❶ 《合同法》第 15 条规定商业广告的内容符合要约规定的，视为要约。可资说明。

以下讨论三种主要的情形：一种为无效合同、可撤销合同的责任，一种是违约责任；还有一种是缔约过失责任。在讨论了三种责任之后，会讨论特别法中的惩罚性赔偿责任，包括消费者权益保护法中的惩罚性赔偿责任以及食品安全法中的惩罚性赔偿责任。

一、无效合同、可撤销合同的民事责任

检索我国《民法通则》与合同法有关无效民事行为、可撤销民事行为以及无效合同、可撤销合同的规定，可见：《民法通则》第58条列举了7种无效民事行为的情形，其中包含了意思表示形成过程中具有欺诈、胁迫、乘人之危因素的情形。《民法通则》第59条规定：下列民事行为，一方有权请求人民法院或者仲裁机关予以变更或者撤销：（1）行为人对行为内容有重大误解的；（2）显失公平的。

《合同法》第52条列举了无效合同的5种情形，这5种情形与《民法通则》第59条的7种情形存在某些差异，即一方以欺诈、胁迫手段订立的合同，仅在损害国家利益时才无效。《合同法》第54条规定，下列合同，当事人一方有权请求人民法院或者仲裁机构变更或者撤销：（1）因重大误解订立的；（2）在订立合同时显失公平的。又，一方以欺诈、胁迫的手段或者乘人之危，使对方在违背真实意思的情况下订立的合同，受损害方有权请求人民法院或者仲裁机构变更或者撤销。

综合《民法通则》和《合同法》的规定来看，由于很少有涉及国家利益的情形，就不当商业言论而言引发的无效或可撤销合同责任而言，主要是可撤销的合同责任，无效合同责任少见。不过，不论是无效合同责任，还是可撤销合同被撤销之后的责任，其责任方式则同，根据《合同法》第58条，均是返还责任或折价补偿（在不能返还或者无必要返还的情形）以及有过错方的赔偿责任。

又，可撤销合同主要是包含以下几种情形：因重大误解订立的合同、订立时显失公平的合同、因欺诈订立的合同、因胁迫订立的合同，以及乘人之危订立的合同。其中，对于不当商业言论而言，特别值得重视的是因欺诈订立的合同以及因重大误解订立的合同。

（一）因欺诈性陈述而订立的合同

欺诈，在我国台湾地区"民法"称之为"诈欺"。通说认为："民法"中的诈欺需要四个构成要件，即，须有诈欺的故意，须有诈欺行为，须表意人因诈欺行为而陷于错误，表意人陷于错误与意思表示间，有相当因果关系。❶ 我国大陆学者也有类似见解，认为构成欺诈需要具备以下要件：须有欺诈行为；须使对方陷入错误认识并订立合同；须有欺诈的故意；已成立的合同对受欺诈人重大不利。❷《最高人民法院关于贯彻执行〈中华人民共和国民法通则〉若干问题的意见（试行）》对欺诈作了解释，一方当事人故意告知对方虚假情况，或者故意隐瞒真实情况，诱使对方当事人作出错误意思表示的，可以认定为欺诈行为。❸

学理上，将因欺诈而作出的意思表示归入意思表示形成瑕疵的范畴。这是与意思与表示不一致对置的一个概念。后者即是"意思的分离"，通常包含游戏表示、真意保留、虚假的意思表示和表示错误这四种类型。❹ 而前者所处的阶段不同，是在意思形成阶段，谓意思赖以降生的根据不圆满，德国法上将这种意思赖以降生的根据上的不圆满划分为三种类型，即受诈欺的意思表示，受胁迫的意思表示以及重要性质错误的意思表示。❺

误导性宣传与欺诈性陈述的区别在于：前者不需考虑表意人的主观状态，只依相对人是否误解即可定之，后者需考虑表意人的主观状态，即须有诈欺的故意。当作出误导性宣传的人的主观状态为故意时，该误导性宣传同时构成欺诈性陈述，订立合同的受欺诈方可以据此主张撤销合同，并要求欺诈方承担合同被撤销之后的法律责任。需指出的是，因欺诈而订立的合同，受欺诈方的撤销权有除斥期限，根据合同法的规

---

❶ 陈聪富：《民法概要》，元照出版有限公司 2006 年版，第 45 页。

❷ 陈小君主编：《合同法学》，中国政法大学出版社 2007 年版，第 55 页。

❸《最高人民法院关于贯彻执行〈中华人民共和国民法通则〉若干问题的意见（试行）》第 68 条。

❹ 龙卫球：《民法总论》，中国法制出版社 2001 年版，第 547 页。

❺ 同上书，第 561 页。

定，这一期限是自知道或者应当知道撤销事由之日起 1 年内。

在一则房产广告导致的买卖合同纠纷案例中，被告在楼房尚未建成前，曾多次推出售楼广告，声称"买××花园一处住宅，便可拥有一片面积为 140 ㎡ 的绿地"。原告李某见到该广告后，十分动心，遂于 4 月 5 日找至被告售楼办公室了解详情，被告工作人员为其出示该楼及周围环境的设计图，并指出待楼房盖成后，准备在楼房周围修置约 500 ㎡ 的草坪花园。原告看后，感到满意，当场便与被告签订合同。同年 5 月 10 日，原告按合同规定向被告交付了 5 万元的定金（总价款的 10%）。同年 12 月 1 日，被告向原告交付楼房时，原告发现周围仅有 50 ㎡ 的空地且尚未绿化，遂拿着被告所作的广告与被告交涉。被告提出，合同中并未规定上述广告的内容，被告不负有提供绿地的义务。原告因交涉未果，遂提起诉讼，要求解除合同，并要求被告双倍返还定金并赔偿损失。

王利明先生认为，本案中原告、被告订立的合同属于因受欺诈而订立的合同。其根据在于：第一，被告确有欺诈的故意。所谓欺诈的故意，是指欺诈的一方明知自己告知对方的情况是虚假的且会使被欺诈人陷入错误认识，而希望或放任这种结果发生。本案中被告在作广告时，明知其所作广告中有不实成分而仍然故意为之，因而确有欺诈故意。第二，被告实施了欺诈行为。欺诈行为主要包括两种：故意告知虚假情况和故意隐瞒真实情况。本案中，被告明知其不会在房屋周围修置草坪而在传媒上作出购房即可同时拥有绿地的虚假广告，并在原告去其处了解详情时仍强调楼房盖成后将会有草坪花园，可见，被告向原告告知了与事实完全不符的虚假情况。第三，原告因受欺诈而陷入错误，并作出不真实的意思表示。本案中，由于被告的欺诈行为，原告误以为真，以为楼房周围确会有草坪而与被告订约，如果没有被告的欺骗行为，原告是不会与被告订立合同的。可见，被告所实施的欺诈行为与原告和被告订

立的合同之间有因果联系。❶

但是，大多数的案例，尤其是与上述案例类似的商品房销售合同的案例未能遵守上述欺诈规则。这与欺诈的内容往往不在合同的最终约定之中有关。在王某与浙江保利房地产开发有限公司房屋买卖合同纠纷案中，❷ 被告制作的保利·江语海楼书和广告牌上，有"三号楼 85～120m² 全一线江景公馆火热预约""绝版一线江景小户型 3 号楼即将压轴礼献""全江景小户型完美收官三号楼压轴钜献"等内容。2011 年 1 月 6 日，原告与被告签订商品房买卖合同，所购买的是三号楼房屋一套（建筑面积 89.7m²）。同日，原、被告还签订了合同补充协议，约定买卖双方之间的权利义务以商品房买卖合同及其附件为准。广告及各类宣传资料均为要约邀请。补充协议系商品房买卖合同的组成部分。

原告认为，其系基于被告"绝版一线江景小户型"宣传的诱惑，而购买三号楼某房屋。岂料被告事后开盘的 4～6 号楼，每套销售面积仅 56～87m²，而先前售罄的 1～3 号楼反而成为大户型。这样就直接导致小区住户增多，人口密度增大，公共资源人均份额减少，"高尚江景住宅小区"沦为"经济适用房"，其内在价值大为减损。被告的虚假宣传已构成欺诈，且该虚假广告对原告购买案涉房屋有重大影响并造成损失。根据《最高人民法院关于审理商品房买卖合同纠纷案件适用法律若干问题的解释》第 3 条，被告的广告宣传已构成合同的内容，被告已违约，应承担违约责任。请求被告赔偿原告损失。

法院认为：一方面，原、被告所订房屋买卖合同，并未就原告所购房屋是否系"绝版一线江景小户型"房屋作出约定。另一方面，原、被告在补充协议中又约定，广告及各类宣传资料均为要约邀请。因此被告在楼书等媒介上关于"绝版一线江景小户型 3 号楼即将压轴礼献""全江景小户型完美收官三号楼压轴钜献"等广告宣传内容并不构成合同内容，不能对原、被告产生法律拘束力。上述这些广告宣传内容，并未就

---

❶ 王利明："不实广告与欺诈"，载 http://www.civillaw.com.cn/article/default.asp?id=9842，2013 年 7 月 21 日最后访问。

❷ 杭州市江干区人民法院（2012）杭江九民初字第 124 号民事判决。

原告所购房屋所在小区的居住人口、小区景观、小区道路、停车场等基础设施作出说明和具体允诺，并不能构成对原、被告订立商品房买卖合同以及原告所购房屋价格的确定产生重大影响。因此，上述广告宣传内容并不属于《最高人民法院关于审理商品房买卖合同纠纷案件适用法律若干问题的解释》第3条规定的应当视为要约的广告内容，亦即不能对原、被告产生法律拘束力。因此判决驳回原告诉请。原告提起上诉，二审维持原判。

该案原告认为广告宣传构成要约，其诉请是要求被告承担违约责任，未能得到法院支持。设若原告当初主张因欺诈而撤销合同，不知法院如何判决？该案原告选择违约作为诉由，被一、二审法院驳回诉请。❶如果该案原告提起撤销合同之诉，结果也许不同。被告不实宣传的事实非常明显，衡诸合同法关于欺诈的规定，满足有欺诈的故意，有欺诈的行为，相对人因欺诈陷入错误认识，基于错误认识作出意思表示四个要件，应属于欺诈，原告可以主张撤销合同，并要求被告承担损害赔偿责任。

在张某诉北京合力华通汽车服务有限公司买卖合同纠纷案中，❷原告张某从被告北京合力华通汽车服务有限公司（简称合力华通公司）购买上海通用雪佛兰景程轿车一辆，双方签有《汽车销售合同》。合同签订当日，张某向合力华通公司交付了购车款，同时支付了车辆购置税、一条龙服务费、保险费。同日，合力华通公司将雪佛兰景程轿车一辆交付张某，张某为该车办理了机动车登记手续。后张某发现该车曾于销售前进行过维修。合力华通公司称，对于车辆曾进行维修之事已在销售时明确告知张某，并据此予以较大幅度优惠。但张某明确予以否认。

北京市朝阳区人民法院判决撤销张某与合力华通公司签订的《汽车销售合同》；张某于判决生效后7日内将其所购的雪佛兰景程轿车退还

---

❶　当然，法院是否应当向原告释明，本案还可以主张撤销合同，这是另外一个话题。

❷　最高人民法院指导性案例17号，原审案号为北京市朝阳区人民法院（2007）朝民初字第18230号。

合力华通公司；合力华通公司于判决生效后 7 日内退还张某购车款、购置税、服务费以及保险费；合力华通公司于判决生效后 7 日内加倍赔偿张某购车款。最高人民法院将此案作为指导性案例时归纳的裁判要点指出：汽车销售者承诺向消费者出售没有使用或维修过的新车，消费者购买后发现系使用或维修过的汽车，销售者不能证明已履行告知义务且得到消费者认可的，构成销售欺诈，消费者要求销售者按照消费者权益保护法赔偿损失的，人民法院应予支持。据笔者所见，这也是明确消费者权益保护法中的惩罚性赔偿可以随同可撤销合同之撤销（而非因违约而解除）而发生的案例。

在张某某诉河南华润万家生活超市有限公司洛阳辽宁路分公司虚假宣传纠纷案中，❶ 原告在被告处购买了 40 根在促销期内的原价 17.6 元而促销价 13.8 元的"得利斯无淀粉火腿肠"。其后，原告获悉被告的实际优惠幅度与其广告宣传中的差距极大，遂向洛阳市涧西区发改委举报，该部门认定被告在本次活动中采用价格欺诈行为获取非法利润，并对其作出 5 000 元罚款。法院认为，国家价格主管部门认定了被告在销售本案所涉产品时存在价格欺诈行为，并依法作出了罚款决定，被告也未依法对该行政处罚提出异议，故对被告存在价格欺诈行为的事实予以认定。原告有权退回所购产品并要求等同于购物款的赔偿。现原告已经对其所购产品食用完毕，客观上不能退货，故被告应按照购物款的数额向原告进行赔偿。该案法院认为原告有权退货（退货一般理解为解除合同），因客观上无法退货（所购产品已经食用完毕）而判决退款，在逻辑上存在问题，该案的虚假宣传行为实际上发生于合同订立之前，似以明确原告可以撤销合同为更好。

（二）因误导性宣传而订立的合同

我国《合同法》第 54 条所规范的因重大误解而订立的合同，在传统民法中另有表述，即因"错误"而成立的法律行为。我国台湾地区"民法"第 88 条规定："意思表示之内容有错误，或表意人若知其事情

---

❶ 洛阳市涧西区人民法院（2011）涧民四初字第 180 号民事判决书。

即不为意思表示者，表意人得将其意思表示撤销之。但以其错误或不知情，非由表意人自己之过失者为限。当事人之资格或物之性质，若交易上认为重要者，其错误，视为意思表示内容之错误。"

台湾地区学者对于错误的类型有过分析，比较常见的，是将错误分成意思表示内容错误、表示错误以及动机错误。所谓内容错误，是指表意人误认了表示行为的客观意义；在表示错误的情形，表意人并没有误认表示行为的客观意义，但在意思表示时，误用了表示的方法；动机错误，则是表意人形成意思表示的原因上的错误。❶ 我国台湾地区"民法"第 88 条之规定，应解为包括内容错误与表示行为错误，而不包括动机错误。也就是说，动机错误，原则上不在可撤销之列。❷ 例如预测商品房将成为某重点学校学区，将来房价将要上涨而购入商品房者，嗣后该商品房并未划入学区，不得因此撤销合同。

在我国大陆，所谓重大误解，根据《最高人民法院关于贯彻执行〈中华人民共和国民法通则〉若干问题的意见（试行）》第 71 条的解释，是指行为人因对行为的性质、对方当事人、标的物的品种、质量、规格和数量等的错误认识，使行为的后果与自己的意思相悖，并造成较大损失的。可见，与我国台湾地区不同的是，我国最高司法机关是以列举具体事例的方式来定义重大误解，并且明确造成较大损失是判断误解是否"重大"的标准。将大陆司法机关的解释与我国台湾地区"法律"规定以及学理解释做一对比，可知，大陆司法机关明确列举的对于行为性质、对方当事人以及标的物的品种、质量、规格、数量等的错误认识，涵盖了内容错误以及表示行为错误，但似乎并未包含传统上认为属于动机错误的情形。将之与因欺诈而订立的合同作对比，可知欺诈与重大误解可以竞合。其效果是，表意人可以同时主张因欺诈订立合同与因重大误解订立合同。

另外，最高人民法院的解释中似乎并未强调表意人无过失这一要

---

❶ 陈聪富：《民法概要》，元照出版有限公司 2006 年版，第 43~44 页。

❷ 李淑明：《民法总则》，元照出版有限公司 2011 年版，第 146 页。

件，但也并未强调错误是因表意人的过失所造成。学界通说认为，重大误解的构成要件包括：表意人因为误解作出了意思表示，表意人对合同的内容等发生了重大误解，误解是由于误解方的过失造成的（这一点刚好与台湾地区"民法"的规定相反，后者是要求错误之发生非由表意人自己之过失者），误解是误解一方的非故意的行为。❶

前述学界通说，其理论根据是虽然表意人对于错误的发生有过失，但鉴于该错误对于表意人造成的损失较大，衡诸表意人（陷入错误认知者）的利益与相对人的利益（交易安全的利益），更应该保护表意人的利益，因此赋予表意人撤销权。既然如此，在表意人对于错误的发生并无过失之时，表意人的利益更值得保护，因此，本文不采学界通说。本人所采的观点是，不论表意人对于错误的发生有无过失，均可行使撤销权。这一观点其实与字面意义上理解最高人民法院的司法解释是一致的。在该解释中，仅单纯指出表意人陷入错误，并未附加表意人有无过失的限定。

在不当商业言论的情形，特别是在违法标识或者不当标识的情形，以及在欺诈性陈述与误导性宣传的情形，相对人可能基于重大误解，撤销已经成立的合同。举例而言，商品房销售者未明示其所销售的究竟是酒店式公寓，还是普通住宅，事实上是酒店式公寓，购买者误以酒店式公寓为普通住宅，事后才发现并非如此，当可撤销合同。就商品房销售者并未明示房屋的类型甚且暗示该商品房具有一切普通住宅的功能而言（此一问题在房屋买卖中当属重大），其广告宣传可构成误导性宣传。又如，保健品包装和说明书上标明"本品可以改善高血压症状"字样，此种标识本身违反了食品标识"不得明示或暗示具有预防和治疗疾病作用"的规定，属于违法标识，消费者误以为真，予以购买，事后发现并无此功能，当可撤销合同。

---

❶ 王利明、房绍坤、王轶：《合同法》，中国人民大学出版社 2002 年版，第 174~175 页。类似见解认为构成重大误解须具备：有意思表示的成立，表示行为与效果意思不一致，为表意人所不知或误认并归责于自己。崔建远主编：《合同法》，法律出版社 2003 年版，第 78 页。

前已述，欺诈性陈述，行为人主观上具有欺诈的故意，而误导性宣传的要害不在于宣传的虚假，而在于宣传的误导性，因此，必定有一部分人产生实际的误解。若该误解在法律评价上达到重大的程度，不论是基于作出商业言论的人的原因，还是因表意人自己的原因造成误解，根据合同法的规定以及前述最高人民法院的司法解释，表意人可以主张撤销该合同。在违法标识以及不当标识的情形，表意人对于标识的内容产生误解，不论是基于作出商业言论的人的原因，还是归因于表意人自己，若该误解在法律评价上达到重大的程度，根据合同法的规定以及前述最高人民法院的司法解释，表意人也可以主张撤销该合同。需指出的是，表意人的撤销权有除斥期限，根据合同法的规定，这一期限是自知道或者应当知道撤销事由之日起 1 年内。

在路××诉胡××特定物古董买卖合同纠纷案中，❶ 原告向被告售出一尊千手观音佛像，原告称之为碧玉千手观音佛像，欠条中千手观音佛像的名称也明确表述为碧玉千手观音一尊，原告在回答法庭提问中也明确表示佛像是碧玉的。现经鉴定，千手观音佛像材质的主要成分是大理石，且鉴定报告书明确表述，石佛像有现代做旧痕迹，为现代仿品。在交易中，被告虽验看了实物，但原告的明确说明足以影响被告的选择。不论原告是否故意欺诈，客观上大理石与碧玉无论是在品质或价格上均有巨大差异，直接关系当事人的订约目的和重大利益，故应当认定被告在订立合同时对碧玉千手观音佛像的材质的误解属于重大误解。因而被告反诉请求撤销该部分合同并相互返还的诉请，法院予以支持。从该案例可知法院在判断构成重大误解时并未要求表意人（陷入错误认识的人）主观上须有过失，正相反，本案是相对人（作出商业言论的人）有过失。同时，该案也显示了因欺诈而导致可撤销与因重大误解导致可撤销之间可能存在竞合关系。

综合以上两种情形，可知：就我国广告法等立法文件中通常所用的措辞"虚假宣传"或"虚假广告"而言，如宣传者主观状态是欺诈的

---

❶　江苏省南京市白下区人民法院（2011）白民初字第 2694 号民事判决书。

故意，相对方陷入错误认识，经常可以主张因欺诈订立的合同而撤销；若宣传者主观状态是过失或无过失，相对方陷入误解，不论是否可以归因于相对方自己，相对方都可以依重大误解主张撤销合同。

关于可撤销合同的法律责任。根据《合同法》第58条，等同于无效合同的民事责任，任一方当事人都可以主张返还财产，无法返还或者没有必要返还的，可以折价补偿，有过错的一方还需要承担赔偿责任。

二、违约责任

林林总总的商业言论，就其与合同的关系而言，可分为两种情形，即有一些发生于合同订立之前，有一些则发生在合同履行过程中。合同履行过程中的商业言论，可能引发违约责任，是理所当然的；即便是发生于合同订立之前的商业言论，也可能导致违约责任的承担。根据合同法的规定，违约责任的承担方式有：继续履行，支付违约金或损害赔偿以及解除合同等。❶ 在由于除斥期间经过导致无法行使撤销权的情形，合同解除权具有重大的意义。

（一）合同订立之前的不当商业言论引发的违约责任

合同订立之前的商业言论，最常见的例如商业广告或其他形式的商业宣传。这类商业言论，依其本意，一般发生在合同订立之前，合同法理论上，通常将此定性为要约邀请，除非嗣后成立的合同包含了商业广告的内容，否则，不当然视为合同的内容。因此，通常情况下不至于成为承担违约责任的事由。但也有例外，当商业广告内容足够具体明确，以至于足已被认定为是要约时，嗣后成立的合同就包含了商业广告的内容，如发现真实情况与广告宣传不符，自然也可以依此主张违约责任。总结而言，广告宣传等前合同的商业言论，可以通过两个途径，成为合同的内容，其一是事后订入合同条款，其二是广告宣传本身被认定为是要约，经由承诺随即成为合同的内容。

《合同法》第15条规定：要约邀请是希望他人向自己发出要约的意

---

❶ 《合同法》第94条、第107条、第114条。

思表示。寄送的价目表、拍卖公告、招标公告、招股说明书、商业广告等为要约邀请。商业广告的内容符合要约规定的，视为要约。《最高人民法院关于审理商品房买卖合同纠纷案件适用法律若干问题的解释》第3条在商品房销售领域细化了《合同法》第15条关于广告构成要约的情形。其规定：商品房的销售广告和宣传资料为要约邀请，但是出卖人就商品房开发规划范围内的房屋及相关设施所作的说明和允诺具体确定，并对商品房买卖合同的订立以及房屋价格的确定有重大影响的，应当视为要约。该说明和允诺即使未载入商品房买卖合同，亦应当视为合同内容，当事人违反的，应当承担违约责任。

在俞××等诉上海新黄浦置业股份有限公司商品房预售合同案中，❶新黄浦置业为销售房屋，在各种媒体上登载"业主子女享受免试入学、义务教育收费"广告。俞××于2001年与新黄浦置业签订了商品房出售合同。俞××子女与新黄浦实验学校办理入学手续时，却被告知必须按民办小学的标准收费，俞××等遂向法院提起诉讼，请求判令新黄浦置业全面履行合同，按"义务教育学校收费标准"接纳俞××进入新黄浦实验学校处就读。一审法院上海市普陀区人民法院认为：尽管新黄浦集团作出的上述广告未在原新黄浦置业之间签订的商品房预售合同内载明，然而基于该广告内容中明确受益对象为平江小区的业主，而无购房时间上的限制，参照上述规定，该广告内容应视为合同内容，故该承诺对平江小区购置商品房的业主均发生效力。平江小区购房业主的子女应享有在上海市民办新黄浦实验学校处就读，并享受公办义务教育的权利。遂判决：上海新黄浦置业股份有限公司应全面履行合同，由上海市民办新黄浦实验学校按"义务教育学校收费标准"接纳俞××就读。二审维持原判。

仍以前述王某诉浙江保利房地产开发有限公司房屋买卖合同纠纷案为例，该案一审法院认为：原被告所签的房屋买卖合同并未就原告所购

---

❶　上海市第二中级人民法院（2007）沪二中民二（民）终字第361号民事判决书。

房屋是否系"绝版一线江景小户型"作出约定；且原被告在补充协议中又约定，广告及各类宣传资料均为要约邀请，上述宣传用语不属于《最高人民法院关于审理商品房买卖合同纠纷案件适用法律若干问题的解释》第3条规定的应当视为要约的广告内容，不能对原被告产生拘束力。❶

原告不服，提起上诉，认为上述楼书中的宣传具体明确，应当视为要约，即使没有载入买卖合同，也应当视为合同内容。二审法院认为，楼书等媒介上的上述宣传用语并未对原告所购房屋所在小区的居住人口、小区景观、小区道路、停车场等基础设施作出说明和具体允诺，也不会对原告与被告订立房屋买卖合同以及房屋价格的确定产生重大影响，故驳回上诉、维持原判。❷

比较上述两案判决，上海法院以《最高人民法院关于审理商品房买卖合同纠纷案件适用法律若干问题的解释》第3条规定为依据，认定广告宣传的内容足够具体明确，可以成为合同的内容；杭州的一审法院以"原被告在补充协议中又约定，广告及各类宣传资料均为要约邀请"为理由认定广告宣传的内容不属于合同约定，本书认为这是不妥的。因为，如若这样，《最高人民法院关于审理商品房买卖合同纠纷案件适用法律若干问题的解释》第3条规定的目的将非常容易完全落空。杭州的二审法院认识到这一问题，故在二审判决理由未再坚持此点，而是认为广告宣传的内容不够具体明确，也不会对合同订立与否以及房屋价格产生重大影响，故无从成为合同的内容（当然，这一点仍是有争议的）。

（二）合同履行中的商业言论引发的违约责任

首先，是那些在合同中明确约定的商业言论引发的违约责任。例如，在商业诋毁的情形，许多合同都规定合同一方不得贬低、诋毁合同另一方的商业信誉，如在合同履行过程中，一方有贬低或者诋毁另一方的情形，则构成违约，受害方可以主张施害方承担违约责任。

---

❶ 浙江省杭州市江干区人民法院（2012）杭江九民初字第124号民事判决书。
❷ 浙江省杭州市中级人民法院（2012）浙杭民终字第1799号民事判决书。

另外一些商业言论，例如标识、说明书类商业言论，附着于商品本身，作为商品的描述而存在；这些商业言论与经营者在合同履行过程中对于合同相对人作出的说明、解释和承诺一样，理论上和实务上均将其视为在合同履行过程中的商业言论，因此可以作为经营者承担违约责任的基础。特别要提及的是在双方没有书面合同的情形，标识类、说明书类的合同更加容易被当成双方之间合同的组成部分。例如，在违法标识或者不当标识的情形，如果标识对于商品的质量、产地、性能、销售条件等做出陈述，事后发现经营者的行为与该陈述不符时，相对方可以主张经营者构成违约，要求其承担违约责任。

须注意的是，1993 年的《产品质量法》第 28 条规定，售出的产品有下列情形之一的，销售者应当负责修理、更换、退货；给购买产品的用户、消费者造成损失的，销售者应当赔偿损失：（1）不具备产品应当具备的使用性能而事先未作说明的；（2）不符合在产品或者其包装上注明采用的产品标准的；（3）不符合以产品说明、实物样品等方式表明的质量状况的。销售者依照前款规定负责修理、更换、退货、赔偿损失后，属于生产者的责任或者属于向销售者提供产品的其他销售者（以下简称供货者）的责任的，销售者有权向生产者、供货者追偿。2000 年修正《产品质量法》对于该条文基本未作改动。该条文所规定的不符合以产品说明等方式表明的质量状态，不符合在产品或者包装上注明采用的产品标准，不具备应当具备的使用性能而事先未作说明，皆属于质量未能达到商业言论所宣称之水准的情形。该条所采取的解决方式，其实就是令销售者承担合同违约责任。❶

但该条文存在实务上操作困难的问题。何谓"不具备应当具备的使用性能"？语意模糊，不便操作，学理上解释，似应解为"不满足或未达到通常的质量标准"；此外，该条文第（2）～（3）项面对的情形均是产品质量未能达到商业言论所宣称的水准的情形，但是，若生产者、销售者根本不为上述商业言论，则是否还需承担上述责任，对于这种情

---

❶　《合同法》第 107 条、第 111 条可资参照。

形，产品质量法未予规定。从而使得该法的执行效果大打折扣。幸亏有第（1）项之规定，聊作弥补，但从立法论上看，仍应当明确，在违背了强制性法律义务，拒不作出商业言论的情形（以不作为的方式违反法律义务），如果产品质量未能达到国家标准，或通常应当具备的标准时，销售者仍应承担产品质量法所规定的修理、退货、换货责任以及损害赔偿责任。

类似的规定，在《消费者权益保护法》第 23 条第 2 款也有体现。该款规定：经营者以广告、产品说明、实物样品或者其他方式表明商品或者服务的质量状况的，应当保证其提供的商品或者服务的实际质量与表明的质量状况相符。根据该法第 24 条，经营者提供的商品或者服务不符合质量要求的，消费者可以依照国家规定、当事人约定退货，或者要求经营者履行更换、修理等义务。

产品质量法以及消费者权益保护法所规定的销售者或经营者的修理、退货、换货责任以及损害赔偿责任属于违约责任的范畴。理由是：消费者和销售者之间存在合同关系，修理、退还与换货是典型的违约责任的承担方式。其中，退货属于解除合同的范畴，而修理、换货属于采取其他补救措施的范畴。顺便指出，《产品质量法》该条第 2 款规定的销售者的追偿权仍应理解为属于违约责任的范畴。

三、缔约过失责任

缔约过失责任，是指在合同订立过程中，一方因违背其依据诚实信用原则和法律规定的义务致另一方的信赖利益的损失时所应承担的损害赔偿责任。❶ 自德国学者耶林提出缔约上过失责任的概念以来，该责任已经渐渐成为各国合同法上的一项具体制度。我国合同法也明确予以规定，该法第 42 条明确在订立合同过程中的三种情形下，一方当事人须对另一方承担基于过失的损害赔偿责任：其一，假借订立合同，恶意进

---

❶ 王利明、房绍坤、王轶：《合同法》，中国人民大学出版社 2007 年版，第 76 页。

行磋商；其二，故意隐瞒与订立合同有关的重要事实或者提供虚假情况；其三，兜底条款，即有其他违背诚实信用原则的行为。《合同法》第 43 条的规定（泄露或者不正当地使用订立合同过程中知悉的商业秘密）则可以理解为属于违背诚实信用原则的行为的一种具体类型。

鉴于缔约的过程主要是言语磋商的过程，上述所谓"假借订立合同，恶意进行磋商"以及"故意隐瞒与订立合同有关的重要事实或者提供虚假情况"均涉及不当商业言论，所以，不当商业言论，可能导致缔约过失责任的承担。例如，当业主询问小区容积率时，故意不告知真实情况，或者提供虚假情况，因此给业主造成的损失应予赔偿。实际上，由于欺诈性陈述的本意就是故意提供虚假情况，故缔约过程中的欺诈性陈述均可能导致缔约过失责任。

在上海凯尉纽澳实业有限公司与旭化成建材株式会社缔约过失责任纠纷案中，❶一审法院认定：凯尉纽澳公司基于旭化成会社提供的认证证书和检验报告等，相信旭化成会社拥有一款在国内被认定为难燃材料的酚醛泡沫产品，可以在国内经过文本制作和合规审查而实现销售，并为此依据《备忘录》开展了相应的配套工作。但旭化成会社提供的难燃材料检验报告所涉产品并非旭化成会社的现实产品，而仅为试制品，并且该试制品添加了氢氧化铝，不可能实现批量生产和销售，旭化成会社在磋商过程中具有明显的过错，此为双方日后未能缔结总代理合同的主要原因，符合缔约过失责任中故意隐瞒与订立合同有关的重要事实或者提供虚假情况的法律规定，给凯尉纽澳公司造成了损失，为此旭化成会社应承担缔约过失的损害赔偿责任。二审法院认为：依照诚实信用原则，旭化成会社在与凯尉纽澳公司进行磋商时理应将拟投入中国市场的产品信息予以确实充分、清楚无误的披露。旭化成会社在 2006 年、2007 年委托国内专业检测机构对其新曙光隔热材料酚醛板 27K-B 进行难燃性检测时，已明知该产品系试制产品，且为获得中国国内标准许可额外添加了氢氧化铝成分，而并非系其在资料中宣传的在日本取得不燃

---

❶　上海市高级人民法院（2014）沪高民二（商）终字第 S14 号民事判决书。

材料认定的新曙光隔热材料。但在旭化成会社的中文版新曙光隔热材料产品介绍中，却体现为 2006 年 10 月在中国取得 B1 级难燃性认证的产品 27K-B 与日本高性能酚醛泡沫不燃性材料认定证书说明中载明的项目和参数相同，并附有前已述及的国内检测机构出具的《检验报告》。虽然旭化成会社主张《备忘录》系试错过程，《备忘录》约定产品并非现实产品，而需要最终特定化的过程，但在《备忘录》达成及履行期限内，并未有充分证据显示旭化成会社曾将上述内容明确无误地向凯尉纽澳公司予以披露、传达或双方曾就此协商、洽谈。况且，旭化成会社对于试制品因添加氢氧化铝得以符合中国国家认证标准，添加行为致使成本增加，不可能批量投向中国市场的商品信息亦未曾以适当途径向凯尉纽澳公司告知。相反，由于《备忘录》内容中未体现旭化成会社主张的试错风险，随着《备忘录》的履行和双方合作程度的加深，直至凯尉纽澳公司自行委托检测发现产品不符合认定标准之前，其始终善意信赖旭化成会社提供的认证证书和检测报告结论，相信合作投向中国市场的是一款现实产品，并积极按照《备忘录》分工履行以期获得总代理商的缔约机会及相应权利。纵观双方交易磋商过程，本院认为旭化成会社具有故意隐瞒与订立合同有关的重要事实或提供虚假情况的情形，有违诚实信用原则，应当承担缔约过失责任。

缔约过失责任仅仅指赔偿责任。但缔约过失责任中的损害与违约损害赔偿责任中的损害不同，后者是指履行利益的损害，前者则并非履行利益的损害，而是信赖利益的损害。例如缔约费用、准备履约费用以及上述费用的利息等。❶ 仍以前述案例加以说明，该案二审法院认定：一方当事人因缔约过失行为给对方造成信赖利益损失的，应当承担损害赔偿责任，但对该种信赖利益损失的赔偿应当建立在合理信赖之上，目的是使当事人利益恢复到未曾信赖缔约行为前的状态，而有别于合同的履行利益损失。对于凯尉纽澳公司主张的用工成本及《备忘录》业务支

---

❶ 崔建远："缔约上过失责任论"，载《吉林大学社会科学学报》1992 年第 3 期。

出，因其未提供充分证据证明该项支出系实际损失，并与《备忘录》分工履行产生费用有密切关联，且该金额缺乏合理性、必要性，原审法院未予支持并无不当；对于预期利益损失，凯尉纽澳公司二审中主张该项损失的法律依据系基于《合同法》第 113 条，由于本案中双方之间并未成立生效合同，基于生效合同履行后可产生的利益并非属本案缔约过失责任项下应主张的损失范畴内，且凯尉纽澳公司对此亦缺乏相应计算依据及相关证据支持，故其该项主张不能成立；对于凯尉纽澳公司主张的委托第三方进行系统研发应付而未付的费用，因该项费用尚未支付，具体金额亦无法确定，本院难以支持。❶

缔约过失责任是否限于合同不成立、无效或被撤销的情形，还是也包含合同有效成立的情形？对此有争论。但通说认为即使合同有效成立，仍不妨成立缔约过失责任。

缔约过失责任是否可以涵盖无效、可撤销合同的责任？答案是无法完全涵盖。其实，所谓无效合同或可撤销合同被撤销之后的责任并非一种独立的责任类型。无效合同或可撤销合同被撤销之后的责任包含两个部分：其一，返还责任，即任一方当事人都可以主张返还财产，无法返还或者没有必要返还的，可以折价补偿；由于合同归于无效，一方当事人保有给付已无法律上的原因，故该返还或折价补偿的民事责任性质上乃是返还不当得利的法律责任。❷ 其二，过错损害赔偿责任，该责任顾名思义，即是缔约过失责任。❸ 此外，在合同可撤销的情形，行使撤销权本身也是一种救济手段。

第三节　不当商业言论的侵权责任

关于不当商业言论的民事责任，除了合同责任之外，同样重要甚至

---

❶　上海市高级人民法院（2014）沪高民二（商）终字第 S14 号民事判决书。

❷　也有学者认为返还财产实际上是所有物的返还，在原物不存在的情形，才是不当得利返还。崔建远主编：《合同法》，法律出版社 2003 年版，第 85 页。

❸　崔建远主编：《合同法》，法律出版社 2003 年版，第 86 页。

更为重要的是侵权责任或者不正当竞争的民事责任。其中的侵权责任，主要有侵犯名誉权的民事责任，也有产品责任，其他，例如侵犯隐私权、姓名权、肖像权等也有可能构成。根据我国现行法律制度以及司法实践，构成不正当竞争的民事责任，要求原告必须是经营者并且原告与被告之间必须具有竞争关系；而构成侵权责任，对于原告身份并无限制。

上述侵权责任，或不正当竞争责任，可能与合同违约责任产生竞合。此时，权利人可以选择主张侵权责任或者违约责任。但在选择其中之一并得到支持之后，不得再主张另一种请求权。❶

在当事双方都是经营者的情形，有时侵权责任与不正当竞争责任也会产生竞合现象。例如，商业诋毁，既可以《反不正当竞争法》第14条为依据提起诉讼，也可以《民法通则》第120条为依据提起诉讼。但这两者的立法目的重合，应当认为，主张其中一种请求权并得到支持之后，不能再提起另一种请求权。

在当事一方是消费者，另一方是经营者的情形，囿于我国反不正当竞争法的规定，消费者无法主张经营者的不正当竞争责任，而只能选择侵权责任或者合同责任。

一、侵害名誉权的侵权责任

名誉，依传统理论，有内部名誉与外部名誉之分。前者是指某人对其内在价值的感受，也称名誉感。后者是指他人对于某人的属性所给予的社会评价。❷ 侵犯名誉权中的名誉应作外部名誉的理解，是指由于他人的言论或行为导致某人的社会评价降低。

自然人是名誉权的主体，自无疑问。法人与其他组织是否名誉权的主体，则不无争议。台湾地区"民法"第36条规定："法人于法令限制内，有享受权利，负担义务之能力，但专属于自然人之权利义务，不在

---

❶ 《合同法》第 122 条。

❷ 王利明主编：《人格权法新论》，吉林人民出版社 1994 年版，第 401 页。

此限。"学者多认为名誉权并不是专属于自然人的权利。台湾地区实务界亦认为法人享有名誉权，仅不得主张精神上之损害赔偿。❶《民法通则》在第101条中明文承认法人的名誉权，并通过第120条赋予侵权责任的保护。

但对此仍存有争议。有学者认为应区分自然人名誉受损与法人名誉受损的情形。法人名誉权受损有其特殊性。法人不是人，没有情感只有利益，对于法人的名誉采用其他法律途径保护似乎更为恰当，例如采用侵害"商誉"纠纷的法律规则来处理。❷

虽然其他组织在《民法通则》中，并未享受公民、法人的同等待遇，明定其享有名誉权，但是，我国民事司法实践历来有将其他组织当成与公民、法人并列的第三主体的传统。甚且，在我国民事诉讼法上与法人、自然人一样，可作为民事诉讼的当事人。❸在我国，承认其他组织享有名誉权似乎并无太大争议。

《民法通则》第101条规定：公民、法人享有名誉权，公民的人格尊严受法律保护，禁止用侮辱、诽谤等方式损害公民、法人的名誉。该法第120条规定：公民的姓名权、肖像权、名誉权、荣誉权受到侵害的，有权要求停止侵害，恢复名誉，消除影响，赔礼道歉，并可以要求赔偿损失。以上是审理侵犯名誉权案件的主要法律依据。

（一）案例梳理

商业言论是有关商人及其商品或者服务的言论，因此，作为经营者的个人或者法人，如其名誉由于商业言论而受到损害，自可依上述条文主张侵害者的侵权责任。

需说明的是，此类案件数量丰富。将"名誉权"作为关键词，在北

---

❶ 台湾地区"最高法院"1973年台上字第2806号判例谓："公司系依法组织之法人，其名誉遭受侵害，无精神上痛苦可言，登报道歉已足以回复其名誉，自无依民法第195条第1项规定请求精神慰抚金之余地。"可资借鉴。

❷ 张新宝、康长庆："名誉权案件审理的情况、问题及对策"，载《现代法学》1997年第3期。

❸《民事诉讼法》第48条。

大法宝"高法公报案例""裁判文书精选""经典案例评析""仲裁裁决与案例"4个栏目中查询，在"最高人民法院公报案例库"中录得记录17条，在"中国法院裁判文书数据库"中录得记录1 358条，在"经典案例评析"中录得记录23条。

将"法人名誉"作为关键词，在"高法公报案例""裁判文书精选""经典案例评析""仲裁裁决与案例"4个栏目中查询，在"最高人民法院公报案例库"中录得记录2条，在"中国法院裁判文书数据库"中录得记录8条。

将"商誉"作为关键词，在"高法公报案例""裁判文书精选""经典案例评析""仲裁裁决与案例"4个栏目中查询，在"中国法院裁判文书数据库"中录得记录12条。❶

在上海新亚医用橡胶厂诉武进医疗用品厂损害法人名誉权纠纷案中，❷被告印发数百份"公告"称：原告厂生产的妇用卫生杯积压了105万只，倾销失效、半失效产品。法院认为：企业的名誉权受国家法律保护。被告以非法手段，用"公告"的形式，故意捏造事实，对原告厂生产的妇用卫生杯进行诽谤，其行为违反了《民法通则》第101条的规定，损害了法人的名誉权。原告要求被告公开登报消除影响，恢复名誉、赔礼道歉、赔偿损失，符合《民法通则》第120条的规定，应予支持。这是在反不正当竞争法尚未制定之时，通过保护法人名誉权的法律条文制止不正当商业言论的典型案例。

在郭××诉刘××商业名誉侵权案中，❸被告与原告在同一处市场经营味精批发生意。被告散布谣言，宣称原告所售味精是假的。法院认为被告的行为属于不正当竞争行为，遂依据《民法通则》第120条以及《反不正当竞争法》第14条判决被告停止侵权，并赔偿原告损失。该案显示，在原被告都是经营者的情形，法院并未局限于案由以及原告诉请

---

❶ 以上查询时间均为2015年9月26日。

❷ 《最高人民法院公报》1988年第1期。

❸ 中国高级法官培训中心、中国人民大学法学院编：《中国审判案例要览》（1997年民事审判卷），中国人民大学出版社1998年版，第402~404页。

的限制，基本上法院是非常自由地适用可得适用的法律。从原告的立场而言，其既可以选择侵犯名誉权之诉，也可以选择反不正当竞争之诉。

在恒升电脑公司诉王×侵害名誉权纠纷案中，❶ 被告所购买的原告产品存在质量问题，对维修过程不满，遂在网络上发表"请看我买恒升上大当的过程""誓不低头"等文，后《生活时报》和《微电脑世界周刊》也发文指摘恒升公司的产品。法院认为：王×的文章在基本内容上存在部分失实，且明显使用了号召抵制恒升产品的用语，客观上造成了原告社会评价的降低。遂判决王×停止侵权并承担损害赔偿责任。

本案起源于消费者与商家之间的消费争议，最终发展为消费者损害商家商业信誉的纠纷。由于这类纠纷中的双方当事人并非全是经营者，而是一方为经营者，另一方为消费者，故无法适用反不正当竞争法。就本案原告而言，诉由的选择是受到限制的。由于被告并非经营者，原告只能主张法人名誉权，而无法主张不正当竞争。

鉴于有竞争关系的经营者通常可以选择反不正当竞争法的规定提起诉讼，因此，商业言论涉及侵犯名誉权的情形，主要有：不具有竞争关系的经营者之间的商业言论涉及侵犯名誉权，以及其他主体，例如消费者、新闻媒体对于经营者的商业言论涉及侵犯名誉权。

有两类案例值得重视：第一类，涉及网络服务提供者对于网络商业言论是否应当承担名誉权侵权责任的问题；第二类，涉及新闻媒体或个人侵犯经营者名誉权的问题。

关于第一类案型。在汕头市赛格轻导航设备有限公司与汕头市易讯网络有限公司名誉侵权纠纷案中，❷ 被告所经营"e京网站"论坛上，网民发表一篇题为《赛格轻又丢车》的帖子，原告打电话告知被告上述文章内容失实，贬低、诋毁了原告的商业信誉，要求被告删除该文章。被告对该文章进行锁定处理，即可以阅看，不能跟帖。直到汕头市龙湖区人民法院通知被告领取应诉通知书和起诉书副本。被告才对该文章作

---

❶ 北京市海淀区人民法院（1999）海民初字第 3538 号民事判决。

❷ 广东省汕头市中级人民法院（2006）汕中法民一终字第 150 号民事判决。

了删除处理。

一审法院认为：言论自由作为宪法赋予公民的一项基本权利，只要不违反法律的禁止性规定，就应依法受到保护。上网用户发布信息，属于言论自由的范畴，电子公告服务提供者不得随意删除上网用户发布的信息，除非该信息内容违反了《互联网电子公告服务管理规定》第9条有关"反对宪法所确定的基本原则的"等规定。用户发表信息后，电子公告服务提供者在技术上已经具备编辑控制的能力，对于违反《互联网电子公告服务管理规定》第9条的禁止性规定的信息有及时删除的义务。但是，由于网络信息数量巨大以及电子公告服务提供者法律判断能力的有限，对于监控义务应当控制在合理的限度内，即在"合理时间"和"合理判断标准"原则的范围履行监控管理义务。

原告到目前为止并没有向被告提交任何证明争议信息失实的证据，被告也就没有法律上的义务为原告删除争议信息。被告在争议信息发布前没有过错，在信息发布后的管理中也没有过错，其行为不构成对原告名誉权的侵害。驳回原告的诉讼请求。二审法院维持原判。

该案判决明确地援引宪法权利作为论证的理由，该案判决显示：法院有意在言论自由与名誉权保护之间取得一种平衡。并且，不同于美国的实践，中国的法院倾向于甚至是不假思索地认为言论自由中的言论涵盖商业言论。该案法院创设了一个关于网络服务提供者删除信息的义务的规则，即仅在该信息明显违背宪法所确定的基本原则，或潜在被侵害的主体向网络服务提供者提交了争议信息失实的证据之后，网络服务提供者才有删除涉嫌侵犯名誉权的信息的义务。

在浙江建人专修学院与北京百度网讯科技有限公司侵犯名誉权纠纷一案中，❶ 网民在百度公司经营的百度文库、百度知道和百度贴吧中发布帖子，就建人学院的师资力量、管理模式、学校环境、考生成绩等方面进行质疑和抨击。建人学院委托律师向百度公司发出律师函要求删除上述帖子，律师函中未具体指明帖子名称以及所在的网址。在建人学院

---

❶ 杭州市中级人民法院（2013）浙杭民终字第3232号民事判决书。

提起诉讼之后，百度公司删除了大部分建人反复提及的帖子。一审法院援引《侵权责任法》第 36 条的规定，以百度公司仍残余部分侵权的帖子未删除为由，判决百度公司承担停止侵害以及赔礼道歉的民事责任。

百度公司不服，提起上诉，二审法院以本案原告未能提供证据证明在诉前其曾经向百度公司提出了合格的通知为由，改判驳回原告的诉讼请求。

该案显示法院的关注点在于网络服务提供者是否履行了侵权责任法规定的义务，即通知——删除的义务。进而二审法院关注的焦点在于通知是否需要具备一定的条件。由于侵权责任法并未明确通知应该具备什么条件，这需要法院在审理案件时根据个案情况加以确定。但是，与汕头市龙湖区法院的理解不太一样，本案的审理法院并未要求原告向被告提供网民的帖子涉嫌侵犯名誉权的初步证据。尽管，网民的帖子本身是否构成侵犯名誉权是本案的先决问题，并且，这一先决问题并不是如同一审法院所认为（当然是隐含的认为）的那样毫无争议。

关于第二类案型，即涉及新闻媒体或个人侵犯经营者名誉权的问题。在早期的一个案例——康达医疗保健用品公司诉西北工商报社、陕西省医疗器械公司侵害法人名誉权纠纷案中，❶ 西北工商报社派记者赵××前往陕西省医疗器械公司（以下简称省医疗公司）采访。该公司经理许××向赵××介绍了西北电管局职工医院从西安康达医疗保健用品公司购买的 200 多万元医疗器械设备，其中许多大型设备存在质量问题，康达公司还以高出国家牌价的价格销售商品等问题，赵××根据上述采访内容，写出《应加强对医疗器械产销监督的管理》的新闻稿，经工商报编辑部审核后，刊登于 1988 年 3 月 18 日的工商报上。经查，西北电管局职工医院从原告处所购的大型医疗器械设备，均经过专业技术人员验收，符合产品质量标准，亦未发现原告有高出国家牌价出售商品的问题。

法院认为：被告省医疗公司和工商报对他人反映的情况，不经核

---

❶ 载《最高人民法院公报》1990 年第 2 期。

查，竟在报纸上指名批评原告高出国家牌价销售产品，且销售的许多大型医疗器械质量不合格，依照《民法通则》第120条第1款、第2款的规定，二被告的行为侵害了法人的名誉权。原告请求恢复名誉、清除影响、赔礼道歉，并要求赔偿损失，是合理的，应予支持。原告的名誉权受到侵害，经济上受到损失，依照《民法通则》第106条第1款的规定，二被告应当对自己的过错所引起的这一结果承担民事责任。据此，判决被告西北工商报社登报为原告恢复名誉，消除影响，赔礼道歉；被告省医疗公司赔偿原告经济损失3万元。

被告省医疗公司以原审判决由一方赔偿经济损失不公为由，向西安市中级人民法院提出上诉。西安市中级人民法院第二审认为：原审判决省医疗公司一方承担赔偿责任不妥，上诉人的上诉理由应予采纳。据此，二审判决：由省医疗公司赔偿康达公司15 000元，工商报社赔偿康达公司5 000元。

该案显示，在《民法通则》施行后的早期，法院对于媒体报道侵犯法人名誉权案件标准掌握甚严，只要媒体报道与事实不符，就认为媒体未尽审核之责，从而具有主观过错，应当承担侵犯法人名誉权的责任。

在北京百龙绿色科技企业总公司等诉韩××侵犯名誉权纠纷案中，❶被告在多种报刊上发表系列文章，质疑原告等公司生产的矿泉壶产品。称：据有关专家研究结果，矿泉壶的矿化、磁化、灭菌装置有害，进而得出了矿泉壶有害的结论，同时提醒消费者"慎用""当心"。一审法院认为被告的文章认定矿泉壶有害证据不足，而且超出了科普探讨与舆论监督的范围，构成侵犯名誉权。二审法院认为被告的文章属于公民行使舆论监督的一种方式，虽有某些结论和用语不当，对矿泉壶的声誉可能造成一些不良影响，但不足以构成侵害企业法人名誉权。遂改判驳回原告的诉讼请求。

该案显示，《民法通则》施行一段时间之后，法院系统开始注重在

---

❶ 最高人民法院中国应用法学研究所编：《人民法院案例选（民商事卷）（上）（1992~1996 合订本）》，人民法院出版社1997年版，第539~542页。

新闻监督权与名誉权保护之间取得一种平衡。王冠玺先生在评论该案时认为，被告的行为即便已构成对原告企业法人名誉权的侵害，亦属权利正当行使或正当的舆论监督，而可以阻却违法。❶

多年以后，在合肥澳澜房地产有限责任公司诉合肥晚报社侵犯名誉权案中，❷ 合肥晚报社在其出版发行的《合肥晚报》第一版上刊登《"雷公杀手"令人忧：合肥70%建筑物防雷设施不完善》（以下简称《"雷公杀手"令人忧》）一文，该文章报道的主要内容为："目前我市的一些在建高层建筑，如已查出的澳澜宝邸、中州大厦和市工人文化宫等，在防雷问题上都让人担忧。"澳澜宝邸工程为18层复式框架商业与住宅综合楼，由原告开发建设。文章见报后，原告即向被告提出质疑，要求被告澄清事实、消除影响。被告为消除可能给原告造成的影响，不久在《合肥晚报》第一版刊登了《多雷雨的夏季即将到来，防雷别存侥幸心理》（以下简称《防雷别存侥幸心理》）一文，该文章报道的主要内容为："据省防雷中心有关负责同志介绍，近年来省防雷减灾部门严格执行国家有关防雷规范措施，正尽力减少雷害损失。检测中，专业人员发现有近70%的建（构）筑物的防雷设施不完善，对于这些单位，由于技术人员的及时跟踪服务，加上项目有关单位的认真整改，现其中大部分都已基本符合了国家有关技术标准，例如澳澜宝邸、市工人文化宫等高层建筑经过整改都已通过检查；有关部门近期还将对中州大厦等进行检查和测试。"原告于2004年5月12日在《合肥晚报》刊登的《"雷公杀手"令人忧》一文，是根据合肥防雷检测中心向《合肥晚报》记者提供的内部阶段性总结和交流用文章《合肥市新建筑防雷设施验收情况的介绍》作为参考素材写成。

一审法院审理后认为：原告在《合肥晚报》上刊登的《"雷公杀手"令人忧》一文是根据合肥防雷检测中心提供的内部素材写成，该文章反映的建筑物防雷设施不完善、令人忧的问题基本属实，没有诋毁、

---

❶　王冠玺：《两岸名誉权保护与言论自由的限界——大陆侵害人格权判决之评释》，2001年作者自版，第309页。

❷　安徽省合肥市中级人民法院（2005）合民一终字第267号民事判决。

诽谤原告法人名誉的内容；嗣后，被告为消除可能给原告造成的影响，又刊发了《防雷别存侥幸心理》一文，该文内容虽有部分失实，但亦无诋毁、诽谤原告法人名誉的内容；且原告未能提供证据证明其确有名誉被损害的事实，故被告的行为不构成侵犯原告的法人名誉权。

原告不服，提起上诉。二审法院认为：《合肥晚报》的《"雷公杀手"令人忧》一文是根据《合肥晚报》的记者现场采访并结合合肥防雷检测中心提供的内部素材采编而成。该篇报道虽然在时间的描述有出入，但此项出入对上诉人的名誉不产生影响，没有侵犯上诉人的名誉权。《防雷别存侥幸心理》一文涉及上诉人有关完成整改部分内容不真实，但该文是合肥晚报社为消除可能对上诉人产生的不利影响并应上诉人要求所登，该文没有使用侮辱、诽谤性语言，也未降低对上诉人的社会评价，更不构成对上诉人名誉权的损害。部分建筑工程未做防雷电波侵入措施会导致每年的经济损失，所以合肥防雷检测中心在为澳澜宝邸工程发放防雷设施合格证书时，就建议该工程做防雷电波侵入措施。《"雷公杀手"令人忧》一文对澳澜宝邸工程"防雷状况令人忧"的评价，一方面是引自防雷检测部门的观点，同时也有上诉人未做防雷电波侵入措施的事实依据。而且，该文是从提高广大市民和有关单位安全意识、减少经济损失、维护社会公共利益的目的出发，反映的问题基本属实，评论并无不当，不构成侵犯上诉人名誉权。

该案显示出，在《民法通则》施行20多年之后，法院对于新闻媒体或个人侵犯经营者名誉权案件，渐渐从侧重关注报道是否失实，转向侧重关注报道是否有诋毁、诽谤的情事，以及公共利益与法人名誉权的平衡上。即使有部分失实，也不一定构成侵犯名誉权。

（二）司法解释

毫无疑问的是，在中国，最高人民法院的司法解释构成了侵犯名誉权案件的重要审理标准。首先是1988年的《最高人民法院关于贯彻执行〈民法通则〉若干问题的意见》（以下简称《民通意见》），其第140条第2款规定：以书面、口头等形式诋毁、诽谤法人名誉，给法人造成损害的，应当认定为侵害法人名誉权的行为。

其次是最高人民法院两次关于名誉权的解答，其中，1993年《最高人民法院关于审理名誉权案件的若干解答》（以下简称《名誉权解答》）第8条，问：因撰写、发表批评文章引起的名誉权纠纷，应如何认定是否构成侵权？答：因撰写、发表批评文章引起的名誉权纠纷，人民法院应根据不同情况处理：文章反映的问题基本真实，没有侮辱他人人格的内容的，不应认定为侵害他人名誉权。文章反映的问题虽基本属实，但有侮辱他人人格的内容，使他人名誉受到损害的，应认定为侵害他人名誉权。文章的基本内容失实，使他人名誉受到损害的，应认定为侵害他人名誉权。

1998年《最高人民法院关于审理名誉权案件若干问题的解释》（以下简称《名誉权解释》）第9条，问：对产品质量、服务质量进行批评、评论引起的名誉权纠纷，如何认定是否构成侵权？答：消费者对生产者、经营者、销售者的产品质量或者服务质量进行批评、评论，不应当认定为侵害他人名誉权。但借机诽谤、诋毁，损害其名誉的，应当认定为侵害名誉权。新闻单位对生产者、经营者、销售者的产品质量或者服务质量进行批评、评论，内容基本属实，没有侮辱内容的，不应当认定为侵害其名誉权；主要内容失实，损害其名誉的，应当认定为侵害名誉权。

距离上述规定颁布的时间至今已经有十几年的时间，看起来上述规定具有合理性，因此具有相当强的生命力。经营者的名誉权与公民的言论自由、社会公众的资讯获得（知情权）之间的张力，需要细心调和。商业言论引发的侵犯名誉权诉讼，被告（尤其是提出批评的新闻媒体或个人）可得提起抗辩的事由，网络服务提供者在侵犯名誉权诉讼中的抗辩事由，并不是很清晰，规则仍在形成的路上。

二、侵害隐私权的民事责任

不当商业言论也可能构成侵犯隐私权。自从布兰代斯首次提出隐私权的概念，隐私权的保护蔚成潮流。我国早在1993年《名誉权解答》

中，就已经通过保护名誉权的方式保护隐私。❶《侵权责任法》第 2 条中明确规定隐私权是该法所保护的民事权益。但是，对于隐私的内涵，侵权责任法并未作出界定。

沃伦和布兰代斯眼中的隐私权是指一种"免受外界干扰的、独处的"权利。在这个词的演变过程中，一直存在范围不断扩张，内容日益宽泛的趋向。❷ 以至于沃伦和布兰代斯的这一界定仅仅成了其中的一个类型。有人就曾抱怨，隐私更像一个集合概念。❸

普罗塞（Prosser）将隐私权的保护范围归纳为四种：（1）不合理地侵入他人的隐私（intrusion upon seclusion）；（2）窃用他人的姓名或肖像（appropriation of name or likeness）；（3）不合理地公开他人的私生活（publicity given to private life））；（4）公开他人的不实形象（publicity given to unreal image）。❹王利明先生认为，隐私的概念具有两个基本内容，即生活安宁和私人秘密。❺ 前者是指自然人对于自己的正常生活所享有的不受他人打扰、妨碍的权利，后者即是不欲为公众知晓的私人信息。

不当商业言论可能侵犯他人的生活安宁，例如骚扰电话、垃圾邮件、垃圾短信等案型，应当可以构成侵犯隐私权。

在李××与中国电信股份有限公司乐山分公司健康权、隐私权、财产损害赔偿纠纷一案中，❻ 法院认为，隐私权是指自然人享有的对其个人的、与公共利益无关的个人信息、私人活动和私有领域进行支配的一种人格权，主要包括个人生活宁静权、个人活动的自由权、私有领域不受侵犯权及个人隐私利用权。电信乐山分公司在较长时间内不断向李××发送商业广告类短信，且在本案李××起诉后仍未停止。这大量的私

---

❶ 《最高人民法院关于审理名誉权案件的若干解答》第 9 条。

❷ 王利明："隐私权概念的再界定"，载《法学家》2012 年第 1 期。

❸❹ Prosser, The Law of Torts, 3rd ed, 1964, p. 843.

❺ 王利明："隐私权概念的再界定"，载《法学家》2012 年第 1 期。

❻ 四川省乐山市中级人民法院（2013）乐民终字第 1109 号民事判决。

人通信以外的信息，必然会对李××造成某种程度上的困扰，侵害了李××隐私权中包含的主要内容，即个人生活宁静权、个人活动的自由权、私有领域不受侵犯权。

　　但是，鉴于此类案型单个消费者的损害轻微，往往没有提起诉讼的动力，且如果被告并非电信移动等通信服务提供商，而是服务商之外的第三人，则此类案件的被告难以固定，因此此类案型中提起民事诉讼的少见。我国目前已有的一些法律规定，其取向也往往是从公法规制着手。

　　私人生活秘密是个人私生活的重要组成部分。凡是与公共利益和他人利益无关的个人信息，无论对本人是否有利，隐私权人都有权加以保持和隐匿，不让让人得知。❶侵犯私人秘密信息类型的，已经有相关案例。在王×诉张××名誉权、隐私权纠纷案中，法院认为：隐私一般是指仅与特定人的利益或者人身发生联系，且权利人不愿为他人所知晓的私人生活、私人信息、私人空间及个人生活安宁。被告张××在披露王×婚姻不忠行为的同时，披露王×的姓名、工作单位名称、家庭住址等个人信息，亦构成了对王×隐私权的侵害。❷但是，不当商业言论侵犯私人秘密信息类型的案例，则比较少见。

　　值得注意的是，利用格式合同收集、利用客户信息成为一种侵犯隐私的新途径。例如某银行的格式合同规定：甲方（指借款人）承诺同意并不可撤销地授权乙方（包括各分支机构）基于本合同项下金融服务需要向任何有关方面（包括但不限于金融信用信息基础数据库）查询、打印、保存包括但不限于本人（本企业）基本信息信用报告、资产、工商税务、出入境及司法等信息。甲方承诺同意乙方（包括分支机构）及其直接或间接控股子公司以及其认为业务必要而委托的第三方因对甲方提供优质的金融服务而处理、传递及应用甲方所提供的全部资料。上述规定涉嫌利用格式条款取得借款人授权，对于借款人的个人信息，往往可

---

❶　郭锋："论隐私权的法律属性"，载《商丘师范学院学报》2004 年第 20 期。

❷　北京市朝阳区人民法院（2008）朝民初字第 10930 号民事判决。

能是个人隐私，进行收集、传送以及使用。

综合我国现今隐私权保护的司法实践来看，可说我国目下的隐私权保护仍处于初级阶段。除了某些针对明显的侵犯隐私行为的诉讼，例如在他人生活空间或必经之处私自装设摄像头之类的诉讼，再如上述两个案例中涉及的在网络发布他人的真实姓名、住址，以及电信服务提供商自己向用户发送骚扰性的商业信息，受到了法院判决的支持之外。学理上大多认为涉嫌构成侵犯隐私权的案例，诸如软件收集用户信息，银行、电信等机构超出法律许可的范围之外收集个人信息等案例，法院并未支持原告的诉求。此外，大量发送来源难以查证的垃圾短信、垃圾邮件、垃圾传真以及骚扰电话则无法发起有效的民事救济。

三、产品责任

《民法通则》第122条规定：因产品质量不合格造成他人财产、人身损害的，产品制造者、销售者应当依法承担民事责任。运输者、仓储者对此负有责任的，产品制造者、销售者有权要求赔偿损失。

产品质量法对于产品责任的规定显然比上述民法通则的规定详尽。根据2000年修正的《产品质量法》第41条：因产品存在缺陷造成人身、缺陷产品以外的其他财产（以下简称他人财产）损害的，生产者应当承担赔偿责任。生产者能够证明有下列情形之一的，不承担赔偿责任：（1）未将产品投入流通的；（2）产品投入流通时，引起损害的缺陷尚不存在的；（3）将产品投入流通时的科学技术水平尚不能发现缺陷的存在的。第42条规定：由于销售者的过错使产品存在缺陷，造成人身、他人财产损害的，销售者应当承担赔偿责任。销售者不能指明缺陷产品的生产者也不能指明缺陷产品的供货者的，销售者应当承担赔偿责任。

在上述法律规范的基础上，2009年的侵权责任法又设专章规定产品责任，相较于《民法通则》以及《产品质量法》的规定，其看点在于：用"侵权责任"的术语代替产品质量法中的"赔偿责任"术语，使得责任形式得以扩张；明确因产品缺陷危及他人人身、财产安全的，被侵权人有权请求生产者、销售者承担排除妨碍、消除危险等侵权责任，发挥侵权责任法的预防损害发生的功能；限缩了生产者、销售者免责的事由，规定产品投入流通后发现存在缺陷的，生产者、销售者应当及时采取警示、召回等补救措施。未及时采取补救措施或者补救措施不力造成损害的，应当承担侵权责任；设置了惩罚性赔偿机制，以期能更好治理严重的产品质量问题，规定明知产品存在缺陷仍然生产、销售，造成他人死亡或者健康严重损害的，被侵权人有权请求相应的惩罚性赔偿。❶

通说将产品缺陷分成三类，即设计缺陷、制造缺陷和指示缺陷。《美国统一产品责任示范法》认为"缺陷"的含义是：（1）产品制造上存在不合理的不安全性；（2）产品设计上存在不合理的不安全性；（3）未给予适当警告或指示，致使产品存在不合理的不安全性；（4）产品不符合产品销售者的明示担保，致使产品存在不合理的不安全性。可见，后两种缺陷与不当商业言论有关。我国的产品质量法界定的产品缺陷，是指产品存在危及人身、他人财产安全的不合理的危险；产品有保障人体健康和人身、财产安全的国家标准、行业标准的，是指不符合该标准。由此可见，产品质量法也是把"不合理危险"作为认定缺陷的判断标准。

我国学者认为：认定存否"不合理的危险"，应考虑以下几个因素：（1）生产者制造产品的预期用途，即考虑一个合理谨慎的生产者知道或应当知道其产品的危险时，会不会将其投入市场。（2）一个具有社会一般认识的普通消费者，对其购买使用产品安全性的合理期望。如果某一种危险是一般消费者意识到，但仍愿意承担者，就不属于"不合理之危险"。（3）制造产品时尚未认识的危险，由于人类认识的局限性，不能在产品效用不变的前提下，将其制作得更安全或用其他代替品，还有些产品在投入市场时尚未被发现其危险性，应该认为这些产品不具不合理的危险。（4）若产品的各项性能与标准都符合强制性标准时，不能就此

---

❶ 《侵权责任法》第 41 条、第 45～47 条。

认定不具不合理的危险。❶

在武某诉贝亲株式会社等产品责任纠纷案中，❷ 原告的母亲购买了一个由被告贝亲株式会社生产的微波炉奶瓶消毒盒。原告的家人在使用该产品进行奶瓶消毒的过程中，在经微波炉加热后，未遵守在微波炉内进行冷却的操作规程，而是打开了微波炉炉门；在消毒盒尚未冷却的情况下，又打开了消毒盒盒盖，且未按使用说明的要求在打开盒盖前现将盒内残积水放掉。此时，原告进入厨房，伸手抓到了打开了盒盖的奶瓶消毒盒，导致该奶瓶消毒盒整体翻起，盒内覆出的热水将原告的脸部、颈部、前胸部多处烫伤。该奶瓶消毒盒并配有中日文说明书各一份。日文说明书比中文说明书详细，警示说明中有一段日文文字为"勿让儿童靠近"，该表述在中文说明中并未出现。原告诉称：涉案奶瓶消毒盒存在严重的设计缺陷和指示缺陷，该缺陷与原告被烫伤具有因果关系。

法院认为：中文说明书对于使用该消毒盒的成年人亦多次提出防烫的警示，而让缺乏认知能力的幼儿远离高温状态下的该消毒盒，为一个正常成年人没有理由不知晓的常识。说明书中有否"勿让儿童靠近"的警示语，并不构成一个正常成年人尽到该项注意义务的依赖。故此，日文说明书中关于"勿让儿童靠近"的警示语在中文说明书中未出现，只能说明日文说明书更加完善，但不能因此得出中文说明书存在指示缺陷的结论。法院认定本案所涉产品无指示上的缺陷。

在史××、蔡××诉黄××、卢××、中山市巨田电器卫厨有限公司产品责任纠纷案中，❸ 原告从被告黄××处购买了一台家用燃气热水器（被告黄××是从被告卢××处进货，该产品由被告中山市巨田电器卫厨有限公司生产），由原告史××自行安装于宿舍卫生间内。2005 年1 月 8 日晚，其女在该卫生间洗澡时，突然昏倒，送至江阴市人民医院抢救时已死亡。经法医检验，死者属于一氧化碳中毒死亡。事故发生之

---

❶ 吴忆萍："产品责任与产品缺陷探析"，载《现代法学》1999 年第 3 期。

❷ 上海市浦东新区人民法院（2005）浦民一（民）初字第 16681 号民事判决。

❸ 江苏省江阴市人民法院（2006）澄民一初字第 398 号民事判决，江苏省无锡市中级人民法院（2006）锡民终字第 0550 号民事判决。

后，江阴市工商行政管理局滨江分局委托江苏省产品质量监督检验中心所对本案所涉及的燃气热水器的安装及产品质量进行鉴定，质量鉴定结论为：（1）本案所涉的燃气热水器的安装不符合 GB17905—1999《家用燃气燃烧器具安全管理规程》标准中附录 A 燃具安装和排烟通风及 GB6932—2001《家用燃气快速热水器》标准中附录 A 家用燃气快速热水器安装技术要求的相关规定，热水器燃烧时所产生的废气无法有效地排放到室外，不符合安全使用要求。（2）热水器气密性、火焰稳定性、烟气中一氧化碳含量符合 GB17905—1999《家用燃气燃烧器具安全管理规程》标准要求。

被告巨田电器公司提供产品时未一并提供排烟管道。被告巨田电器公司的家用燃气快速热水器使用说明书中用醒目的黑体字标注了"注意事项"，其主要内容为：热水器必须请专业人员安装在浴室外通风良好的地方，烟道式热水器务必安装烟道将废气排出室外。本热水器是烟道式热水器，请阁下自行购买或自制金属排烟管道，接在热水器的烟道接口处，把烟气排出室外空旷处，否则将产生严重后果。排烟管道的安装依照本说明书的有关章节。

法院认为，作为重要安全设施的排烟管道，巨田电器公司提供产品时应当向消费者一并提供，不能将购买与燃气热水器配套的排烟管道的义务强加于消费者，巨田电器公司提供的烟道式燃气热水器产品存在缺陷，故对巨田电器公司认为他公司已尽到生产厂家的产品质量的保障义务和已履行完安装使用热水器的充分告知义务的主张不予采信。

以上两个产品缺陷的案例均涉及不当商业言论引致的产品责任问题，第一个案例属于不当保持沉默而非积极的指示错误的类型。法院以纵然日文说明书中有"勿让儿童靠近"的警示语，而中文说明书中没有，也不能就此即谓中文说明书存在指示缺陷，因"勿让儿童靠近"高温物品，乃是成年人的公知常识。可见，法院是以普通人是否需要提醒来判断指示上的沉默（付之阙如）是否构成指示缺陷。另可见，法院的判决符合前文对于"不合理的危险"的学术理解。

而在第二个案例中，纵然被告已经积极为提醒，且这一提醒并无错误。法院还是判定被告提供的产品具有缺陷。背后的理由是生产者不能将应当由制造解决的问题委诸指示来解决。而这也同样符合前文对于"不合理的危险"的学术理解。

第四节 不当商业言论的不正当竞争责任

我国的反不正当竞争法是采取一般条款与具体规定并举的立法模式。❶ 在其明确列举的不正当竞争行为中，包含引人误解的虚假宣传以及商业诋毁这两种不当商业言论。其他不当商业言论，由于并未明确列举，只能在反不正当竞争法的一般条款中寻找其适用机会。以下，分别具体规定与一般条款对不当商业言论的不正当竞争责任作一介绍。

一、引人误解的虚假宣传（误导性宣传）

《反不正当竞争法》第 9 条规定：经营者不得利用广告或者其他方法，对商品的质量、制作成分、性能、用途、生产者、有效期限、产地等作引人误解的虚假宣传。广告的经营者不得在明知或者应知的情况下，代理、设计、制作、发布虚假广告。

这是一类数量众多的不正当竞争案件。将"虚假宣传"作为关键词，在北大法宝"高法公报案例""裁判文书精选""经典案例评析""仲裁裁决与案例"四个栏目中查询，在"高法公报案例"中录得记录2 条，"中国法院裁判文书数据库"中录得记录 163 条，在"经典案例评析"中录得记录 1 条。

换一种方式，按照法条来查询。在《反不正当竞争法》第 9 条项下，记载着"相关资料"包括最高法院公报案例共有 9 篇，裁判文书850 篇。❷

---

❶ 一般认为，该法第 2 条是一般条款，当然对此也有细节上的争论，例如究竟是第 2 条的第几款才是真正的一般条款等争论，第 5 ~ 15 条则是对于不正当竞争行为的具体规定。

❷ 以上均于 2015 年 9 月 26 日查询。

已如本书第一章中所述，该条款虽然以"引人误解的虚假宣传"定义该种不当商业言论，但实际上其所规制的是误导性宣传。

（一）构成要件

（1）须是面向社会公众的表述，尤其是但不限于广告；表述的事项，不限于商品或服务；还包括企业本身，例如有关企业的情况等。我国《反不正当竞争法》第9条仅列举商品的质量、制作成分、性能、用途、生产者、有效期限、产地，仅涉及企业所提供的商品或服务，未涉及企业本身以及有关企业的其他情况，就此而论，《反不正当竞争法》第9条的法条规范范围过窄，在方法论上应当进行目的性扩张。❶

误导必须面向公众，例如广告、传单等形式，并不以特定的受众为对象，毋宁属于针对不特定的公众而为之，因此，产品说明书、宣传册等也不针对特定对象，因此也满足误导性宣传的构成要件。但是，一对一的意思表示，由于欠缺面向公众这一要件，不构成误导性宣传，但可能构成合同法或消费者权益保护法中的欺诈。

（2）言论须引人误解。判断是否引人误解，这里的人是指陈述的受众，引人误解是指受众是否会误解。因此人的选定很重要。这里的人不是一般社会公众，而是要根据情况而定，对于一般商品或服务而言，以普通消费者为准，对于专业性商品或服务，则是相关公众。究其实质，这里的人是交易相对人的概念。

人群中有愚而弱的人，也有智而强的人。引人误解中的"人"不是这两个极端。如果选择的是愚而弱的人，则由于他极容易误解，经营者的言论空间会受到不恰当的压缩；如果选择的是智而强的人，则由于其极不容易误解，经营者的言论会不受限制。选定的人一定处于这两个极端的中间，但是，仍有更偏向哪一极端的问题。

德国联邦最高法院的经验可资借鉴。在20世纪90年代末以前，其

---

❶ 也称为"目的论的扩张"，是指非以类推适用的方式，对过窄的文义进行给扩充。卡尔·拉伦茨著：《法学方法论》，陈爱娥译，商务印书馆2003年版，第273页。

眼中所见，是"草率、马虎的消费者"，因而需要国家提供充分保护以免其受误导危险，20 世纪 90 年代末，联邦最高法院转向欧洲法院确定的消费者形象，这一转向在 2004 年法律改革中得到立法确认，即"拥有通常信息、具有与情形相当的注意力的理智的普通消费者形象"。

我国最高人民法院的司法解释以"相关公众一般注意力"作为判断是否引人误解的标准。❶ 我们认为干预起点不宜过高，一定要讲数量标准的话，德国和美国有过统计数据，10% ~ 15% 为已足。"脑白金里有金砖"。同样一句广告词，在两个案例中判决不同。在罗××与二天堂大药房案中，认为不构成误导，❷ 而在陈××与一致医药连锁有限公司案中，认定构成误导。❸ 某房地产广告宣称："时尚豪宅，首付 10 000，30 年分期付款月供 2 000 元"。购房者以为首付款是 10 000 元，被告知首付款是 10 万元，只不过先付 10 000。也是误导性宣传的典型例子。

判断是否构成误导性宣传，还需注意鉴别实际误解与误解的可能。引人误解，是指引人误解的可能性，而非要求相关公众实际发生误解。有实际误解的证据，也未必可以证明误解可能性，这其中道理简单，人群中的人，贤愚高下差距极大，仅仅个别人的实际误解尚不足以证明相关公众误解的可能性，因为相关公众是一个集体的概念。但是，一定数量的实际误解倾向于得出该宣传具有误导性的结论。

（二）关于构成要件需要说明的问题

1. 虚假不是关键

虚假的事实，最容易误导相对人，因此，误导性宣传的首要类型是虚假的陈述。例如，杭州下沙某楼盘，宣称其离钱江新城 20 分钟车程。真实情况是，从楼盘所在地到公众心目中的钱江新城中心，即杭州市民中心，有 20 多千米的距离，连接两点之间的主要通道，限速是每小时 50 千米。即使忽略所有的红灯等待时间，正常情况下以不违法的速度

---

❶ 《最高人民法院关于审理不正当竞争民事案件应用法律若干问题的解释》第 8 条。

❷ 广州市海珠区人民法院（2007）海民二初字第 506 号民事判决。

❸ 深圳市中级人民法院（2007）深中法字民一终字第 1643 号民事判决。

从楼盘所在地到钱江新城也需要 30 分钟。该陈述本身虚假，当然也构成误导。

但虚假并不是误导性宣传的关键因素。真实的谎言，突出不言而喻的事实，也可能构成误导。例如，乳制品使用"无抗奶"的标志，但牛奶本来就应当是不添加抗生素的；某著名品牌天然椰子汁，标注"不含农药、激素、不添加防腐剂""非椰粉香精配制"，但是天然椰子汁，顾名思义，本来就应当是不添加防腐剂、非椰粉香精配制的。上述宣传容易让相对人以为其他品牌乳制品使用抗生素，其他品牌天然椰子汁添加防腐剂，是椰粉香精配制，构成误导。

含糊其辞也可能构成误导，例如楼盘广告："距市中心咫尺之遥"，实际情况是距离市中心大约 20 分钟车程，含糊其词也就是非真非假。这里的咫尺之遥，谈不上虚假，因为端看对于咫尺之遥怎么理解。但是构成误导则无疑。因为有很大比例的消费者会以为咫尺之遥是信步即刻走到。

反过来，商业噱头或众所周知的吹嘘，尽管虚假，却并无误导的情形。在陈××诉上海赛洋科技实业有限公司案中，❶ 被告聘请著名演员赵××制作保暖内衣广告，宣称其内衣"薄如羊毛衫，暖赛羽绒服"。被告认为该广告是夸张的真实，不可能产生虚假广告的影响。法院认为：广告与说明书不同，允许在真实、合法的基础上进行一定程度的艺术加工，本案的原告系有完全民事行为能力的公民，有相当的知识和认知能力，应当知道系争内衣广告为科幻形式的创意。原告不应对系争广告的内容产生误解。遂支持了被告的抗辩。

2. 言论者的主观状态在所不问

言论者的主观状态在所不问。无论是故意还是过失，甚至无过失，都需承担停止不正当竞争的责任。这其中的道理是，工商业活动中无意的欺骗也要制止，以达到竞争中的信息真实的目的。但是，如要求行为人承担损害赔偿责任，笔者认为，则必须具备主观过错。

---

❶ 上海市第二中级人民法院（2001）沪二中民终字第 958 号民事判决。

3. 是否造成实际损害在所不问

构成误导性宣传的条件是相关公众误解的可能性，只要有此可能性即可构成，行为人即应承担停止误导性宣传的责任；至于竞争者是否受有损害，不在考虑之列。其实，竞争者的损害，反映在有一定比例的交易相对人受到误导，从而从竞争者处转向误导性宣传者处。既然误导性宣传的用意是保证竞争中的信息真实，那么，即使无法证明相对人因为受到误导而与宣传者达成交易，也不妨碍误导性宣传的构成。但是，对于损害赔偿责任而言，则竞争者必须证明其受有损害。

二、商业诋毁

《反不正当竞争法》第 14 条规定：经营者不得捏造、散布虚伪事实，损害竞争对手的商业信誉、商品声誉。根据该条规定，商业诋毁行为包括损害竞争对手的商业信誉和商品声誉两种情况，前者是对竞争对手的人身诋毁，后者是对竞争对手商品的损害。❶ 我国《反不正当竞争法》第 14 条中仅指出了捏造、散布虚伪事实，也即只包含虚假的说法，并未包含虽不虚假但贬低竞争者的商业信誉和商品声誉的言论。捏造，即无中生有，故属于虚假的说法。从字面上看，我国的商业诋毁行为是对事实的虚伪宣传，而并未提及对观点的宣传。孔祥俊先生等也如此认为。❷

这也是数量众多的一类不正当竞争案件。将"商业诋毁"作为关键词，在北大法宝"高法公报案例""裁判文书精选""经典案例评析""仲裁裁决与案例"四个栏目中查询，在"中国法院裁判文书数据库"中录得记录 105 条，在"经典案例评析"中录得记录 1 条。

换一种方式，按照法条来查询。在《反不正当竞争法》第 14 条项下，记载着"相关资料"包括最高法院公报案例 2 篇，裁判文书 437 篇。❸

---

❶❷　孔祥俊：《反不正当竞争法新论》，人民法院出版社 2001 年版，第 626 页。

❸　以上均于 2015 年 9 月 26 日查询。

（一）构成要件

1. 捏造虚伪事实

关于商业诋毁行为中的陈述是否须为虚假，有不同的认识。《巴黎公约》第 10 条之 2（3）2 规定商业诋毁的构成必须要求虚假陈述。但是有些国家走得更远，对真实而损害他人声誉的行为也纳入禁止之列。孔祥俊先生建议将商业诋毁行为规定为"经营者不得捏造、散布虚伪或者引人误解的事实，损害竞争对手的商业信誉、商品声誉"。❶

在娃哈哈诉巨人案中，❷ 巨人集团在其宣传册中称："据说娃哈哈有激素，造成儿童早熟，产生许多现代儿童病。"该段陈述涉及事实问题，在无法证明娃哈哈产品中存在激素的情况下，构成典型的商业诋毁。在法院认定构成商业诋毁的基础上，双方达成调解协议。

2. 散布行为

诋毁性言论不是直接面向竞争者发表，若仅是面向竞争者发表，而不向外扩散，不构成商业诋毁，因其不涉及竞争者评价的改变。诋毁性言论须面向第三人，尤其是社会公众发表，才能通过对受害人形象的歪曲丑化，达到降低评价的目的，《反不正当竞争法》第 14 条中有"散布"这一措辞，即是明证。散布的形式不限，可以是广告、传单，也可以是公开的演讲，寄送的信函。

有疑问的是，第三人是否要有一定数量？通常认为，散布是指面向社会公众，散布这一词本身似乎给人也是这样的印象。但实际上，鉴于制止诋毁性言论的目的在于避免竞争者受到不公正的评价，因此，第三人甚至可以是一个人。在北京康尼公司诉上海康尼公司案中，❸ 法院认为被告捏造的虚伪事实虽然只限于向原告的合作伙伴发送，但已经构成《反不正当竞争法》第 14 条所称的散布。

散布的主体通常与捏造的主体同属一人，但也不必然如此，实务中

---

❶　孔祥俊：《反不正当竞争法新论》，人民法院出版社 2001 年版，第 630 页。

❷　浙江省杭州市中级人民法院 1996 年。http://zjbar.chinalawinfo.com/new-law2002/slc/slc.asp?db=fnl&gid=117507327。

❸　北京市第二中级人民法院（2008）二中民终字第 4517 号民事判决。

可见到一些案件类型，例如律师函引发商业诋毁、媒体商业诋毁，即属于捏造行为与散布行为分属不同主体的例子。

3．指向性

诋毁性言论与误导性宣传不同，前者有明确的指向性，即受攻击者是特定的。不要求指名道姓，受众可以识别即可。在裕兴诉小霸王案中。❶ 小霸王的内部刊物上刊登其公司员工的文章，未点名裕兴公司，但提及"磁盘式普及型电脑"，当时只有裕兴一家有此产品。法院认为这已经具备指向性。

4．导致社会公众对于竞争者的评价降低

捏造虚伪事实，一般情况下足已造成社会公众对于竞争对手的评价降低。因此，往往无须提供证据来证明竞争者的商业信誉或者商品声誉受到损害，损害的存在是推断的，除非有反证。

（二）需要说明的问题

1．主观要件不是考虑因素

《反不正当竞争法》第14条的措辞给人以印象，那就是构成商业诋毁，须行为人具有故意的主观状态。许多法院也持这样的立场。也有主张不必限于主观故意，过错也应涵盖在内。❷ 但是，制止诋毁性言论的要义是使竞争者免受不公正评价的侵害，因此，只要言论贬低了竞争者的商业信誉或者商品声誉，不论行为人的主观状态，都应予以制止。❸ 当然，如果寻求损害赔偿的救济，则需要证明行为人的主观故意或者过失。

2．《反不正当竞争法》第14条的重大遗漏

第14条存在的问题是未区分事实陈述与意见表达。前者是客观存在，后者是主观判断；前者可以用证据来证明或证否，后者无法使用证据证明或证否。在此基础上，未区分贬低与诋毁，前者是通过意见表达

---

❶ 北京市第一中级人民法院（1995）一中民终字第72号民事判决。

❷ 谢晓尧：《在经验和制度之间：不正当竞争司法案例类型化研究》，法律出版社2010年版，第358页。

❸ 孔祥俊：《反不正当竞争法新论》，人民法院出版社2001年版，第628页。

的方式不正当地降低竞争对手的社会评价，后者是通过传播不真实的信息降低竞争者的商誉。

从字面上看，第 14 条只规范了诋毁行为，未规范贬低行为。即通过不公正的评价（意见表达）贬低竞争对手的不正当竞争行为，从而存在漏洞。这一漏洞在未修法之前，可以通过具体化一般条款的方式来弥补。将来修改反不正当竞争法时，则应填补该漏洞。

将来修法，应将虚伪事实扩张至不公正的说法。从而涵盖对事实的不公正的说法与不公正的评论意见（例如侮辱性词语）。其中，不公正的说法包括虚假的说法与不恰当的说法。我国《反不正当竞争法》第 14 条中仅指出了捏造、散布虚伪事实，也即只包含虚假的说法，调整范围过窄，应该作目的性扩张；使之包括不恰当说法与不公正的评论意见。

三、不当比较广告

比较广告并不是我国反不正当竞争法明确规定的一类不正当竞争行为。不当比较广告，由于既涉及对于自己企业、商品或服务的宣传，又涉及对于他人企业、商品或服务的宣传，视其具体情形，可能构成误导性宣传，也可能构成商业诋毁，甚至可以两者兼而有之。

在施尔洁公司与巨和公司不正当竞争纠纷案中，❶ 被告为了宣传自己的柔巾纸，将施尔洁湿巾作为对比对象，宣称："湿纸在包装内长期存放，就会使细菌孳生。"被告公司的行为属于比较广告，法院判定巨和公司的上述行为，属于发布虚假广告，捏造事实，损害竞争对手的行为。此即不当比较广告同时构成误导性宣传与商业诋毁的例子。

在深圳市飞亚达（集团）股份有限公司诉东莞市万华电子有限公司等虚假广告侵权纠纷案中，一审法院认为，飞亚达公司与万华公司均系经营钟表类产品的同行业经营者，在举世瞩目的神舟六号载人航天飞行期间，飞亚达公司的飞亚达手表随神六升空，而万华公司的搭载品牌旗

---

❶ 广东省高级人民法院（2003）粤高法民三终字第 55 号民事判决书。

帜也随神六升空，双方应尊重事实，通过正当的宣传方式取得各自的宣传竞争优势，但万华公司却违反公平、诚实的原则，使用"唯一""专用""宇航表"字样，不正当地利用和享有竞争对手飞亚达公司的商品声誉和商业信誉，从而不正当地利用和享有竞争对手飞亚达公司的竞争优势，其后果足以使消费者对两种不同经营主体的商业信誉、商品声誉发生混淆，使消费者误认为万华公司产品亦随神六升天，且是"唯一""专用""宇航表"产品，这种混淆损害了飞亚达公司的商业信誉、商品声誉。因此构成侵权。❶ 该案所涉实际上也是比较广告，被告是以虚假的方式进行间接的比较（未提及原告的方式进行比较）。最终，法院以构成虚假广告判决被告败诉。

将来，不当比较广告是否应独立成为一种不正当竞争行为，值得考虑。尽管现有关于虚假宣传的规定与商业诋毁的规定，善加解释可以用于规范大部分不当比较广告，毕竟还有一部分比较广告，例如倚靠性比较广告（其实质是借用他人的商誉），无法通过解释虚假宣传与商业诋毁的规定得到规范，鉴于此类不当商业言论毕竟具有特性，将之独立加以规定也是一种可选项。

四、骚扰

我国《反不正当竞争法》仅仅明确列举了 11 种不正当竞争行为，且其中有许多明确列举的行为，学理上认为并不属于纯粹的不正当竞争行为，而是限制竞争行为，例如第 6 条规定的公用企业或者其他依法具有独占地位的经营者的限制竞争行为等。另外，实践中常见的一些行为，学理上认为已经构成不正当竞争行为，但我国反不正当竞争法并未明确规定，骚扰就是其中一例。

骚扰，在德国法上，称为"不可合理预期的骚扰"，❷ 与误导以及商业诋毁不同，这种行为的特点是不是因为其内容，而是因为其方式对

---

❶ 深圳市中级人民法院（2006）深中法民三初字第 41 号民事判决，广东省高级人民法院（2006）粤高法民三终字第 393 号民事判决。

❷ 《德国反不正当竞争法》第 7 条。

他人的私人领域或营业领域造成侵害。❶ 任何商业行为，都对相对人存在不同程度的骚扰。因此，反不正当竞争法不能禁止一切构成骚扰的商业行为，只有当骚扰聚集到一定的密度，以至于大部分相对人无法继续容忍时，才构成不可合理预期的骚扰。❷ 要构成不可合理预期的骚扰，必须具备四项要件：（1）行为是商业行为；（2）行为是骚扰性的商业行为；（3）行为是以不可合理预期的方式进行的骚扰性的商业行为；（4）行为是以不可合理预期的方式骚扰市场参与者的商业行为。❸

骚扰并不是我国反不正当竞争法明确规定的一类不正当竞争行为。在其他现行法律上，也罕见相应规定。不过，2012年12月28日匆匆通过，并于同日施行的全国人民代表大会常务委员会《关于加强网络信息保护的决定》第7条规定：任何组织和个人未经电子信息接收者同意或者请求，或者电子信息接收者明确表示拒绝的，不得向其固定电话、移动电话或者个人电子邮箱发送商业性电子信息。该决定第11条规定了法律责任：对有违反本决定行为的，依法给予警告、罚款、没收违法所得、吊销许可证或者取消备案、关闭网站、禁止有关责任人员从事网络服务业务等处罚，记入社会信用档案并予以公布；构成违反治安管理行为的，依法给予治安管理处罚。构成犯罪的，依法追究刑事责任。侵害他人民事权益的，依法承担民事责任。因此，根据该条，不可合理预期的骚扰保有承担民事责任的可能性。

此外，修正后的《消费者权益保护法》第29条第3款规定：经营者未经消费者同意或者请求，或者消费者明确表示拒绝的，不得向其发送商业性电子信息。

理论上，对此种行为可以适用反不正当竞争法的一般条款，认定构成不正当竞争行为，但是，司法实践中罕见此类通过一般条款判定骚扰构成不正当竞争的案例。鉴于此类不当商业言论有愈演愈烈之势，将来

---

❶　范长军：《德国反不正当竞争法研究》，法律出版社2010年版，第308页。

❷　Bege PegE UWG 2004，BT-Drucks 15/1487，S. 21. 转引自范长军：《德国反不正当竞争法研究》，法律出版社2010年版，第309页。

❸　范长军：《德国反不正当竞争法研究》，法律出版社2010年版，第308页。

反不正竞争法修改时，可考虑将之作为一种独立的不正当竞争行为类型，赋予受侵害的经营者提起民事救济的权利。

五、不正当竞争的民事责任

《反不正当竞争法》第 20 条规定：经营者违反本法规定，给被侵害的经营者造成损害的，应当承担损害赔偿责任，被侵害的经营者的损失难以计算的，赔偿额为侵权人在侵权期间因侵权所获得的利润；并应当承担被侵害的经营者因调查该经营者侵害其合法权益的不正当竞争行为所支付的合理费用。这是反不正当竞争法关于民事责任的唯一一条规定。

观察该条，可知其有如下特点：一是责任形式仅仅包含损害赔偿，二是保护的主体仅仅包含经营者。司法实践中，对于该条规定的责任形式已经有了突破，即已经不限于损害赔偿这种责任形式，而扩张至包含停止不正当竞争行为在内；但是，对于该条规定的保护主体，则至今未见突破。

我国法院似乎从来不认为《反不正当竞争法》第 20 条构成对于责任形式的限制。可能的原因是我国法院系统将反不正当竞争法看成是侵权法的特别法，因此，侵权法上的责任形式，例如，停止有关的行为，如有可能，就在不正当竞争案件中予以适用，即使反不正当竞争法本身并未明确规定。《最高人民法院关于审理不正当竞争民事案件应用法律若干问题的解释》明白宣示其制定司法解释的法律依据包含《民法通则》，❶ 即是明证。

（一）停止不正当竞争行为

值得讨论的问题是在具体案件中，停止不正当竞争行为的具体形式。例如，在误导性宣传的情形，行为人须停止误导性宣传，在商业诋

---

❶ 《最高人民法院关于审理不正当竞争民事案件应用法律若干问题的解释》序言：为了正确审理不正当竞争民事案件，依法保护经营者的合法权益，维护市场竞争秩序，依照《中华人民共和国民法通则》《中华人民共和国反不正当竞争法》《中华人民共和国民事诉讼法》等法律的有关规定，结合审判实践经验和实际情况，制定本解释。

毁的情形，行为人须停止商业诋毁，在不合理的骚扰的情形，行为人须停止骚扰。也即，停止骚扰，停止误导性宣传，停止商业诋毁都是具体的停止不正当竞争的情形。

（二）损害赔偿

《反不正当竞争法》第20条确定的损害赔偿计算方式包括被侵害的经营者的损失，或侵害者的获利。《最高人民法院关于审理不正当竞争民事案件应用法律若干问题的解释》第17条规定：确定《反不正当竞争法》第5条、第9条、第14条规定的不正当竞争行为的损害赔偿额，可以参照确定侵犯注册商标专用权的损害赔偿额的方法进行。

根据商标法以及最高人民法院关于商标侵权民事案件的司法解释的规定，确定侵犯注册商标专用权的损害赔偿额的方法主要有：权利人的损失，侵权人的获利以及法定赔偿。因此，上述解释第17条规定的意义在于：使得反不正当竞争案件也可以适用法定赔偿方式确定损害赔偿额。

（三）消除影响

值得讨论的是，对于不正当竞争行为，能否适用消除影响，以及如何适用消除影响的法律责任。笔者认为，尽管反不正当竞争法条文本身并无规定，但不正当竞争行为应有消除影响的适用余地。原因在于：侵权责任的目的在于恢复到权利未遭受侵害的状态。对于不正当竞争行为而言，有时仅仅停止该行为还不够，还需要作出另外的行为，才能恢复到权利未曾受侵害的状态。例如，商业诋毁使得竞争对手的营业信誉降低，仅仅停止商业诋毁，无法回复到犹如不正当竞争行为未发生的状态。需要行为人进一步作出有关行为，才能使得既已受损的营业信誉得以恢复。例如发表致歉声明等。又如误导性宣传，既已造成相关公众误导，则仅仅停止该宣传还显得不够，还需要行为人作出更正性声明，或附加说明性文字，以消除影响。

由于反不正当竞争法条文本身并无规定，方法论上，可以上溯至民法通则或侵权责任法，以求得适用消除影响这种民事责任。这是将反不正当竞争法当成民法通则或侵权责任法的特别法，当特别法本身没有规定的时候，可以适用一般法的规定。

第五章　不当商业言论的民事责任（二）

与上一章不同，本章主要讨论特别法中规定的不当商业言论的民事责任，除此之外，还要讨论特殊主体问题以及民事责任竞合问题。最后是一个对于不当商业言论私法规制体系的总结和评价。

第一节　不当商业言论在特别私法中的民事责任

由于在上一章已经讨论过不当商业言论在反不正当竞争法——特别私法的一种——中的民事责任问题，这一节我们将目光聚焦于不当商业言论在消费者权益保护法中的民事责任。这一议题又可以分为两个部分，即虚假广告（这一节所使用的术语均是法条中的术语，至于这些术语对应于第一章中的何种不当商业言论，则在下文中予以分析）在消费者权益保护法中的民事责任，以及欺诈在消费者权益保护法中的惩罚性赔偿责任。

一、虚假广告在消费者权益保护法中的民事责任

与反不正当竞争法构成鲜明对比的是，反不正当竞争法将诉权赋予给经营者，而消费者权益保护法是将诉权赋予消费者。❶ 消费者可以针对经营者（往往是广告主）、广告经营者、发布者以及代言人提起诉讼，要求其承担损害赔偿责任。由于新修订的消费者权益保护法刚刚于2014年3月15日（当年的消费者权益保护日）施行，下文将在比较新旧法条的基础上展开。

---

❶ 近来，在反不正当竞争法中赋予消费者以诉权的呼声日隆。但立法尚未作出回应。在有些国家，例如德国，已经存在赋予消费者团体就不正当竞争行为提起诉讼的资格的实例。

（一）责任规范的归纳

1993 年的《消费者权益保护法》第 39 条首先采用泛泛的，一般性的用语规定了一种作出虚假广告的经营者对于消费者的责任。即消费者因虚假广告而使其合法权益受损的，可以要求经营者赔偿。本文将之称为责任规范一。显见的是，"合法权益"一词涵盖范围极广，字面上来理解，消费者的生命、健康、身体、其他人格权以及所有财产权都可以认为是合法权益，此外，消费者就其与经营者之间订立的合同上所享有的利益也应属于合法权益的范畴。但是，显而易见的是，消费者就其在合同上享有的利益可以得到合同法的保护，而合同利益之外的人身、财产利益可以得到侵权法的保护。从而引发该责任规范究竟是独立的请求权基础，还是仅仅属于既有法律规定的重申的疑问和争论。

在这一用语极其宽泛的责任规范之后，是相对来说用语不那么宽泛的责任规范。具体而言，当广告的经营者不能提供经营者的真实名称、地址时，其应承担赔偿责任。本文将之称为责任规范二。

2013 年的新消费者权益保护法保留了旧消费者权益保护法中的责任规范一和责任规范二，但对文字略作修改；2013 年修正的《新消费者权益保护法》第 45 条规定：消费者因经营者利用虚假广告或者其他虚假宣传方式提供商品或者服务，其合法权益受到损害的，可以向经营者要求赔偿。此即责任规范一；又规定：广告经营者、发布者不能提供经营者的真实名称、地址和有效联系方式的，应当承担赔偿责任。此即责任规范二。此外，新消费者权益保护法还增加了两个责任规范。即在涉及消费者生命健康商品或服务的虚假广告的场合，广告经营者、发布者与提供该商品或者服务的经营者的连带责任，这一连带责任不要求广告经营者、发布者的"明知或应知"。此外，此类虚假宣传如有代言者，代言者也与经营者承担连带责任。本文分别称之为责任规范三与责任规范四。

（二）合法权益的界定

以新消费者权益保护法规定的四种责任规范作为分析对象，可知上述四种责任规范之间呈现出明显的主次关系，即责任规范一构成了责任规范二、三、四的基础。原因在于：

就责任规范二与责任规范一的关系而言，由于责任规范二限定于"不能提供经营者的真实名称、地址和有效联系方式"的情形，责任规范二中广告经营者和发布者的赔偿责任可谓是责任规范一中经营者的赔偿责任的代偿责任。❶ 因此，责任规范一是什么性质，则责任规范二也就是什么性质。

责任规范三与责任规范四分别是广告经营者、发布者以及代言人与经营者的连带责任，所针对的均是关系消费者生命健康的商品或服务的虚假广告。既然是连带责任，则经营者的责任构成上述主体承担责任的基础，也就是说，经营者的责任性质决定了上述主体的责任性质。而经营者的责任即是责任规范一中的责任。

探讨责任规范一的性质，首要问题是界定"合法权益"这一范畴。

经营者因虚假广告或其他虚假宣传方式，可能损害消费者何种合法权益？按，此处所谓经营者，情况复杂，可能是生产者，可能是销售者。销售者之中又有批发商与零售商之分。消费者可能与经营者直接接触而有合同关系，或至少处于缔约过程中，也可能与经营者并无直接接触，没有合同关系也并未处于缔约过程之中。

因虚假广告或其他虚假宣传方式，其合法权益受损的消费者，存有如下几种情形：第一种情形，是消费者与经营者已经缔约，后发现存有虚假广告或其他虚假宣传方式，导致履行利益受损。问题是：虚假广告或其他虚假宣传方式是由并非与消费者缔约的经营者作出的情形，其赔偿责任由何主体承担？初步的思路是与消费者缔约的经营者承受该等虚假广告或其他虚假宣传方式带来的后果。

第二种情形，处于缔约过程中，及时发现该虚假广告而中止缔约，并无履行利益的受损，只有信赖利益的损害。对于此种情形，合同法提供了缔约过失责任可资救济，广义而言，可撤销合同被撤销之后的损害

---

❶ 此类代偿责任，类似于担保人对于债务人的代偿责任，或责任保险的保险人对于被保险人的代偿责任。

赔偿责任也可归于此种情形。

第三种情形，缔约之后消费阶段，由于虚假广告或其他虚假宣传方式导致消费者发生人身损害或其他财产损害，即致其固有利益受损。此种固有利益受损的救济途径有合同法中的加害给付的违约损害赔偿，以及侵权损害赔偿。

根据上一章的分析，就经营者因虚假广告或其他虚假宣传方式而对于消费者可能承担的责任来说，不外乎合同责任（尚包括类合同责任）与侵权责任。具体而言，就责任规范一所规定的赔偿责任来说，包括违约损害赔偿，缔约过失的损害赔偿以及侵权损害赔偿，后者主要是产品责任。鉴于责任规范二、三、四均建立于责任规范一的基础之上，上述责任的性质也包括违约损害赔偿责任，缔约过失责任以及侵权损害赔偿责任。

（三）虚假广告或其他虚假宣传方式的界定

责任规范一中的虚假广告或其他虚假宣传方式，是法条中的措辞。这一措辞具有过于含糊，区分不细致的问题，已如前文所述。究其实质，责任规范一中的虚假广告，在多数情况下相当于本书第一章中所谓的误导性宣传，有时也包括欺诈性陈述与违法或不当的标识。

下文中将要讨论的广告法中的类似责任规范也有"虚假广告"的措辞。2015 年修订的《广告法》对该措辞作了界定，其规定：广告以虚假或者引人误解的内容欺骗、误导消费者的，构成虚假广告。❶ 也即，虚假广告，视具体情形，既可能构成欺诈性陈述，也可能属于误导性宣传。这印证了本书之前的判断。

（四）上述责任规范的性质

根据以上分析，可以得出结论，责任规范一不是独立于普通私法的特别法责任规范，而是普通私法中的责任规范的重申。

检索判例可以印证这样的判断。在北大法宝中按照 1993 年《消费者权益保护法》第 39 条，然后手动筛除无关的案例。查询显示有裁判

---

❶　参见 2015 年修订《广告法》第 28 条。

文书记录 11 条，剔除争议法律关系主要不是发生在消费者和广告主、广告经营者、广告发布者之间的案例，还剩下 9 个案例。

在检索到的 9 个案例中，有一些案例，原告主张虚假宣传退货或退还部分款项、甚至主张因欺诈而需承担双倍赔偿的得到了法院支持。❶ 在俞××等诉上海新黄浦置业股份有限公司商品房预售合同案中，原告主张被告为销售房屋，在各种媒体上登载"业主子女享受免试入学、义务教育收费"广告，却无法兑现，请求判令被告全面履行合同，按"义务教育学校收费标准"接纳业主子女进入新黄浦实验学校处就读。法院根据《最高人民法院关于审理商品房买卖合同纠纷案件适用法律若干问题的解释》第 3 条（将广告宣传视为要约）之规定，判决支持业主的请求。❷

有一些案例，作为原告的消费者主张了货款之外的其他损失，例如治疗费，但未获法院支持。❸ 有一些案例，则因为原告未能举证被告有虚假宣传行为，❹ 或未能证明自己有何损害，❺ 或未能证明广告发布者不能提供广告主的真实名称、地址的，❻ 或因法院不认为可以适用《消

---

❶ 昆明超凡房地产开发有限公司与王××商品房预售合同纠纷上诉案，云南省昆明市中级人民法院（2009）昆民一终字第 18 号民事判决；王×诉东方肾脏病医院邮购药品赔偿纠纷案，四川省泸州市中级人民法院（2006）泸民终字第 783 号民事判决；杨××诉北京城乡贸易中心股份有限公司、北京橡果经贸有限公司、中央电视台买卖纠纷案，北京市海淀区人民法院（2001）海民初字第 192 号民事判决，但该案中原告针对广告经营着、发布者的诉请未得到支持。

❷ 上海市第二中级人民法院（2007）沪二中民二（民）终字第 361 号民事判决。

❸ 姜××与杭州某某保健品有限公司产品责任纠纷上诉案，浙江省杭州市中级人民法院（2012）浙杭民终字第 1268 号民事判决。

❹ 张××诉宿松县世纪华联超市买卖合同纠纷案，安徽省宿松县人民法院（2011）松民二初字 00255 号民事判决。

❺ 张××与华润万家生活超市（广州）有限公司商品买卖合同纠纷上诉案，广东省广州市中级人民法院（2008）穗中法民一终字第 2845 号民事判决。

❻ 周××与河南科技报社财产损害赔偿纠纷上诉案，河南省郑州市中级人民法院（2009）郑民一终字第 192 号民事判决。

费者权益保护法》第 39 条❶而败诉。

《消费者权益保护法》第 39 条项下的 9 个案例中，属于责任规范一的情形有 8 例，其中支持原告诉请的有 4 例，占 50% ，这其中又有两个案例法院明确表示被告应承担违约责任；❷ 属于责任规范二的情形有两例，其中支持原告诉请的零例。❸

尽管由于裁判文书公开的原因，北大法宝上搜索到的案例不等于法院系统所有关于《消费者权益保护法》第 39 条的案例。但总共 11 个案例这一查询结果仍然是令人诧异的。并且，即使是支持或者部分支持原告诉请的案例中，严格来说也不是《消费者权益保护法》第 39 条也不是支持原告诉请的主要原因。

可以说，对于案例的搜索进一步印证了责任规范一并非独立的请求权规范的结论，案例的稀少显示了责任规范一的具文化现象。原因也许是：既然有其他逻辑严密的请求权规范可资适用，那么，有什么理由去适用性质定位不明的责任规范一呢？案例所反映的司法实务显示，不管是当事人、律师，还是法院，均没有将《消费者权益保护法》第 39 条当做维权的利器。

二、消费者权益保护法中的惩罚性赔偿责任

1993 年的《消费者权益保护法》第 49 条规定：经营者提供商品或者服务有欺诈行为的，应当按照消费者的要求增加赔偿其受到的损失，增加赔偿的金额为消费者购买商品的价款或者接受服务的费用的 1 倍。

2013 年修订《消费者权益保护法》时对于该条进行了较大幅度的修改，修订后的法律第 55 条规定：经营者提供商品或者服务有欺诈行

---

❶ 王×等诉富平春酒厂产品标识上未依法标注相关内容误导其夫大量饮酒致死人身损害赔偿案，终审法院：河南省高级人民法院。未附案号。

❷ 这两个案例分别是：昆明超凡房地产开发有限公司与王××商品房预售合同纠纷上诉案和俞××等诉上海新黄浦置业股份有限公司商品房预售合同案。

❸ 杨××诉北京城乡贸易中心股份有限公司、北京橡果经贸有限公司、中央电视台买卖纠纷案同时适用了责任规范一和责任规范二。

为的，应当按照消费者的要求增加赔偿其受到的损失，增加赔偿的金额为消费者购买商品的价款或者接受服务的费用的 3 倍；增加赔偿的金额不足 500 元的，为 500 元。法律另有规定的，依照其规定。

经营者明知商品或者服务存在缺陷，仍然向消费者提供，造成消费者或者其他受害人死亡或者健康严重损害的，受害人有权要求经营者依照本法第 49 条、第 51 条等法律规定赔偿损失，并有权要求所受损失 2 倍以下的惩罚性赔偿。

由于在实践中消费合同占据了合同的大多数，因此，惩罚性赔偿的规定具有重要意义。

惩罚性赔偿的规定可以适用于欺诈性陈述以及某些违法或不当标识的情形。顾名思义，欺诈性陈述构成对于消费者的欺诈，因此，消费者可以依据该条规定主张惩罚性赔偿。某些违法标识或不当标识，与事实不符，且是经营者故意为之，其效果与欺诈无异，因此，也可以依据该条，令其承担惩罚性赔偿责任。有争议之处有二，一是该种惩罚性赔偿的性质为何？即究竟属于违约损害赔偿，还是无效合同、可撤销合同被撤销后的过错损害赔偿，或是缔约过失责任，抑或是侵权损害赔偿？二是消费者权益保护法中的欺诈，是否也要以主观故意为条件？

对于第一个问题，即该损害赔偿的性质问题，通说认为消费者权益保护法是合同法的特别法，因此，1993 年《消费者权益保护法》第 49 条规定的惩罚性赔偿乃是违约损害赔偿。❶ 但也有学者主张，在某种程度上，可以认为是规定了缔约过失责任。❷

本文认为，探讨《消费者权益保护法》第 49 条（修正后第 55 条）规定的惩罚性赔偿的性质，无法跳出法条的文义以及法条所处的法律体系。

---

❶ 张新宝、李倩："惩罚性赔偿的立法选择"，载《清华法学》2009 年第 4 期。另可参见杨立新："《消费者权益保护法》规定惩罚性赔偿的成功与不足及完善措施"，载《清华法学》2010 年第 3 期。

❷ 许德风："论瑕疵责任与缔约过失责任的竞合"，载《法学》2006 年第 1 期。

首先，修正前第 49 条与修正后第 55 条第 1 款属于同类性质的规范，区别仅在于增加赔偿的金额不同，因此，这两者所规定的惩罚性损害赔偿责任的性质是相同的。从文义上看，这两者均强调应当按照消费者的要求增加赔偿其受到的损失，并且对增加赔偿的数额进行固定化的处理，修正前第 49 条是消费者购买商品的价款或者接受服务的费用的 1 倍，修正后第 55 条第 1 款是消费者购买商品的价款或者接受服务的费用的 3 倍并且不少于 500 元（法律另有规定的除外）。依体系解释，如前已述，经营者提供商品或者服务有欺诈行为的，该欺诈行为有可能发生在缔约前，也可能发生在履约中，所产生的责任有可能是合同被撤销的民事责任，也可能是违约责任，还可能是缔约过失责任。但有一点，合同被撤销的责任并非独立类型的民事责任，毋宁是不当得利返还责任与缔约过失责任的结合。因此，修正前第 49 条与修正后第 55 条第 1 款所规范的惩罚性损害赔偿应解为既包括违约责任，也包括缔约过失责任。

其次，就修正后第 55 条第 2 款所规范的惩罚性赔偿责任而言，其明文提及产品缺陷，应属于产品责任的范畴，因此，该责任的性质乃是侵权责任。

对于第二个问题，即欺诈是否以主观故意为条件，通说认为，对于欺诈的解释，应当与民法通则以及合同法中对于欺诈的解释保持一致。❶按照学说解释，"欺诈行为"是指"当事人一方故意制造虚假或歪曲事实，或者故意隐匿事实真相，使表意人陷入错误而作出意思表示的行为"，其构成要件之一是"须有欺诈的故意"，无"欺诈的故意"，即无所谓"欺诈行为"，❷按照最高人民法院的解释，"一方当事人，故意告知对方虚假情况，或者故意隐瞒真实情况，诱使对方当事人作出错误意

---

❶　梁慧星："《消费者权益保护法》第 49 条的解释与适用"，载《人民法院报》2001 年 3 月 29 日。

❷　佟柔主编：《中国民法学·民法总则》，法律出版社 1990 年版，第 238 页。

思表示的，可以认定为欺诈行为"。❶

但有学者认为，《消费者权益保护法》不能简单地视为合同法的特别法，因此，欺诈在消费者权益保护法中容有与合同法中不同的内涵。进而言之，消费者权益保护法中的欺诈无须主观故意。❷ 该观点立足于信息社会信息不对称的现实情况，认为法律救济已经不再是解决意思瑕疵，而是对市场势力的干预。❸主张对于适用消费者权益保护法中的惩罚性赔偿无须证明欺诈者的主观故意。具有一定的合理性。但本书认为，损害赔偿制度历来奉行恢复原状的理论，即填平受害人的损失，对于过失甚至无过失的宣传者适用惩罚性赔偿，欠缺正当性依据。

在张×诉北京合力华通汽车服务有限公司买卖合同纠纷案中，❹ 北京市朝阳区人民法院判决撤销张×与合力华通公司于 2007 年 2 月 28 日签订的《汽车销售合同》；张×于判决生效后 7 日内将其所购的雪佛兰景程轿车退还合力华通公司；合力华通公司于判决生效后 7 日内退还张×购车款、购置税、服务费以及保险费；合力华通公司于判决生效后 7 日内加倍赔偿张×购车款 138 000 元。可见，该案的惩罚性赔偿，其性质是可撤销合同被撤销之后的责任，准确地讲，属于缔约过失赔偿责任的范畴。

在苏××与徐州百鑫商业有限责任公司百惠超市分公司、徐州百鑫商业有限责任公司侵犯消费者权益纠纷案中，❺ 被告销售的茶叶的包装袋上仅有"铁观音"等标识，而外包装盒正面写有"观音王" "中国·安溪"字样，其背面有用不干胶粘贴产品标识，记载：销售商，百

---

❶ 《最高人民法院关于贯彻执行〈民法通则〉若干问题的意见（试行)》第 68 条。

❷❸ 谢晓尧："欺诈：一种竞争法的理论诠释——兼论《消费者权益保护法》第 49 条的适用与完善"，载《现代法学》2003 年第 2 期。

❹ 最高人民法院指导性案例 17 号，原审案号为北京市朝阳区人民法院（2007）朝民初字第 18230 号。

❺ 载 http：//zjbar. chinalawinfo. com/newlaw2002/slc/SLC. asp？ Db = cas&Gid = 35667692，2014 年 9 月 3 日最后访问。

惠超市；商品品牌，巨佳；卫生许可证，萧山食品产字（2003）0094号；生产商，杭州巨佳茶叶有限公司及质量安全标识。价格标签记载：铁观音茶叶，价格 480 元/盒。后经鉴定，上述标识中的生产商以及卫生许可证号为虚假，原告请求判令被告赔偿调档费 100 元、茶叶损失 3 840 元并支付 10 倍赔偿金 38 400 元。法院认为：被告产品标识粘贴错误的行为具有欺诈性，但没有证据证明被告销售的涉案茶叶不符合食品安全标准，故不适用 10 倍罚则。遂依据消费者权益保护法第 49 条，判决被告赔偿原告茶叶损失 3 840 元及赔偿金 3 840 元、调档费 100 元，同时，原告苏向前须将茶叶退还给被告。二审维持原判。

　　该案原告是主张食品安全法中的 10 倍惩罚性损害赔偿，法院最终适用消费者权益保护法中的 2 倍惩罚性赔偿，较准确地理解了这两部法律中的规定的惩罚性赔偿责任的不同构成要件。显得遗憾的是，法院在判决主文中并未明确原告向被告退还所购茶叶的法律依据，也即，没有交代清楚究竟是撤销合同，还是解除合同。显然，不论是依据可撤销合同的理论，还是依据违约导致合同解除的理论，均可以达致退还所购物品的效果。就此而论，该案判决的思路不如前述的指导性案例 17 号来的清晰。

第二节　不当商业言论在特别行政法 中的民事责任

　　以下主要讨论不当商业言论在广告法和食品安全法中的民事责任。巧合的是，就在本书写作过程中，这两部法律同时进行了修正。❶

一、不当商业言论在广告法中的民事责任

　　就消费者权益保护法与广告法这两法之间的关系而言，消费者权益

---

　　❶　2015 年 4 月 24 日，第十二届全国人民代表大会常务委员会第十四次会议修订了《广告法》与《食品安全法》，修订后的《广告法》将于 2015 年 9 月 1 日起施行，修订后的《食品安全法》将于 2015 年 10 月 1 日起施行。

保护法颁布在前，实施日期也在前，广告法颁布在后，实施日期也稍晚，但相隔时间不长。《广告法》第38条可以看作《消费者权益保护法》第39条的升级版。较之于《消费者权益保护法》第39条，《广告法》第38条升级了一个广告经营者和发布者的连带责任；此外，在不能提供广告主的真实名称、地址的情形，承担责任的主体从广告经营者扩张到广告经营者和发布者。

与第一印象不太一样的是，虚假广告的案例数量并不多。将"虚假广告"作为关键词，在北大法宝"高法公报案例""裁判文书精选""经典案例评析""仲裁裁决与案例"四个栏目中查询，仅在"中国法院裁判文书数据库"中录得记录79条，在"经典案例评析"中录得记录2条。

换一种方式查询，在《广告法》第38条项下，在"相关资料"中也仅记载最高人民法院公报案例1篇，裁判文书81篇。❶

（一）归纳

如同1993年《消费者权益保护法》第39条一样，1994年《广告法》第38条也首先采用泛泛的，一般性的用语规定了一种作出虚假宣传的经营者对于消费者的责任。即，消费者因虚假广告而使其合法权益受损的，可以要求广告主或承担民事责任。本文将之称为责任规范一。

广告法也存在责任规范二，即当广告的经营者、发布者不能提供经营者的真实名称、地址时，其应承担赔偿责任。与消费者权益保护法相比，广告法中承担责任的主体范围从广告经营者扩张至广告发布者。❷广告法还发展出第三个责任规范，即广告经营者、发布者明知或者应知广告虚假仍设计、制作、发布的，应当依法承担连带责任；以及第四个责任规范，社会团体或者其他组织，在虚假广告中向消费者推荐商品或者服务，使消费者的合法权益受到损害的，应当依法承担连带责任。

---

❶ 以上均于2015年9月26日查询。

❷ 2013年修正的《消费者权益保护法》又向《广告法》看齐，其责任规范二中承担责任的主体包含了广告发布者。

2015 年修订《广告法》之后，上述四个责任规范在第 56 条中仍存续，但也有一些细微变化。责任规范二被表述成了先行赔偿，而在 1994 年《广告法》中并无"先行"的字样。但这一变化实际上并无想象中的那么大，可以合理地推论，在 1994 年的《广告法》中，如果广告经营者或广告发布者找到广告主的真实名称、地址后，其可以要求广告主承担赔偿责任，就此而论，1994 年《广告法》中的责任规范二实际上也是先行赔偿责任。责任规范四中的责任主体扩张到所有的广告代言人，而不再仅仅限于社会团体或者其他组织。

值得注意的是，如同 2013 年的《消费者权益保护法》一样，2015 年的《广告法》还增加了两个责任规范。即在关系消费者生命健康商品或服务的虚假广告造成损害的场合，广告经营者、发布者与广告法的连带责任，这一连带责任不要求广告经营者、发布者的"明知或应知"。此外，此类虚假广告如有代言者，代言者也与经营者承担连带责任。本文分别称之为责任规范五与责任规范六。

（二）诸种责任规范之间的关系

与消费者权益保护法中的情形一样，诸种责任规范之间存在密切的关系。其中，责任规范一是其他责任规范的基础。原因在于：

就责任规范二与责任规范一的关系而言，由于责任规范二限定于"不能提供经营者的真实名称、地址和有效联系方式的"情形，责任规范二中广告经营者和发布者的民事责任可谓是责任规范一中经营者的赔偿责任的代位责任（或法条表述的先行赔偿责任）。因此，责任规范一是什么性质，则责任规范二也就是什么性质。

责任规范三至责任规范六分别是广告经营者、发布者明知、应知虚假广告时，或在关系到消费者生命健康的商品或服务的虚假广告的情形，广告经营者、广告发布者与广告主的连带责任，以及代言人与广告主的连带责任。既然是连带责任，则经营者的责任构成上述主体承担责任的基础，也就是说，广告主的责任性质决定了上述主体的责任性质。广告主的责任即是责任规范一中的责任。

（三）　责任规范一的性质

参照上文关于消费者权益保护法中的分析，尤其是对于"合法权益"的分析，可以得出结论，责任规范一不是独立于普通私法的特别法责任规范，而是普通私法中的责任规范的重申。检索判例可以印证这样的判断。与消费者权益保护法的情况一样，判例显示了责任规范一的具文化现象。

在 1994 年《广告法》第 38 条项下，显示共有裁判文书记录 58 条。❶ 剔除重复的记录以及争议法律关系主要不是发生在消费者和广告主、广告经营者、广告发布者之间的案例，还剩下 39 个案例。在这 39 个案例中，共有 19 个案例适用责任规范一，有 16 个案例适用责任规范二，有 14 个案例适用责任规范三，仅有 1 个案例适用责任规范四。

在适用责任规范一的案例中，有一些案件支持了原告的诉请，例如海南省工人疗养院与陈××等财产损害赔偿纠纷案，❷ 海南省工人疗养院与林××虚假广告赔偿纠纷案，❸ 湖北润海房地产开发有限公司与赵××等虚假广告纠纷上诉案，❹ 蔡××等与山东省潍坊市东方肾脏病医院等广告侵权纠纷上诉案，❺ 昆明比特科工贸公司诉昆明三超科技发展有限公司等民事纠纷案，该案判决发布虚假广告的被告履行广告中提及的赠物义务，❻ 林××诉四川鼎地股份有限公司、成都电视台劳务输出合同案，❼ 郭×诉精品购物指南报社、北京市万方园宾馆赔偿案，❽ 崔××诉北京四联教育文化发展中心等虚假广告纠纷案，❾ 王×诉东方肾

---

❶ 此处查询日期为 2013 年 12 月。

❷ 海南省海口市中级人民法院（2001）海中法民终字第 139 号民事判决。

❸ 海南省海口市中级人民法院（2001）海中法民终字第 161 号民事判决。

❹ 湖北省高级人民法院（2002）鄂民一终字第 97 号民事判决。

❺ 湖南省湘西土家族苗族自治州中级人民法院（2003）州民一终字第 77 号民事判决。

❻ 云南省昆明市中级人民法院（1998）昆民终字第 870 号民事判决。

❼ 四川省成都市中级人民法院（1996）成经终字第 178 号民事判决。

❽ 北京市西城区人民法院（1999）西民初字第 2321 号民事判决。

❾ 北京市海淀区人民法院（2006）海民初字第 21080 号民事判决。

脏病医院邮购药品赔偿纠纷案，❶ 顾××诉上海枫华经济发展有限公司等财产损害赔偿案，❷ 窦××诉上海文艺广告传播中心、上海欧丽洁科技开发有限公司财产损害赔偿案。❸

有部分案例被告的责任被限制，有法院以过失相抵的原则减轻被告的赔偿责任，❹ 有法院以原因力大小限制被告的赔偿责任。❺ 另有部分案例，法院驳回了原告诉请，理由有：系争广告不构成虚假广告，❻ 或原告未能证明涉案广告虚假。❼

适用责任规范二的案例中，有部分案件法院支持了原告以广告经营者、发布者未提供广告主的真实名称、地址为由提起的索赔请求。❽ 有

---

❶　四川省泸州市中级人民法院（2006）泸民终字第783号民事判决。

❷　上海市第二中级人民法院（2002）沪二中民一（民）终字第1404号民事判决。

❸　上海市卢湾区人民法院（2001）卢经初字第399号民事判决。

❹　北京金源时代购物中心有限公司与北京中联安科技发展有限公司虚假广告纠纷上诉案，北京市第一中级人民法院（2006）一中民终字第6250号民事判决。

❺　刘××等诉宜登学校不能兑现招生简章中的承诺致成绩达不到最低公费录取分数线而按收费就读退还学费赔偿损失案，审理法院：湖南省岳阳市中级人民法院，案号未列明。

❻　陈××诉上海赛洋科技实业有限公司等赔偿案，上海市第二中级人民法院（2001）沪二中民终字第958号民事判决；黄××与武汉奇祥汽车销售服务有限公司等买卖合同纠纷上诉案，湖北省武汉市中级人民法院（2012）鄂武汉中民二终字第00295号民事判决。

❼　李×与中央电视台等虚假广告纠纷上诉案，北京市第一中级人民法院（2007）一中民终字第904号民事判决。

❽　例如，广州青年报社与张××财产损害赔偿纠纷上诉案，广东省广州市中级人民法院（2004）穗中法民二终字第886号民事判决；辽宁百业信息发展有限公司与金多森虚假广告赔偿纠纷上诉案，辽宁省沈阳市中级人民法院（2006）沈××（3）权终字第6号民事判决；吴××与昆明都市时报传媒有限责任公司等财产损害赔偿纠纷上诉案，云南省昆明市中级人民法院（2007）昆民三终字第1208号民事判决；郑州日报社等与王××财产损害赔偿纠纷上诉案，河南省郑州市中级人民法院（2011）郑民二终字第1168号民事判决；李×诉武陵都市报社虚假广告纠纷案，重庆市黔江区人民法院（2008）黔法民初字第180号民事判决。

一些法院以原告自己也有过错，或"损失的主要原因是该公司（原告）考察设备不当所致"，❶ 令原告对其损失承担部分责任，从而减轻了广告经营者、发布者的责任。

另有一些法院则以被告已尽广告审查义务，对原告之损失不存在过失，❷ 或已履行查验义务，能提供广告主的真实名称、地址，❸ 或无法证明原告的损失（尽管原告诉称其遭受广告诈骗并提供收款凭证），❹ 或消费者被骗与广告发布者发布的广告无因果关系，❺ 或原告已经联系上广告主❻为由，判决驳回原告的诉请。

在适用责任规范三的案例中，即要求广告经营者、发布者与广告主就虚假广告承担连带责任的案例，这类案例的原告往往同时针对广告主要求适用责任规范一。在 14 个案例中，有部分案例法院支持了连带责

---

❶　吉林省三谊广告装潢有限公司诉视听导报社案，吉林省高级人民法院（2000）吉高法民终字第 91 号民事判决。

❷　廖××等诉惠州日报社赔偿经济损失案，广东省惠州市中级人民法院（2002）惠中法经初字第 37 号民事判决；刘××与致富时代杂志社特殊类型侵权纠纷上诉案，广东省广州市中级人民法院（2010）穗中法民一终字第 1265 号民事判决。

❸　于××诉漯河日报社虚假宣传纠纷案，河南省漯河市郾城区（县）人民法院（2010）郾民初字第 02220 号民事判决。

❹　中国经营报社等与徐××虚假广告纠纷上诉案，北京市第一中级人民法院（2004）一中民终字第 1619 号民事判决；中国经营报社等与倪××虚假广告纠纷上诉案，北京市第一中级人民法院（2004）一中民终字第 1620 号民事判决；林×与广西民族报社侵权纠纷上诉案，广西壮族自治区南宁市中级人民法院（2011）南市民一终字第 1836 号民事判决；林×诉北京搜狐互联网信息服务有限公司等网络侵权纠纷案，北京市海淀区人民法院（2004）海民初字第 13022 号民事判决。

❺　杨××与珠江时报社财产损害赔偿纠纷上诉案，广东省佛山市中级人民法院（2007）佛中法民一终字第 262 号民事判决。

❻　周××与河南科技报社财产损害赔偿纠纷上诉案，河南省郑州市中级人民法院（2009）郑民一终字第 192 号民事判决。

任的请求。❶ 但也有不少案例，法院以没有直接的因果关系，❷ 或无证据证明广告虚假，❸ 或广告发布者无须对本案无效合同造成后果承担连带责任等理由，❹ 驳回原告要求广告经营者、发布者承担连带责任的请求。

　　仅有的一例适用责任规范四的案件，由于法院并未认定涉案广告为虚假广告，法院驳回了原告要求代言人承担连带责任的请求。❺

---

　　❶　海南省工人疗养院诉陈××等财产损害赔偿纠纷案，海南省海口市中级人民法院（2001）海中法民终字第139号民事判决；蔡××等与山东省潍坊市东方肾脏病医院等广告侵权纠纷上诉案，湖南省湘西土家族苗族自治州中级人民法院（2003）州民一终字第77号民事判决；郭×诉精品购物指南报社、北京市万方园宾馆赔偿案，北京市西城区人民法院（1999）西民初字第2321号民事判决；辽宁日报报业集团与李××广告侵权损害赔偿纠纷上诉案，辽宁省沈阳市中级人民法院（2005）沈××（3）合终字第551号民事判决；辽宁日报报业集团与孟×广告侵权损害赔偿纠纷上诉案，辽宁省沈阳市中级人民法院（2005）沈××（3）合终字第858号民事判决；辽宁日报报业集团与许×广告侵权损害赔偿纠纷上诉案，辽宁省沈阳市中级人民法院（2005）沈××（3）合终字第553号民事判决；崔××诉北京四联教育文化发展中心等虚假广告纠纷案，北京市海淀区人民法院（2006）海民初字第21080号民事判决；窦××诉上海文艺广告传播中心、上海欧丽洁科技开发有限公司财产损害赔偿案，上海市卢湾区人民法院（2001）卢经初字第399号民事判决。

　　❷　施××与云南人民广播电台虚假广告纠纷上诉案，云南省昆明市中级人民法院（2004）昆民六终字第6号民事判决；刘××等诉中央电视台虚假宣传纠纷案，北京市海淀区人民法院（2008）海民初字第13261号民事判决；顾××诉上海枫华经济发展有限公司等财产损害赔偿案，上海市第二中级人民法院（2002）沪二中民一（民）终字第1404号民事判决。

　　❸　李×与中央电视台等虚假广告纠纷上诉案，北京市第一中级人民法院（2007）一中民终字第904号民事判决；李×诉中央电视台虚假广告纠纷案，北京市海淀区人民法院（2004）海民初字第13754号民事判决。

　　❹　林××诉四川鼎地股份有限公司、成都电视台劳务输出合同案，四川省成都市中级人民法院（1996）成经终字第178号民事判决。

　　❺　陈××诉上海赛洋科技实业有限公司等赔偿案，上海市第二中级人民法院（2001）沪二中民终字第958号民事判决。

以上案例显示，依据 1994 年《广告法》第 38 条获得成功的原告比例大致过半，但是，有些法院明确被告责任属于违约责任；有些则明显地属于侵权责任，尤其是产品责任。几乎很难说某一个判例是以责任规范一作为单独的请求权规范的。

比例更高的依据《广告法》第 38 条索赔成功的往往是一些广告经营者、发布者未能提供广告主的真实名称、地址的案例类型（责任规范二），以及广告经营者、发布者明知或应知虚假广告而予以发布的案例类型（责任规范三），但从公布的判决书来看，总体数量有限。

二、食品安全法中的惩罚性赔偿责任

2009 年《食品安全法》第 96 条规定：违反本法规定，造成人身、财产或者其他损害的，依法承担赔偿责任。生产不符合食品安全标准的食品或者销售明知是不符合食品安全标准的食品，消费者除要求赔偿损失外，还可以向生产者或者销售者要求支付价款 10 倍的赔偿金。带有立法机关官方色彩的解读认为，该条规定性质上属于侵权责任上的惩罚性赔偿。❶ 但是，对此仍有争议。

该条规定可以适用于不当标示的情形。食品上的不当标示可能构成欺诈或误导，因此可能引发违约责任或可撤销合同的民事责任，或缔约过失责任。食品上的不当标示还可能构成指示缺陷，从而满足产品责任的构成要件，从而经营者须向消费者承担特别的侵权责任。

根据 2015 年修订后《食品安全法》第 148 条：接到消费者赔偿要求的生产经营者，应当实行首负责任制，先行赔付，然后由生产经营者自行解决内部追偿问题。此外，2015 年修订后《食品安全法》还修改了惩罚性赔偿的具体规定，即除了赔偿损失外，消费者还可以向生产者或者经营者要求支付价款 10 倍或者损失 3 倍的赔偿金；增加赔偿的金额不足 1 000 元的，为 1 000 元。但是，食品的标签、说明书存在不影响

---

❶ 全国人大常委会法制工作委员会行政法室编著：《中华人民共和国食品安全法解读》，中国法制出版社 2009 年版，第 271 页。

食品安全且不会对消费者造成误导的瑕疵除外。

上述规定引发责任性质的讨论，即，该法所规定的赔偿责任（第一款）以及价款 10 倍或者损失 3 倍的赔偿金（第二款）究竟属于违约责任还是侵权责任，抑或其他性质的责任问题。责任性质的界定关系到法律适用，颇值重视。

就其字面意义而言，第一款不构成独立的请求权基础，而是一个援引性的条款，因为该条款明示须依法承担赔偿责任。所依之法，不是该条本身。具体讲，违反本法规定，造成人身、财产或者其他损害的，若是交易相对人遭受损害，不妨适用合同法，承担违约损害赔偿，在加害给付的情形，构成违约责任与侵权责任的竞合，交易相对人不妨选择侵权损害赔偿；若是交易相对人之外的第三人遭受损害，则由于双方之间并无合同关系，只能是侵权损害赔偿责任。

第二款也不是独立的请求权基础，乃是请求权辅助规范。该款限定主体必须是消费者，构成要件中必须满足"生产不符合食品安全标准的食品或者销售明知是不符合食品安全标准的食品"这一条件，至于这一款的责任性质，则争议之处很多。如果是具有合同关系的销售者与消费者，似乎可以理解为是违约损害赔偿责任，此价款 10 倍的赔偿金与消费者权益保护法中的两倍的惩罚性赔偿相类。但如果是与消费者并无合同关系的生产者或销售者，则由于双方之间并无合同关系，似乎该价款 10 倍的赔偿金只能在满足侵权损害赔偿责任的前提下才能予以适用。笔者认为，此处的侵权损害赔偿责任，可以是产品责任，也可以是普通的损害赔偿责任。

在孙××诉南京欧尚超市有限公司江宁店买卖合同纠纷案中，❶ 2012 年 5 月 1 日，原告孙××在被告南京欧尚超市有限公司江宁店（简称欧尚超市江宁店）购买"玉兔牌"香肠 15 包，其中价值 558.6 元的 14 包香肠已过保质期。孙××到收银台结账后，即径直到服务台

---

❶　最高人民法院指导性案例 23 号，原审案号为江苏省南京市江宁区人民法院（2012）江宁开民初字第 646 号。

索赔，后因协商未果诉至法院，要求欧尚超市江宁店支付 14 包香肠售价 10 倍的赔偿金 5 586 元。关于被告欧尚超市江宁店是否属于销售明知是不符合食品安全标准食品的问题。法院认为：《中华人民共和国食品安全法》第 3 条规定："食品生产经营者应当依照法律、法规和食品安全标准从事生产经营活动，对社会和公众负责，保证食品安全，接受社会监督，承担社会责任。"该法第 28 条第（8）项规定，超过保质期的食品属于禁止生产经营的食品。食品销售者负有保证食品安全的法定义务，应当对不符合安全标准的食品自行及时清理。欧尚超市江宁店作为食品销售者，应当按照保障食品安全的要求储存食品，及时检查待售食品，清理超过保质期的食品，但欧尚超市江宁店仍然摆放并销售货架上超过保质期的"玉兔牌"香肠，未履行法定义务，可以认定为销售明知是不符合食品安全标准的食品。故此，江苏省南京市江宁区人民法院判决被告欧尚超市江宁店于判决发生法律效力之日起 10 日内赔偿原告孙××5 586 元。宣判后，双方当事人均未上诉，判决已发生法律效力。

在周××与百盛商业发展有限公司买卖合同纠纷案中，❶ 周××在百盛公司处购买了"典藏铁观音"茶叶 1 盒，价值 3 000 元。后发现该产品外包装上没有标注产品执行标准，违反了《中华人民共和国食品安全法》（以下简称《食品安全法》）第 42 条第 1 款第（5）项的规定，属于不符合食品安全标准的违法产品。另根据《食品安全法》第 20 条的规定，食品安全标准包括与食品安全、营养有关的标签、标识的要求。

一审判决认为：根据相关法律规定，预包装食品的包装上应当有标签。标签应当标明的内容包括产品标准代号。根据我国《预包装食品标签通则》的规定，国内生产并在国内销售的预包装食品（不包括进口预包装食品）应标示企业执行的国家标准、行业标准、地方标准或经备案的企业标准的代号和顺序号。该项规定系强制性规定。周××要求退货有事实及法律依据，法院予以支持。但百盛公司在进货时已审查了生产

---

❶ 北京市第一中级人民法院（2011）一中民终字第 16433 号民事判决书。

厂家的相关资质及所售铁观音产品的质量品质，周××未就百盛公司系明知诉争铁观音产品不符合食品安全标准而销售向法庭充分举证，故其要求 10 倍赔偿的主张，法院不予支持。二审法院维持了一审判决。

　　该案法院是以商家不明知诉争铁观音产品不符合食品安全标准而驳回原告请求，但该判决理由比较牵强，作为商家，应知产品上要有标签，且须标明产品标准代号。该案判决，其效果是将销售者的注意义务降低，仅在其明知不符合食品安全标准，仍执意销售时才令其承担 10 倍的惩罚性赔偿，仅仅未遵守国家法律规定，尚不足以构成明知。

　　在广州家广超市有限公司员村店等与孟×侵权纠纷案中，❶孟×在广州家广超市有限公司员村店处购买了 5 瓶万基公司出品的"蜂胶软胶囊"，单价为 298 元，总计金额为 1 490 元。该产品上标注卫生许可证号：粤卫食证字〔2007〕第 0305A05115 号。

　　一审法院认为，"蜂胶软胶囊"产品应属于保健食品。"蜂胶软胶囊"的主要成分为蜂胶，根据卫法监发〔2002〕51 号《卫生部关于进一步规范保健食品原料管理的通知》附件 2《可用于保健食品的物品名单》的规定，蜂胶属于可作为保健食品的物品。但孟×在广州家广超市有限公司员村店购买的上述蜂胶软胶囊上仅注明粤卫食证字〔2007〕第 0305A05115 号，证明该蜂胶软胆囊仅为食品，并非保健食品。《卫生部关于进一步规范保健食品原料管理的通知》还规定，如需开发《可用于保健食品的物品名单》中的物品用于普通食品生产，应按照《新资源食品管理办法》规定的程序进行食品安全性评估并申报批准，蜂胶属于可用于保健食品的物品，但两上诉人未能提交证据证明将蜂胶用于食品开发已按有关规定进行食品安全性评估并申报批准。上诉人广州家广超市有限公司员村店销售未经批准的蜂胶软胶囊，违反了国家卫生行政管理部门的强制性规定，其销售行为违反了《中华人民共和国食品安全法》的相关规定。故判决广州家广超市有限公司员村店承担 10 倍价款的赔

------

❶　广东省广州市中级人民法院（2010）穗中法民一终字第 1344 号民事判决书。

偿责任。

广州家广超市有限公司员村店不服一审判决，提起上诉，二审法院认为：从惩罚性赔偿立法目的及侵权法原理的角度来看，消费者依据《中华人民共和国食品安全法》第 96 条第 2 款的规定请求销售者承担 10 倍赔偿责任的，必须符合两个前提条件，其一，销售者明知销售食品不符合食品安全标准，其二，销售者因违反了《中华人民共和国食品安全法》规定给消费者造成了人身、财产或者其他损害。本案中上诉人不存在"明知"销售食品不符合食品安全标准的主观过错。且除价款损失外，被上诉人无据证实其存在人身、财产或者其他损害。因此，被上诉人要求两上诉人支付 10 倍价款赔偿金，不符合法定条件。遂改判赔偿孟×价款损失。

类似地，在上海联家超市有限公司与许×买卖合同纠纷案中，❶ 许×所购的寿司宝早场米以及 ST 蓝莓两款商品的包装上均未标明生产日期。一审法院判决上海联家超市有限公司退还许某货款并承担 10 倍价款的赔偿金。二审法院，即上海市第二中级人民法院认为，《食品安全法》第 96 条规定的是"退一赔十"的惩罚性赔偿制度，要适用该条款，消费者应证明：生产者生产了不符合食品安全标准的食品或销售者销售了明知是不符合食品安全标准的食品；生产者或销售者的上述行为造成了其人身、财产或其他损害的后果。许×在联家超市处购买系争商品不属于消费者权益保护法所保护的为生活消费需要购买或使用商品的行为，其所购买的 10 盒 ST 蓝莓并不属于食品安全法规定的预包装食品，其也未能充分证明上诉人存在销售明知是不符合食品安全标准的食品的行为，遂撤销了一审判决。

该两案均是一审支持了 10 倍惩罚性赔偿的诉请，但二审予以改正。两案的二审法院均分析了价款 10 倍赔偿责任的构成要件，但仍未具体指出该款规定的责任性质，从其对于要件的分析中，可以得出，广州法

---

❶ 上海市第二中级人民法院（2010）沪二中民一（民）终字第 728 号民事判决书。

院要求在价款损失之外，还必须有其他损害，才能适用该款。两案的判决以及前述的周××一案的判决，充分显示消费者向销售者主张 10 倍惩罚性赔偿，是一件很不容易的事情。

在胡××诉周××产品责任纠纷案中，❶ 原告于 2012 年 1 月 6 日至被告处购买了 3 瓶"金健阿拉斯佳山栀子高浓度软胶囊"，每瓶单价 108 元，共支付价款 324 元。该产品标示"金健阿拉斯佳山栀子高浓度软胶囊，配料：山栀子、库拉索芦荟凝胶、大豆油、明胶、甘油，产地：美国，美国原装进口，膳食补充。中国总代理：广州市久顺贸易有限公司……"，原告认为被告销售的是明知不符合食品安全标准的食品，被告销售的该产品中的库拉索芦荟凝胶，是法律法规禁止销售的芦荟，属于违法行为，且未标注"本品添加芦荟，孕妇、婴幼儿慎用"字样。故请求判令被告退货款 324 元，支付 10 倍赔偿金 3 240 元等。法院认为，原告胡××在被告处购买了"金健阿拉斯佳山栀子高浓度软胶囊"，双方之间买卖合同关系成立，且合法有效。外国食品进口到我国应当符合我国的食品安全卫生标准，而涉案产品含有库拉索芦荟凝胶，却没有标注"本品添加芦荟，孕妇与婴幼儿慎用"字样，显然与我国法律相悖。遂根据《中华人民共和国食品安全法》第 96 条判决被告退还原告胡××货款 324 元并承担价款 10 倍的赔偿金 3 240 元。

该案判决显示，消费者获得了 10 倍的惩罚性赔偿。从判决理由来看，法院并未要求消费者需要遭受什么其他损害，尤其是并未要求消费者需要具备侵权法上的固有利益的损害，甚至在销售者"明知"这一环节也放松了要求，案例显示该案中的销售者的主观状态似乎是"应知但因过失而不知"。应当说，这是我所见过对于 10 倍惩罚性赔偿构成要件的最为宽松的理解。

综合该案判决以及前述三个案件的判决，似乎并未能给人形成一个明晰的印象，该案判决以及前两案的一审判决，认为只要合同成立，且销售者有违反食品安全标准的情形，即需承担 10 倍价款的赔偿责任，

---

❶ 重庆市南岸区人民法院（2012）南法民初字第 02855 号民事判决书。

并不在意销售者是否明知，以及除了价款之外，消费者是否还有其他人身、财产损害。但是，前两案的二审法院以及第一案（周××案）的审理法院显然所持观点不同。

第三节　民事责任的竞合问题

很多法条的构成要件彼此会全部或部分重合，因此，同一案件事实可以被很多法条指涉。大家称为法条的相会（竞合）。❶ 不当商业言论可能导致合同责任（类合同责任）、侵权责任以及不正当竞争责任，已如前述。有疑问的是，上述民事责任，是否可以同时适用（叠合），还是只能择一适用？

本文此处所使用的"择一适用"，是指某一案件事实，被两个法律规范同时指涉，并指向不同的法律效果，其中一个法律效果的适用将排除另一个法律效果的适用的情形。"同时适用"则是指两规范的法律效果均得以适用，产生叠加的效果。假若两个法律规范的法律效果本身互相排斥，则适用其中一个法律效果，必然排斥另外一个法律效果。例如，由于承担违约责任的前提是存在有效的合同，因此，不可以同时既适用无效合同的法律责任，又适用违约责任。但在多数情形，规范的竞合产生的法律效果本身并不互相排斥，因此，需要决定这些法律效果是重叠适用还是择一适用。

有一种较为狭义的对于"规范竞合"的理解主要来自刑法学。也即，刑法学上的"规范竞合"是指数个法律规范形式上均可以适用，但最终只能适用其中一个规范的情形。通常所熟知的"想象竞合"与

---

❶　［德］卡尔·拉伦茨著，陈爱娥译：《法学方法论》，商务印书馆 2003 年版，第 146 页。

"法条竞合"正是在这个意义上使用的"竞合"。● 但在下文，我们将广义地使用"规范竞合""责任竞合"或"竞合"这些词。

不当商业言论，主要有以下责任竞合问题：违约责任与侵权责任或不正当竞争责任的竞合，侵权责任与不正当竞争责任的竞合，以及诸种不同的合同责任之间的竞合，诸种不同的侵权责任之间的竞合以及诸种不同的不正当竞争责任的竞合。以下是详细的分析。

一、违约责任与侵权责任或不正当竞争责任的竞合

由于违约责任发生在经营者与交易对象之间，而侵权责任不需要当事人之间存在合同关系，因此，在当事人双方有合同关系的场合，违约责任和侵权责任之间，存在竞合现象。例如经营者提供商品或服务，由于所提供商品或服务存在质量瑕疵，导致相对人受有人身或其他财产损害，相对人既可以主张违约责任，也可以主张侵权责任。● 只不过，主张其中一种请求权之后，如得到满足，则无法主张另一种请求权。也即，这种责任竞合的处理方式是择一适用。

在我国的司法实践中，主张不正当竞争法律责任时，要求原告证明原被告之间存在竞争关系。● 竞争关系通常并非合同关系，因此，违约责任存在于有合同关系的当事人之间，不正当竞争责任存在于有竞争关系的经营者之间，两者互不冲突，违约责任与不正当竞争责任可以重叠

● 法条竞合，多见于刑法研究中，在竞合论视野下，是与纯正竞合的想象竞合相区别的不纯正竞合。之所以不纯正，是因为法条竞合看似有数个构成要件可资适用，但只要适用其中一个，就足以包涵该行为全部非价内容，基于禁止重复评价而排斥其他构成要件的适用，即实际上仅有一个构成要件该当，欠缺复数构成要件实现之"纯正"竞合论基础。即，法条竞合是一行为该当一个犯罪构成，成立一罪，依该罪法定刑处罚。想象竞合则是一行为该当数个犯罪构成，构成数罪，只是科刑上作为一罪处理。参见王强："法条竞合特别关系及其处理"，载《法学研究》2012年第1期。

● 《合同法》第122条。

● 没有竞争关系，不会发生不正当竞争行为，不能适用反不正当竞争法处理。参见李国光主编：《知识产权诉讼教材》，人民法院出版社1999年版，第68页。

适用。

不当商业言论导致的违约责任与侵权责任的竞合的例子，在产品责任的情形比较常见。因产品上的指示缺陷导致消费者人身或其他财产损害，消费者可以要求生产者或销售者承担产品责任，也可以要求与之有合同关系的销售者承担违约责任。顺便指出，拉伦茨认为，此种情形下相互竞合的不仅是两项规范，而是两项规整总体。❶

不当商业言论导致违约责任与不正当竞争责任的竞合则比较罕见，原因在于：我国《反不正当竞争法》未赋予单个消费者以诉权。2013年新修正的《消费者权益保护法》也仅仅赋予中国消费者协会以及在省、自治区、直辖市设立的消费者协会，针对侵害众多消费者合法权益的行为，向人民法院提起诉讼。因此，单个消费者遭受欺诈性宣传或误导性宣传之时，其可以行使合同法上的请求权（请求撤销合同或请求销售者承担违约责任），但无法直接针对经营者提起不正当竞争之诉。

至于其他经营者可以针对作出不当商业言论的经营者提起不正当竞争之诉，该等请求权与消费者针对作出不当商业言论的经营者的合同法上的请求权可以重叠适用，自不待言。

2013年新修正的《消费者权益保护法》第47条赋予消费者协会针对侵害众多消费者合法权益的行为，向人民法院提起诉讼的权利，理应包含经营者作出欺诈性言论或误导性言论的情形，因此，应当认为，消费者协会可以就这些不当商业言论提起不正当竞争之诉，如此，该等请求权可以与单个消费者针对作出不当商业言论的经营者的合同法上的请求权重叠适用。

二、诸种合同法上的责任之间的关系

不当商业言论，可能发生诸种合同法上的责任，例如可撤销合同的责任，违约责任等。鉴于可撤销合同的责任乃是无效合同的责任，违约

---

❶ ［德］卡尔·拉伦茨著，陈爱娥译：《法学方法论》，商务印书馆2003年版，第149页。

责任则是合同不履行的责任，两者之间的区别在于无效合同，所赔偿者乃是当事人的信赖利益，而违约责任，所赔偿者乃是当事人的履行利益，因此，这两种合同责任基本上属于互相冲突的关系，主张其中一种，则意味着放弃另一种。只是，在所主张的一种请求权被法院驳回之后，不妨另行提起诉讼，主张另一种请求权。

例如，因误导性宣传而签订买卖合同，消费者可以欺诈请求撤销双方之间的合同，合同被撤销之后，双方互负返还义务，消费者还可以要求经营者承担损害赔偿责任，此种损害赔偿，系就消费者的信赖利益为之，属于缔约过失责任的范畴。如不愿撤销合同或撤销合同已经不可行，消费者可以商品与陈述不符，要求经营者承担违约损害赔偿责任，此种损害赔偿，系就消费者的履行利益为之。这两种合同法上的责任不能并存，而仅能选择一种为主张。更常见的情形，是消费者要求经营者承担消费者权益保护法上的惩罚性损害赔偿。如前已述，消费者权益保护法中的惩罚性赔偿并非独立的责任规范，毋宁只是辅助的责任规范，依原告的主张，它所辅助的独立责任规范或者是违约责任规范，或者是缔约过失责任规范。

三、诸种侵权责任或不正当竞争责任之间的关系

（一）虚假宣传行为与商业诋毁行为的竞合

某一商业言论，可能既该当某一种不正当竞争行为的构成要件，同时也满足另一种不正当竞争行为的构成要件，则我们说此时发生了竞合问题。可见，此类竞合问题与刑法学上的竞合问题类似。

例如，某一比较广告，如果既包含夸大宣传自己商品的成分，又包含捏造事实，贬低竞争对手商品的成分，则既可以构成引人误解的虚假宣传，又可以构成商业诋毁。有疑问的是，权利人是否可以多次主张，并要求行为人承担多重不正当竞争责任。借鉴刑法中的法条竞合理论，鉴于行为人只是作出了一个行为，应当认为不可以多重主张，并要求行为人承担多次不正当竞争民事责任。实际上，鉴于反不正当竞争法对于所有不正当竞争行为的民事法律责任作了统一规定，此类竞合不生冲突

的问题，仅仅原告的请求权在法律上有双重依据。❶

（二）商业诋毁与侵害名誉权的竞合

在商业诋毁的情形，由于侵犯的对象是竞争对手的商业信誉和商品声誉，其与所谓的法人名誉权相似。因此，有时会发生受侵害的经营者既可以商业诋毁提起不正当竞争之诉，又可以侵害法人名誉权提起侵权之诉的情形，产生不正当竞争责任与侵权责任的竞合问题。

按，这两种责任性质虽有不同，然其法律效果则基本相同，在不正当竞争，具体而言，主要包括损害赔偿责任与停止不正当竞争行为之责任；在名誉侵权，通说也认为侵害法人名誉权不生精神损害，因而无精神损害赔偿之适用，因此，主要也包括停止侵权行为以及损害赔偿责任。笔者认为两者应是法条竞合关系。两者法律效果相同，只是这法律效果有两个不同的法律依据而已。

第四节　特殊的责任主体

承担不当商业言论的民事责任的主体通常是作为该不当商业言论的人，在商业广告中，是广告主；在误导性宣传中，是作出误导性宣传的人；在商业诋毁中，是作出诋毁性言论的人；在骚扰信息中，是发出骚扰信息的人。由于言论从发送者到达接收者的过程中，往往经过诸多中间环节，引发中间主体的民事责任问题。即这些中间主体，是否要与言论的作出者承担连带责任？这些中间主体主要有以下形态：商业广告的经营者和发布者，广告代言人或者说是广告荐证人，涉嫌侵害名誉或诋毁性报导中的媒体。

一、广告经营者和广告发布者

1994 年的《广告法》第 38 条第 1 款规定：违反本法规定，发布虚

---

❶ ［德］卡尔·拉伦茨著，陈爱娥译：《法学方法论》，商务印书馆 2003 年版，第 146 页。

假广告，欺骗和误导消费者，使购买商品或者接受服务的消费者的合法权益受到损害的，由广告主依法承担民事责任；广告经营者、广告发布者明知或者应知广告虚假仍设计、制作、发布的，应当依法承担连带责任。其第 2 款规定：广告经营者、广告发布者不能提供广告主的真实名称、地址的，应当承担全部民事责任。这是广告法关于广告经营者和广告发布者连带责任的规定。

2015 修订《广告法》对于广告经营者、发布者的民事责任进行微调，将广告经营者、广告发布者不能提供广告主的真实名称、地址和有效联系方式的情形，改成消费者可以要求广告经营者、广告发布者先行赔偿。对普通商品或服务与关系消费者生命健康的商品或者服务做了区分，有关后者的虚假广告，造成消费者损害的，不论是否明知或应知，其广告经营者、广告发布者均与广告主承担连带责任。对于有关前者的虚假广告，造成消费者损害的，其广告经营者、广告发布者明知或者应知广告虚假仍设计、制作、代理、发布的，应当与广告主承担连带责任。

1994 年《广告法》第 38 条的规定值得研究，尤其是援引第 38 条的案例群的研究，值得重视。此中至少涉及以下问题：第 38 条规定的责任性质（违约责任还是侵权责任），如前已述，本书认为第 38 条并非独立的责任条款，而只是既有责任规范的重申，这些责任形式可能是违约责任，可能是缔约过失责任，也有可能是侵权责任，尤其是产品责任；以及责任构成要件，尤其是主观状态问题。

在三谊公司诉视听导报社发布不能提供广告主真实名称和地址的虚假广告致其前往签合同买回三无产品赔偿案中，❶ 被告报社在其发行的《视听导报》上发布广告主福建省宁德地区港信实业有限公司（以下简称"港信公司"）征寻合资办厂广告，原告看到广告后，派人前往福建，于 1998 年 4 月 1 日与港信公司签订了联营合同。此后，原告将人民币 256 310 元交与港信公司，购置了一台卫生巾生产机械，并支出了

---

❶ 吉林省高级人民法院（2000）吉高法民终字第 91 号民事判决。

运费、差旅费等费用。原告将设备运回后，港信公司下落不明。另查，被告发布此则广告所依据的港信公司提供的法人营业执照传真件是伪造的，公章是私刻的，港信公司根本不存在。原告所购设备经长春市价格事务所鉴定，确认为"三无产品"。三谊公司认为报社作为广告发布者，未认真审查广告主的有关证件，且又不能提供广告主的真实地址，按照我国广告法的规定，应承担发布虚假广告给原告造成损失的责任。遂起诉要求报社承担损失。

一审法院认为：被告报社未依法履行其严格审查广告主提交的企业法人营业执照是否真实、合法、有效的义务，为该广告主发布虚假广告，造成了对原告的误导，损害了原告的合法权益。被告不能提供港信公司的真实名称和真实地址，依法应承担发布虚假广告的责任。遂支持原告的有关诉请。被告不服，提起上诉。

二审法院认为：广告发布者报社不能提供广告主的真实名称和真实地址，根据《广告法》第38条第2款的规定，报社应承担赔偿责任。但三谊公司前去福建宁德与港信公司洽谈，考察后签订了联营协议，又按联营协议购买了该机械设备，现因该机械设备系"三无"产品，造成三谊公司损失，此损失的主要原因是该公司考察设备不当所致。因而，对三谊公司的损失，报社应承担次要责任，三谊公司应承担主要责任。遂根据《中华人民共和国广告法》第38条第2款、《中华人民共和国民法通则》第131条之规定，判决报社赔偿三谊公司损失的30%，其余损失由三谊公司自负。

分析本案判决，一审判决似乎是将广告法第38条当成独立的请求权基础，二审看法与一审不同，是将该条放入侵权损害赔偿的体系脉络，适用了与有过失的规则以及原因力的理论。无论是一审还是二审判决，都将该条规定的责任性质理解为侵权责任（原告和被告之间并无合同关系）。

在广州青年报社与张××财产损害赔偿纠纷上诉案中，❶ 上诉人在

---

❶ 广东省广州市中级人民法院（2004）穗中法民二终字第886号民事判决。

《广州青年报·都市娱乐》周刊第 2 版、第 11 版中缝发布了一则北海华西电子科技开发公司销售"超声波捕鱼机"的广告，广告注明捕鱼机每台售价 1.45 万元（含运费），可邮购，款到发货，北海华西电子科技开发公司地址在北海市云南路 27 号（北海市水产局办公楼内），电话 0779 – 2067063，收款人刘×，开户行农行北海南珠路分理处，账号 20 – 707101100049214 等。被上诉人阅读广告后，按广告所载电话与广告主北海华西电子科技开发公司取得联系，并商定捕鱼机具体价格后，被上诉人于 2003 年 12 月 22 日按广告刊载的农业银行账号汇款 12 500 元购买捕鱼机一台，该款于次日到账。由于一直没有收到所购货物及电话无法再联系到广告主，被上诉人遂于 2003 年 12 月 25 日前往北海市找广告主，发现广告刊载的地址没有广告主这家单位，被上诉人再到北海市工商局查询，工商局出具《证明》答复查无该单位的注册登记资料。被上诉人为此花费了查询费、交通费、住宿费合共 701.50 元。

上诉人为证明其已尽审查义务，提交了一份"企业名称"为"北海华西电子科技开发公司"的《企业法人营业执照》复印件，复印件上盖有"此件与原件相同，不作经营使用，再复印无效。北海市工商行政管理局"字样的红色长方形印章。但经原审法院去函北海市工商行政管理局了解，上诉人提交的该营业执照复印件上的所有印章均不是北海市工商行政管理局所盖，"北海华西电子科技开发公司"也不是在北海市工商行政管理局注册。

法院认为：上诉人为广告主"北海华西电子科技开发公司"刊登的捕鱼机广告，广告主的名称、地址均不真实，导致被上诉人损失了邮购捕鱼机的 12 500 元以及为查核广告主情况等而花费的查询、交通、住宿费用 701.50 元，对此，上诉人应依法承担民事赔偿责任。遂依照《中华人民共和国广告法》第 27 条、第 38 条之规定，判决广州青年报社赔偿张××购买捕鱼机的货款损失 12 500 元，赔偿被上诉人张××查询费、交通费、住宿费损失合共 701.50 元。

上诉人不服，提起上诉，认为："查验有关部门证明文件"是指查验广告主营业执照或个人身份证及上述证书的表面真实性。这些证书的实质审查是相关政府部门的职权范围，对作为一家全国发行的媒体来说，要求亲自到各地发证机关核实各种证书的实质真实性，既无经济能力也无此权利，所以查验有关证明文件只是查验其表面真实性，更符合法律法规的本意，过分不适当地加大媒体的责任既与上述法律法规不符，也是媒体无力承担的。上诉人在诉争广告刊登前，已审查过广告主提供的加盖工商机关红印的营业执照，且电话查询过广告主银行开户账号（上诉人汇款账号）和收款人名称的真实性（银行称只向公检法提供），也向北海市工商局查询过，但工商局拒绝电话答复，故上诉人在该广告刊登过程中，已按前述法律法规履行了应尽义务，没有过错，不应承担赔偿责任。如果证实广告主是通过提供伪造的工商证明来欺骗上诉人，根据《广告法》第 38 条规定，上诉人只有在明知或应知的情况下才承担责任。但二审法院并未采信上述理由，而是维持了原审判决。

分析该案，似乎法院并不探究受害方的过错以及受害方的行为对于所造成损失的原因力，也不在意广告发布者的主观状态。从而，该案法院的判决理由与前述三谊公司诉视听导报社案的二审法院的观点有所不同。

在北京金源时代购物中心有限公司与北京中联安科技发展有限公司虚假广告纠纷上诉案中，❶ 一审法院认为：金源时代公司虚构与有关单位组建汽车市场的事实，主观上存在故意；该公司将其他单位的经营业绩列入招商宣传手册，在缺乏科学、客观的依据的情况下，对出租率、客流量等进行了虚假的陈述，在宣传中使用了引人误解、夸张的比喻，必然会对中联安公司的决策产生影响。但中联安公司亦存在过错，作为一家企业，应具有相应的判断能力及审慎态度，在作出决策、签订协议前应进行必要的审查，避免减少经营风险。金源时代公司拟成立的汽车市场主营业务是汽车及相关配件的销售，其宣传手册主要面对有意经营上述业务的经营者，中联安公司经营的车模并不是该市场的主营业务，其经营状况与亚运村汽车市场是否参与经营等因素并不存在必然联系，

---

❶ 北京市第一中级人民法院（2006）一中民终字第 6250 号民事判决。

中联安公司决定在该汽车交易市场进行经营，亦应承担相应的经营风险。中联安公司要求赔偿的损失，系其经营中支出的成本，其中应包括其维系正常经营的必要支出，应从赔偿数额中予以扣除。遂依据《广告法》第 38 条第（1）款之规定，判决金源时代公司赔偿中联安公司经济损失 10 000 元。二审法院维持了该判决。

分析该案判决，可知法院是将《广告法》第 38 条当成是一条侵权责任规范（中联安公司与金源时代公司并无合同关系），在责任构成要件上，法院分析了主观状态（金源时代公司主观上存在故意）与原因力（原告的损失并非全由虚假广告造成）这两个因素。

广告法释义将该条解释为侵权责任的规定。其指出：（1）由于虚假广告的误导和欺骗，使购买商品或者接受服务的消费者的合法权益受到损害的，是一种侵权行为，广告主应当承担民事责任。（2）虚假广告的经营者、发布者应当承担的民事责任。按照本法第 27 条的规定，广告经营者在接受广告的代理委托时、广告发布者在接受发布广告的委托时，均应当依据法律、行政法规查验有关证明文件，核实广告内容。"对内容不实或者证明文件不全的广告，广告经营者不得提供设计、制作、代理服务，广告发布者不得发布。"这一规定是法律赋予广告经营者和广告发布者的广告审查责任，如果他们不履行法律规定的责任，明知是虚假广告仍设计、制作、发布，对受到损害的消费者而言，他们就是侵权的共同行为人，应当与广告主一道承担侵权损害的民事责任。如果他们疏于履行自己的责任，应当发现所接受委托的广告虚假而未发现，承担设计、制作、发布的，也应当承担由于他们的过失而给消费者造成损害的民事责任。

按照本条的规定、虚假广告的设计、制作、代理的广告经营者和发布者承担民事责任的方式有两种：（1）广告主、广告经营者、广告发布者的连带责任。是指由于三者的共同过错发布虚假广告，给购买商品或者接受服务的消费者造成损害的，应当按照他们各自的过错共同承担侵权的民事责任。受到损害的消费者请求损害赔偿时，则可以向其中的任何一个侵权人请求全额赔偿。（2）广告经营者、广告发布者承担全部民事责任。在虚假广告的侵权损害赔偿中，广告主、广告经营者、广告发布者的连带责任是基本的承担民事责任的方式。但当广告经营者、广告发布者不能提供广告主的真实名称、地址时，广告主无从查找，为保护消费者的合法权益，广告主应承担的责任也不能落空，因此本条规定，这种情况下由广告经营者、广告发布者承担广告主应当承担的责任，即由他们承担全部的民事赔偿责任。❶

也有学者持与广告法释义相同的立场，认为《广告法》第38条是对虚假广告侵权责任的规定，在广告被认定为虚假广告的情况下，广告主应当承担侵权责任。❷

如前所述，本书的观点与《广告法》释义有所不同，认为广告主因虚假广告，对于消费者承担的民事责任不限于侵权责任，还有可能是合同责任。因此，《广告法》中所规定的广告经营者与广告发布者的连带责任既可能是侵权法中的连带责任，也可能是合同法上的连带责任。

顺便指出，《广告法》关于民事责任的规定还包括第47条：广告主、广告经营者、广告发布者违反本法规定，有下列侵权行为之一的，依法承担民事责任：（一）在广告中损害未成年人或者残疾人的身心健康的；（二）假冒他人专利的；（三）贬低其他生产经营者的商品或者服务的；（四）广告中未经同意使用他人名义、形象的；（五）其他侵犯他人合法民事权益的。

一般认为，该条是宣示性或者援引性规范，不构成单独的承担侵权责任的基础。例如，贬低其他经营者的商品或服务，何种情形构成侵权行为，从而需要承担侵权责任，须依有关法律（主要是侵权法）之规定。也可以认为，《广告法》第47条，在裁判上，并无实际意义。

但广告法释义仍将该条解为侵权责任规范。其认为，本条是关于虚

---

❶ 《广告法》第38条的释义，载 http://www.jbgsj.gov.cn/research/ggjg/201112/337.html，2014年12月14日最后访问。

❷ 姚辉、段睿："产品代言人侵权责任研究"，载 http://zjbar.chinalawinfo.com/newlaw2002/slc/SLC.asp? Db = art&Gid = 335606938，2015年5月16日最后访问。

假广告之外的违法广告侵权的民事责任的规定。关于虚假广告侵犯消费者合法的民事权益的侵权责任已经在第 38 条中作了规定。除了虚假广告之外，其他违法广告也可能侵犯消费者合法的民事权益。本条列举了 5 种。这 5 种侵权行为中第一种是侵犯残疾人和未成年人的名誉权和健康权的，第二种是侵犯他人专利权的，第三种是侵犯其他生产经营者的名誉权的，第四种侵犯他人的姓名权和肖像权的，第五种是其他本法未列举的侵权行为。❶

二、媒体的责任

（一）媒体在虚假广告案件中作为广告发布者的责任

由厂商委托广告公司制作，由媒体发布的广告造成侵权后，媒体是否承担法律责任？有人认为：《广告法》在这类广告的运行过程中没有要求媒体尽审核的法律义务，这个义务的承担者是广告主或广告经营者。❷ 这一看法有失偏颇。媒体作为广告发布者，对于广告内容有审核之责，由于虚假广告致人损害的，当依据《广告法》第 38 条的规定承担责任，主要是明知或应知时的连带责任，以及不能提供经营者真实名称、地址时的替代责任，已如前述，此处不赘述。

（二）媒体在侵犯法人名誉权以及商业诋毁案件中的责任

在侵犯法人名誉权以及商业诋毁类案件中，媒体承担责任的基础是故意或者过失导致侵权的言论扩散。这一类侵权案件或不正当竞争案件遵从共同侵权的一般规则，如果存在共同的故意或过失，则需要与言论的始作俑者承担连带责任。

在判断应承担的注意义务上，互联网服务提供者等新媒体与传统媒体的待遇有别。根据《侵权责任法》第 36 条，互联网等新媒体遵守的

---

❶ 广告法释义，载 http://www.jbgsj.gov.cn/research/ggjg/201112/337.html，2014 年 12 月 14 日最后访问。

❷ 窦丰昌、张果英："如何认定媒体在广告侵权中的责任"，载《中国记者》2001 第 9 期。

规则是"知道"规则（第 3 款）以及"通知——删除"规则（第 2 款），不同于传统媒体的是，其并没有事前审查义务。

在温州市豪龙胶体磨厂诉河北新合作网络科技有限公司、温州市七星乳品设备厂商业诋毁纠纷案中，❶ 法院认为：第一被告作为从事因特网信息服务的企业，为用户在网上发布信息等提供平台和相应配套技术，不具备审查其所经营、管理的网站上所有信息真实性、合法性的能力和义务。第一被告在收到起诉状后，即删除了被控信息，并对网站上出现被控信息在网站上做了声明，表示遗憾。据此，可以认定第一被告作为网站的经营管理者已经尽到事前的提醒和事后的及时删除义务。故对原告要求第一被告连带承担法律责任的请求，本院不予支持。

在浙江建人专修学院与北京百度网讯科技有限公司网络侵权责任纠纷一案中，❷ 二审法院认为，本案争议的焦点是百度公司作为网络服务的提供者，对发表在该网站上帖子具有何种管理义务、其是否应就网络用户在其网站发布的帖子向浙江建人专修学院承担侵权责任。作为网络服务提供者，其行为一般可分为提供信息平台（通道）服务及提供内容服务。在前一种行为中，网络服务提供者只提供通道或平台，本身不对信息进行主动编辑、组织或修改，全部内容均由网络用户提供，本案所涉的网络服务即为此种服务。面对网络海量信息，网络服务提供者客观上没有能力对每条信息进行审查。故对于网络用户利用网络服务实施侵权行为的，我国侵权责任法规定被侵权人有通知网络服务提供者的义务。对于通知的要求，本院认为网络服务提供者既要维护被侵权人的利益，同时也要履行其与网络用户间的网络服务合同，为使其在网络用户追究其违约责任时，其能够提供相应证据证明其是应被侵权人通知要求而采取措施，被侵权人的通知应当符合一定的要求。现有证据无法证明浙江建人专修学院在诉前履行了符合要求的通知义务，而在诉讼过程中，百度公司也按浙江建人专修学院提供的链接进行了及时的删除，故

---

❶ 浙江省温州市中级人民法院（2007）温民三初字第 93 号民事判决。
❷ 浙江省杭州市中级人民法院（2013）浙杭民终字第 3232 号民事判决。

浙江建人专修学院以百度公司网络侵权为由要求百度公司删除所有侵权网页、赔礼道歉、赔偿损失，依据不足，本院不予支持。

报纸、杂志等传统媒体，则需担负事前审查义务。1998 年的《最高人民法院关于审理名誉权案件若干问题的解释》第 9 条曾指出：新闻单位对生产者、经营者、销售者的产品质量或者服务质量进行批评、评论，内容基本属实，没有侮辱内容的，不应当认定为侵害其名誉权；主要内容失实，损害其名誉的，应当认定为侵害名誉权。

在大众日报社与中国科学院名誉权纠纷案中，❶ 法院认为：大众日报社下属的《齐鲁晚报》未能提供广告发布前已有有关行政主管部门批准审查的证据，所以《齐鲁晚报》所刊载的广告系违法广告。上述广告无疑会对消费者的消费造成误导和欺骗，而《齐鲁晚报》在广告标题上冒用"中科院"的字样，无疑会让消费者将违法广告与中国科学院联系起来，对于中国科学院的名誉权已经构成损害。大众日报社作为山东省内具有广泛影响力的主流媒体，应珍惜社会公众对其长久以来的支持与信任，在刊载相应广告时更应尽到依法审核的义务，而根据本案查明的事实，大众日报社显然未尽到相应义务，故大众日报社应承担相应的侵权责任。

在南通市新雅密封件有限公司与海安县广播电视台等名誉权纠纷案中，❷ 法院认为：海安电视台的报道是对社会现象进行的正常舆论监督，没有虚构事实，报道的目的是引导社会公众诚信经营。虽然在该专题报道中主持人在评价时使用了一些不严谨的言辞，语气过重，但整体报道是客观的，内容基本属实，亦未使用侮辱、诽谤等方式，其主观上并没有毁损任何一方当事人的名誉的故意，同时新雅公司亦未提供证据证实客观上导致其社会评价的降低，故海安电视台、江海公司不构成对新雅公司名誉权的侵害。

---

❶ 北京市第二中级人民法院（2014）二中民终字第 06286 号民事判决。

❷ 江苏省南通市中级人民法院（2014）通中民终字第 1881 号民事判决。

三、代言广告中荐证者的责任

《广告法》第 38 条第 3 款规定：社会团体或者其他组织，在虚假广告中向消费者推荐商品或者服务，使消费者的合法权益受到损害的，应当依法承担连带责任。这是关于荐证者责任的最早规定，该规定的特点在于，承担连带责任的主体限于社会团体或其他组织。

广告法释义如此解释上述规定的由来：社会团体或者其他组织应当承担的责任。现在有许多社会团体组织热衷于推荐商品，以此取利，于是有一些假冒伪劣的商品、服务的经营者便投其所好，骗取推荐，蒙骗、坑害消费者。这种现象的社会危害性比其单纯的虚假广告来，更为严重。为了更好地保护消费者的利益，制止这种现象的蔓延，本条第 3 款对于社会团体或者其他组织推荐商品或者服务的民事责任作了相应的规定，即如果社会团体或者其他组织在虚假的广告中推荐的商品或者服务，使消费者的合法权益受到损害的，也应当承担连带的责任。[1]

2009 年《食品安全法》中规定了名人的连带责任，可谓立法的一大进步，但连带责任范畴仅限于名人代言"不符合食品安全标准"的食品类产品，这与目前名目繁多的名人虚假广告相比，食品安全法的涉及面过窄，从而导致打击力度过小威慑力欠缺。

《食品安全法》第 55 条规定：社会团体或者其他组织、个人在虚假广告中向消费者推荐食品，使消费者的合法权益受到损害的，与食品生产经营者承担连带责任。关于该条规定的责任性质，有人认为，该条文规定广告代言人与食品的生产经营者承担连带责任，显然是以广告代言人的侵权责任为产品责任作为理论基础。[2] 但也有人认为：公众人物代

---

[1] 广告法释义，载 http://www.jbgsj.gov.cn/research/ggjg/201112/337.html，2014 年 12 月 14 日最后访问。

[2] 北京市消费者协会、北京市消费者权益保护法学会、中国人民大学民商事法律科学研究中心召开的广告代言法律责任理论研讨会上杨立新教授的发言。会议实录见 http：//www.civillaw.com.cn/article/default asp? id = 45674。

言虚假广告的责任是广告侵权责任而非产品侵权责任。❶

2015 年的《广告法》修订，将承担连带责任的广告荐证者扩张至自然人。新法第 56 条规定：关系消费者生命健康的商品或者服务的虚假广告，造成消费者损害的，其广告代言人应当与广告主承担连带责任。前款规定以外的商品或者服务的虚假广告，造成消费者损害的，其广告代言人，明知或者应知广告虚假仍作推荐、证明的，应当与广告主承担连带责任。

2015 年《广告法》所规定的广告代言人的连带责任，分为两种情形，第一种情形是关系消费者生命健康的商品或服务，此处代言人的连带责任的基础是无条件的担保责任。由于此类商品关系到消费者生命健康，法律特别加诸代言人担保责任，其必须担保此类商品或服务的广告真实不欺，不致产生误导。若有违反，则须承担连带责任。第二种情形是关系消费者生命健康的商品或服务以外的普通商品或服务。此处代言人承担连带责任的基础是其过错，其中，明知代表了故意的主观状态，应知代表了过失的主观状态。

本书仍然认为，这一规范并非独立的责任规范，视其情形，所承担的既可能是违约责任或缔约过失责任，也可能是侵权责任。但是，并不存在独立的所谓的"虚假广告侵权责任"。

在许多国家，其广告法中明确规定：无论是明星，名人还是专家权威人士，都必须是产品的真实使用者，否则便是虚假广告。如美国广告法要求"广告形象代言人必须是其所代言产品的直接受益者和使用者"，否则会被重罚。在我国，类似的规则正在建立之中。新法第 38 条规定：广告代言人不得为其未使用过的商品或者未接受过的服务作推荐、证明。

在陈××诉上海赛洋科技实业有限公司等赔偿案中，❷ 著名演员赵××为被告的产品代言，法院认为：赵××系北极绒保暖内衣电视广告

---

❶ 李轶："试论公众人物代言虚假广告的侵权责任"，载《烟台大学学报》2010 年第 1 期。

❷ 上海市第二中级人民法院（2001）沪二中民终字第 958 号民事判决。

的演员，而中广协信息咨询中心系提供广告咨询服务的机构，均非《中华人民共和国广告法》规定的承担法律责任的义务主体，陈××要求赵××、中广协信息咨询中心承担连带责任缺乏法律依据。到目前为止，消费者要求广告荐证者承担连带责任的案例中，胜诉的例子少见。

第五节　诉讼救济措施

本节将概述追究不当商业言论私法责任时可得适用的诉讼中的救济措施，主要包括行为保全（诉讼禁令）、证据保全与财产保全。

一、行为保全（或诉讼禁令）

若不当商业言论违反《反不正当竞争法》《消费者权益保护法》《广告法》等法律规定，除了在实体法上需要承担相应民事责任之外，在救济程序上，还可以适用证据保全、财产保全以及行为保全等措施，兹简述行为保全制度如下：

2012 年修正《民事诉讼法》第 100 条规定：人民法院对于可能因当事人一方的行为或者其他原因，使判决难以执行或者造成当事人其他损害的案件，根据对方当事人的申请，可以裁定对其财产进行保全、责令其作出一定行为或者禁止其作出一定行为。在诉讼法理论中，将在诉讼中责令一方当事人作出一定行为或者禁止作出一定行为称为"行为保全"。❶ 此前，1991 年《民事诉讼法》及其 2007 年修正，均未明确规定"可以裁定……责令其作出一定行为或者禁止其作出一定行为"。❷

鉴于行为保全是在诉讼中责令一方当事人作出一定行为或禁止作出一定行为，不同于在判决中责令一方当事人作出一定行为或禁止作出一定行为，后者乃是终局的，因此，也将行为保全制度称为"临时禁令"，相应地，在判决中确定的责令一方当事人作出一定行为或禁止作出一定

---

❶ 当禁止的是被请求人为一定的不涉及财产的纯行为时，其保全对象实质上就是行为。参见沈达明：《比较民事诉讼法初论》，中信出版社 1991 年版，第 264 页。

❷ 1991 年《民事诉讼法》第 92 条，2007 年修正《民事诉讼法》第 92 条。

行为就称作"永久禁令"。临时禁令，依其在诉前发动还是在诉讼中发动，分为诉前禁令与诉中禁令，两者可统称为诉讼禁令。

2012 年修正《民事诉讼法》之前，我国知识产权法领域已经出现行为保全（或诉讼禁令）制度。三大知识产权法律中，最早出现行为保全制度的是 2000 年修正的《专利法》，其第 61 条第 1 款规定：专利权人或者利害关系人有证据证明他人正在实施或者即将实施侵犯其专利权的行为，如不及时制止将会使其合法权益受到难以弥补的损害的，可以在起诉前向人民法院申请采取责令停止有关行为和财产保全的措施。此后，著作权法与商标法修改时相继增加类似条款。

必须注意在 2012 年修正《民事诉讼法》之前，在是否可以利用行为保全上，事实上存在的差别待遇问题。规定于反不正当竞争法中的引人误解的虚假宣传与商业诋毁，得益于司法机关以及普通公众对于反不正当竞争类案件属于知识产权案件的普遍认识，事实上可以享受与知识产权案件一样的行为保全制度。

在广药集团诉加多宝虚假宣传案中，2013 年 1 月 31 日，广州市中级人民法院下达诉中禁令，裁定加多宝实施了虚假宣传、误导消费者的行为，并要求立即停止使用"王老吉改名为加多宝""全国销量领先的红罐凉茶改名为加多宝"或与之意思相同、相近似的广告语进行广告宣传。此前，即 2012 年 11 月 30 日，广药集团以加多宝公司及广州某店铺经营者彭×涉嫌虚假宣传行为，构成不正当竞争为由向广州市中级人民法院提起索赔千万元的诉讼，矛头直指"王老吉改名为加多宝""全国销量领先的红罐凉茶改名为加多宝"等宣传行为。广药集团还同时向法院申请诉中禁令，要求被告立即停止使用上述广告词。

法院审理认为，根据本案证据可以推定或确定"王老吉改名为加多宝""全国销量领先的红罐凉茶改名为加多宝"系加多宝公司投放或使用。名为"加多宝"的凉茶饮料是加多宝公司近年生产并新投放市场的产品，不存在由其他名称的凉茶饮料改名而来的事实基础。而在此之前，红色罐身且名为"王老吉"的凉茶饮料已畅销全国多年，且处于凉茶饮料市场的领先地位。因此，对于相关公众而言，谈及"全国销量领先的红罐凉茶"首先会联想到"王老吉"凉茶。加多宝公司使用上述广告语会在客观上误导相关公众，使后者误以为两者为同一产品或"王老吉"已改名为"加多宝"。法院认为，为避免正在实施的虚假宣传行为对本案原告即"王老吉"商标权人的合法权益造成难以弥补的损害，有必要禁止加多宝公司及在经营场所摆放相关广告牌的彭某实施上述虚假宣传行为，遂作出上述诉中禁令。❶

针对 2012 年的数据进行的统计显示，该年全国新收的一审知识产权民事案件为 87 419 件，而与知识产权有关的诉前临时禁令申请案件受理量仅有 27 件（诉中禁令由于不设独立的案号，可能并未纳入统计，无法得到准确的数据）。虽然提起诉前禁令的申请数量不多，但至少从 2009 年至 2012 年的情况下，诉前禁令的裁定支持率还是相当高的。

在行为保全制度建立之初，权利人对该制度寄予较大期望，且法院没有相关的司法经验可循，对禁令的审查较宽松，促进了权利人的申请。而近年来，禁令的申请总量不高，一是诉讼禁令的执行问题没有得到有效的解决，往往是权利人的申请得到了满足，而被申请人的有关行为并没有受到遏制，影响了权利人的积极性；二是目前我国的垃圾专利较多，所谓的"权利人"滥用专利权排挤竞争对手的现象较为普遍，法院对禁令的发放抱持更加审慎的态度，在审查及担保要求上更加严格。❷

二、证据保全与财产保全

针对不当商业言论的民事诉讼还可以使用的救济措施，包括常常与行为保全相提并论的证据保全与财产保全。证据保全的用意是预防证据的可能灭失或者以后难以取得，诉讼保全的目的在于保证生效判决的执行。而行为保全则是为了保护权利人而在实体判决作出前禁止被申请人的某些行为。可见，行为保全对于被申请人的限制远大于财产保全与证据保全。行

---

❶ 载 http：//www. chinacourt. org/article/detail/2013/02/id/892377. shtml，2013 年 2 月 2 日最后访问。

❷ 胡充寒：《我国知识产权诉前禁令制度的现实考察及正当性构建》，载《法学》2011 年 10 月。

为保全涉及对于被申请人的财产权，一般的行动自由的限制，在有实效性违宪审查的国家，此类措施需经过严格的违宪审查。在我国民事诉讼法规定的具体语境下，还涉及宪法平等权以及正当法律程序的保护问题，因此，一种观点认为，民事诉讼法的上述规定存在合宪性危机。

第六节　现行不当商业言论私法规制体系的总结性评价

一、总结与评价

回顾不当商业言论的法律规定、司法实践与学理讨论，可说一套针对不当商业言论的民事责任体系已然建立。在这一套民事责任体系中，违约责任、缔约过失责任以及侵权责任（包含不正当竞争的民事责任），位列森然。这一套民事责任体系，从横向看，涉及的主体包括销售者与购买者，缺陷产品的经营者与缺陷产品的受害者，处于竞争关系中的经营者；从纵向看，围绕着不当商业言论产生、发布的各个主体均赫然在列。诸如不当商业言论的消息源、制作者、媒体以及代言人，均可能是民事责任的承担者。基本的民事责任体系已然完备，这是令人满意的地方。

与此同时，存在的问题主要是单行法的规定不尽如人意。扩展而言，这其实是中国的法律制度欠缺体系性的一个例证。不论是消费者权益保护法、广告法还是食品安全法，均没有明确这些法律中的责任规范与普通法中的责任规范之间的关系。具有立法解释意味的法律释义以及立法草案说明也未能帮助人们理解上述单行法中的责任规范的性质，反而引起了更大的疑问。

就学理研究而言，学界兴趣集中于所谓的热点问题，对于体系性问题，关注与思考较少且明显分量不足。

例如，在广告法的研究中，尤其是围绕着广告法修订过程的研究中，大家关心的焦点主要还在于：网络广告给广告法带来的影响以及如何应对；烟草广告的规制问题；植入式广告的法律规制；这些所谓的热点问题。❶ 消费者权益保护法的研究也是如此。更多的精力被赋予诸如"消费者"的定义，网购过程中更注重消费者权益的保护，消费者"后悔权"的引进，惩罚性赔偿制度的完善等。围绕两法展开的研究，都较少看到有关于普通民法中规定的民事责任条款与该两法中规定的民事责任的关系问题的讨论。

就司法实践而言，由于在具体案件中法院必须面对责任构成要件的问题，因此，法院有时会在案件中明确界定责任的性质，例如，法院会明确根据 1993 年的《消费者权益保护法》第 39 条或者根据 1994 年《广告法》第 38 条提出的广告经营者的连带责任的责任性质。但是，法院系统的努力基本上止于此，由于多种原因，司法系统满足于案结事了，对于判决所依据的法律规范以及法律规范之间的关系未作深思，可能并无兴趣深入思考。

二、建议

（一）民事责任方面的查缺补漏

关于不当商业言论的民事责任，有合同责任、侵权责任与不正当竞争责任，已如前述，洋洋大观，不可谓不重视。然而不当商业言论泛滥之势未见遏止。极而言之，是因为现有民事责任体系中欠缺极为重要的一环。即，现行民事责任体系中欠缺消费者直接针对不当商业言论行为人的诉权以及相应的责任设计。

就基本的民事责任体系而言，尚缺少有力的一环，即由消费者（消费者团体甚至是单个的消费者）直接针对不当言论发起的救济措施，尤其是停止发布不当商业言论的请求权。现有的民事责任体系中，不论是违约责任，还是缔约过失责任，均无法实现禁止发布不当言论的目的，产品责任似乎也力有未逮。仅仅侵害名誉权的民事责任以及商业诋毁的民事责任，差强可以达成禁止不当商业言论目的。

---

❶ 举例而言，以"网络广告"加"规制"作为篇名检索词，截至 2015 年 5 月 16 日，在中国期刊全文数据库中检索到的记录有 10 条。

最令人遗憾的是不正当竞争的民事责任，其仅仅限于经营者才可以作为原告。这一设计是不合立法目的的，如果立法目的是制止不当商业言论的扩散的话。原因在于：一来，处于竞争关系中的其他经营者未必有意愿且往往并无意愿针对作出不当商业言论的经营者提起不正当竞争之诉，从而遏制不当商业言论；二来，就欺诈性陈述与误导性言论而言，直接受害者是消费者，处于竞争关系中的经营者虽然也是受害者，却是间接的受害者，很难理解针对不当商业言论的法律仅仅将诉权赋予给间接受害者，却不赋予给直接的受害者。

因此，最为可行的设计方案是：在将来反不正当竞争法修改时赋予消费者团体，甚至是单个的消费者针对不当商业言论的停止请求权。

（二）理顺单行法责任规范与普通法责任规范之间的关系

所谓理顺单行法责任规范与普通法责任规范之间的关系，实际上是明确某些单行法规范作为辅助性规范的性质。首先是剥离伪装，不要使人们误认这些责任规范是独立的责任基础；其次，尽可能宽泛地承认这些辅助性规范的辅助对象，明确这些辅助对象既可以是侵权责任，违约责任，也可以是缔约过失责任。无论是通过何种方式，例如可以是立法，可以是权威的学理解释，也可以是权威的判例。

顺便指出，所谓"虚假广告侵权责任"这一概念的虚妄性。有些学者使用这个词，代表广告法中创设了一种特定类型的侵权责任。然而根据民法基本理论进行分析，便可知这一概念所言不确。大陆法系的侵权责任，其构成要件中内含：存在某种权利，侵权行为则是针对此种权利的冒犯。此处提到的某种权利一般是法律明确规定的绝对权性质的权利，有时也扩及某种法律上承认的利益。以此，侵权责任得以与违约责任相区别。虚假广告，若只是导致消费者上当受骗，并未引起消费者人身或其他财产的损失，则并无承担侵权责任的余地。但消费者可以向销售者主张违约责任或其他合同责任。不论是1993年《消费者权益保护法》第39条中的经营者对于消费者的民事责任，抑或1994年《广告法》第38条中广告主对于消费者的民事责任。均无法证成一种独立的虚假广告侵权责任。

（三）完善救济制度

第一，关于诉讼救济制度的完善。有人提出增设小额诉讼制度。设立专门的小额诉讼程序，将数额小，影响小，危害小的消费者案件简易处理，堵塞一切使违法广告活动主体可以逃脱法律制裁的通道。❶

第二，仿效外国法例，消费者团体的诉讼主体资格。在这方面，2013 年修订的《消费者权益保护法》已经向前迈进一步。其第 47 条规定对于侵害众多消费者合法权益的行为，中国消费者协会以及在省、自治区、直辖市设立的消费者协会，可以向人民法院提起诉讼。遗憾的是，该条规定过于原则，诸如何种情形属于侵害众多合法权益的行为？消费者协会提起诉讼，其诉讼请求与单个消费者提起的诉讼请求，是否应有区隔？单个消费者是否可以促请消费者协会提起诉讼，以及消费者协会如果不提起诉讼应当如何处理？这些问题未得到解答之前，指望消费者协会提起诉讼以治理泛滥的不当商业言论尚遥遥无期。

第三，党的十八届四中全会决定提出"探索建立检察机关提起公益诉讼制度"，2012 年修订《民事诉讼法》第 55 条也规定对污染环境、侵害众多消费者合法权益等损害社会公共利益的行为，法律规定的机关和有关组织可以向人民法院提起诉讼。前述《消费者权益保护法》第 47 条所规定者正属于公益诉讼的一种。不当商业言论，涉及的消费者往往是不特定的多数人，如果消费者并未购买不当商业言论涉及的商品或服务，则消费者往往并没有诉的利益。此时，由检察院担当公益诉讼原告正有用武之地。可以想见，不久的将来，检察院担当公益诉讼原告的操作规程将会明确。

第四，仿效我国台湾地区法例，规定经营者对于消费者所负义务不得低于宣传之内容。❷仅仅加诸经营者该等义务，可以想见，当下众多夸夸其谈的广告宣传的现象将得到极大改善。

---

❶ 王倩："我国违法广告监管制度的反思与重构"，载《江淮论坛》2007 年第 5 期。

❷ 我国台湾地区"消费者保护法"第 22 条规定：企业经营者应确保广告内容之真实，其对消费者所负之义务不得低于广告之内容。

第六章 我国商业言论公法规制
体系的优化设计

我国有无对于商业言论的公法规制？这一问题的答案是显而易见的。传统上，我国是属于规制色彩非常浓重的国家。作为一个由计划经济体制向市场经济转轨的巨大经济体，在市场中遗留了许多计划经济的产物是必然的。作为一个有着两千多年悠久的皇权专制历史的国家，在市场中遗存管制的惯性是必然的。

说起中国对于商业活动的公法规制，典型的手段是审批制。在很长的时间里，特定行业的进入是需要审批的。直到今天，仍然有许多行业实行进入的审批制。可以说，中国市场对内开放的过程，就是一个投资领域不断对民资开放的过程。近来，也开始尝试其他各种不同的规制手段。比审批制略显逊色的是核准制，意谓满足法律规定的条件，政府就应批准；接下来是单纯的备案制，无须政府任何形式的批准，但须将信息交存。此外，各种各样的标准，包括技术标准、环境标准等，投资成分，外资比例等也常被用作对于商业的规制手段。

我国法律对于言论的规制，范围广且形式多样。例如，出版的事前审查制就是一种非常典型的言论规制手段。这一规制手段属于审批制的范畴。事中与事后的规制也很多。事中的规制常见于关于经济的立法中，例如规定必须有的或者必须没有的内容，规定发布特定言论的时间和媒介形式。事后的规制包括各种形式的责任的规定，例如，对于侵害名誉权或隐私权的言论施以民事责任，对于煽动颠覆国家政权类的政治言论施以最严厉的刑事制裁等。

我国在商业言论方面规制的现状，可以由 1994 年《广告法》的规定窥知端倪，广告法设置了许多种规制形式，有直接禁止，例如对于公共场所的烟草广告；❶ 有直接规定其内容，例如治疗性药品广告中，必须注明"按医生处方购买和使用"。❷ 有规定不得包含特定内容，例如药品、医疗器械广告不得含有不科学的表示功效的断言或者保证的；❸ 所有广告都不得使用中华人民共和国国旗、国徽、国歌；使用国家机关和国家机关工作人员的名义；使用国家级、最高级、最佳等用语。❹

除却广告法之外，标识类的商业言论对应着另外的规制形式。与广告这种推销类的商业言论不同，标识类的商业言论并无法律层面的统一立法，而是散见于各个规制具体商品，尤其是特殊商品或针对具体目的的法律文件中，即分散在针对诸如食品安全、药品管理以及产品质量进行规制的立法文件中。规制标识类商业言论的手段主要是信息披露。

对于商业言论的规制往往属于信息规制的范畴。与审批制等古老的规制措施不同，信息规制只是在最近才渐渐成为管制的一种可以采取的方式。理论上来分，信息规制可分成两种，一种是强制信息披露，另一种是对于错误或误导性信息的控制。❺ 前者最常见的例子是证券交易中的强制信息披露制度。商业特许经营中也存在类似的规制。强制信息披露规制的基础在于若非有适当的规制，或者信息供应不足，或者虚假以及误导信息横行。强制信息披露这种规制形式能够为那些购买商品或服务受不充分信息影响的消费者带来直接的福利。❻ 而后者，即对于错误和误导性信息的控制则往往是以直接规定信息内容以及事后追究责任的方式进行规制。

下文将首先检讨现行法中存在的公法规制手段，其形式、程度以及

---

❶ 1994 年的《广告法》第 18 条规定：禁止利用广播、电影、电视、报纸、期刊发布烟草广告。禁止在各类等候室、影剧院、会议厅堂、体育比赛场馆等公共场所设置烟草广告。另外，第 16 条规定：麻醉药品、精神药品、毒性药品、放射性药品等特殊药品，不得做广告。

❷ 1994 年《广告法》第 15 条。

❸ 1994 年《广告法》第 14 条。

❹ 1994 年《广告法》第 7 条。

❺❻ ［英］安东尼·奥格斯著，骆梅英译：《规制：法律形式与经济学理论》，中国人民大学出版社 2008 年版，第 123 页。

规模，规制机构及其运作，以及规制相对于其所要达到的目标而言，取得了怎样的效果。最后，在分析检讨的基础上，提出对于完善我国商业言论公法规制体系的一个建议。

第一节　现行法中的规制

一、广告规制

我国现行法对于广告的管制，其规范见之于《广告法》（1994 年及 2015 年），《广告管理条例》（1987 年），《广告管理条例施行细则》（1988 年、1998 年、2000 年、2004 年），此外，还有《广告审查标准》（1994 年），《农药广告审查标准》（1995 年），《兽药广告审查标准》（1995 年），《药品广告审查发布标准》（2007 年），《医疗器械广告审查发布标准》（2009 年）等。整体上而言，已经形成以一法一条例为主，多部规章并存的规制架构。

（一）广告法中的规制

广告属于一种非常典型的商业言论，是一种以推销商品或服务为直接目的的商业言论。1994 年《广告法》中对广告是如此定义的：商品经营者或者服务提供者承担费用，通过一定媒介和形式直接或者间接地介绍自己所推销的商品或者所提供的服务的商业广告。❶ 由此可见，广告法中所定义的广告，属于有媒介的商业言论，属于工商企业就自己的商品或服务所作的商业言论。

由于是广告主自愿、主动发布广告，因此，对广告的规制主要属于控制错误或误导性信息的范畴。与强制信息披露不同，这是一种消极的规制方式。这首先体现在广告法中的一个基本原则，即真实原则中。❷

---

❶ 1994 年《广告法》第 2 条第 2 款。

❷ 1994 年《广告法》第 3 条：广告应当真实、合法，符合社会主义精神文明建设的要求。2015 年广告法对此作了重申。

该原则见之于《广告法》第 3 条,《广告法》第 4 条对此又作了反面规定,即广告不得含有虚假的内容。除此之外,更进一步,规定广告不得欺骗和误导消费者。❶ 当然,作为一部全面规制广告的法律,除了控制错误或者误导性信息之外,还有一些基于其他目的的规制,例如强制信息披露,甚至还可以见到审批制,以下是一个相对比较详细的介绍。

1. 对广告内容的规制

在 1994 年《广告法》"广告准则"一章中,法律对广告内容进行直接的规制,这些直接规制取向的目的不尽相同,其中最重要的一个是广告应当真实,不虚假,不误导消费者的目的。例如第 7 条第 2 款第 3 项规定:广告不得使用国家级、最高级、最佳等用语。又如:第 10 条规定:广告使用数据、统计资料、调查结果、文摘、引用语,应当真实、准确,并表明出处。事实上,第 9 条、第 11 条都可以理解为取向于"广告应当真实不虚假,不误导消费者"的规制目的的规定。

在"广告准则"一章中,也有对于商业诋毁的规制。例如第 12 条规定:广告不得贬低其他生产经营者的商品或者服务。这可以理解为对于良好的市场竞争秩序目的的追求。

但该条规定值得探讨。该条规定与《反不正当竞争法》第 14 条相比,在构成要件上,比《反不正当竞争法》第 14 条简单。一般性地规定广告不得贬低其他生产经营者的商品或者服务,却未排除可以豁免的情形,有打击面太广之嫌。顾及广告法对于违反该条规定设定了行政处罚,该条规定有规制太过严厉之嫌。❷

广告,尤其是比较广告,会涉及其他生产经营者的商品或者服务,对此向来有不同的观点,有些国家倾向于认为比较广告本身就是违反商

---

❶ 1994 年《广告法》第 4 条:广告不得含有虚假的内容,不得欺骗和误导消费者。2015 年《广告法》对此作了重申。

❷ 1994 年《广告法》第 40 条:发布广告违反本法第 9 条至第 12 条规定的,由广告监督管理机关责令负有责任的广告主、广告经营者、广告发布者停止发布、公开更正,没收广告费用,可以并处广告费用 1 倍以上 5 倍以下的罚款。当然,该规定的实际执行情况是另一回事。2015 年的《广告法》继承了该条规定。

业道德的行为，另有一些国家则倾向于抱持比较宽容的态度，对于真实但并未诋毁的比较广告予以允许。晚近的趋势是容许真实的比较广告。如果该广告本身是真实的，且不会误导消费者，即使产生了贬低其他生产经营者的效果，也不应受到惩罚。❶

在该章中，还有一些是对于特定种类商品广告的特别规制，这些特定种类商品包括药品、医疗器械、农药、烟草、食品、酒类、化妆品。这些特别规制的目的仍主要是"广告应当真实不虚假，不误导消费者"或"不得进行商业诋毁"，并以此来确保公共健康或公共安全。例如第14条对于药品、医疗器械的广告内容进行规制。第17条对于农药广告的规制亦然。

2015年修订后的《广告法》，较之1994年的《广告法》，特殊商品或服务的清单大幅延长了。医疗服务、保健食品、替代母乳商品、兽药、饲料、饲料添加剂、酒、教育、培训服务、招商等有投资回报预期的商品或者服务、房地产、种子种苗等广告被列入特别规制之中。这些特别规制大体上仍属于"广告应当真实不虚假、不误导"这一要求的具体化。间或掺杂一些绝对禁止广告的规制，例如烟草广告。

2. 对广告活动的规制

在"广告活动"一章中，法律加诸广告主提供证明材料的义务，相应地，加诸广告经营者和广告发布者以审查广告主提供材料的义务。如后文所示，这种审查是实质性的，如未尽到审查义务，广告经营者与广告发布者将承担责任。例如第24条规定：广告主自行或者委托他人设计、制作、发布广告，应当具有或者提供真实、合法、有效的下列证明文件：（一）营业执照以及其他生产、经营资格的证明文件；（二）质量检验机构对广告中有关商品质量内容出具的证明文件；（三）确认广告内容真实性的其他证明文件。依照本法第34条的规定，发布广告需要经有关行政主管部门审查的，还应当提供有关批准文件。第27条则

---

❶ 一个比较详尽的介绍，参见孔祥俊：《反不正当竞争法新论》，人民法院出版社2001年版，第648～650页。

规定：广告经营者、广告发布者依据法律、行政法规查验有关证明文件，核实广告内容。对内容不实或者证明文件不全的广告，广告经营者不得提供设计、制作、代理服务，广告发布者不得发布。

与对于内容的规制不同，此种对于活动的规制其用力点不在于广告内容上，而在于广告当事人的行为上。因此，较之于前述的对于广告内容的消极的规制（与后文事前审查这种对于内容的积极的规制相反），对于广告活动的规制显然更具有操作性。此种规制的目的主要仍在于保证广告内容的真实不虚假和不误导，同时似乎也确立了广告从业者的注意义务的标准，当违反上述注意义务时，广告从业者可能与广告主一起对外承担民事责任。

3. 事前审查

在"广告的审查"一章中，法律设置了事前审查（发布前审查）的规制手段。根据第 34 条，有两种情形需要进行事前审查。第一种是利用广播、电影、电视、报纸、期刊以及其他媒介发布药品、医疗器械、农药、兽药等商品的广告；第二种是法律、行政法规规定应当进行审查的其他广告。上述两种情形，必须在发布前依照有关法律、行政法规由有关行政主管部门（以下简称广告审查机关）对广告内容进行审查；未经审查，不得发布。❶

相对于事中和事后的规制而言（前述两种规制，即对于活动的规制和对于内容的规制，可以理解为事中的规制，而法律责任条款则是事后规制），事前审查是比较严厉的规制手段，通常也认为是比较有效的规制手段。这种事前的规制并不是全方位的，主要限于几种与公共健康密切相关的商品，本书认为其目的主要仍在于广告内容的真实不虚假和不误导。

---

❶ 除了这里明确提到的药品、医疗器械、农药、兽药之外，2003 年施行的《中医药条例》规定（中医）医疗广告须实行事前审查制度，2005 年国家食品药品监督管理局颁布的《保健食品广告审查暂行规定》规定保健食品广告也实行事前审查制度，因此，目前共有 6 类特殊商品的广告须实行事前审查制度。2015 年修订《广告法》第 46 条中明确列举需要进行事前审查的也是这 6 种商品或服务的广告。

4．关于法律责任

行政法律责任可以理解为是对广告活动的事后规制。广告法针对利用广告对商品或者服务作虚假宣传的行为，违反广告法关于广告准则的规范而行为，违反广告法关于广告经营的规范的行为，违反广告法关于广告审查的规范的行为，设定了广泛的行政处罚。

行政处罚的形式主要是停止发布、公开更正、没收广告费用、罚款等。

（二）广告管理条例及其施行细则

需说明的是，在《广告法》生效之前，国务院曾于1987年10月26日发布《广告管理条例》。《广告法》生效之后，这部条例并未废止。关于《广告法》与《广告管理条例》的关系，《广告法》第49条规定：本法自1995年2月1日起施行。本法施行前制定的其他有关广告的法律、法规的内容与本法不符的，以本法为准。因此，《广告管理条例》中不与广告法冲突的部分，仍保持效力。不仅如此，在条例的基础上，国家工商行政管理总局共出台了4次施行细则，目前有效的是2004年的施行细则。

1．对广告内容的规制

与《广告法》类似，《广告管理条例》中也有大量"广告必须真实、不许误导消费者"的要求。例如该条例第8条规定：广告如有弄虚作假或贬低同类产品的，不得刊播、设置、张贴。又如第11条规定：申请刊播、设置、张贴广告如涉及有关质量标准、获奖、荣誉称号、专利商标权、许可证等事项的，应当提交有关证明。第11条的规定也被称为技术出证制度。2004年的施行细则则将技术出证的范围做了调整。目前，仍需要技术出证的广告有美容类化妆品广告以及专利广告。❶

---

❶　可参见《化妆品广告管理办法》（1993）以及国家工商行政管理总局1998年的《关于加强专利广告出证管理的通知》和国家知识产权局1998年的《关于做好专利广告出证管理工作的通知》。

2. 广告经营的资质管理

条例规定：经营广告业务的单位和个体工商户（以下简称广告经营者），应当按照本条例和有关法规的规定，向工商行政管理机关申请，分别情况办理审批登记手续。专营广告业务的企业，发给《企业法人营业执照》；兼营广告业务和事业单位，发给《广告经营许可证》；具备经营广告业务能力的个体工商户，发给《营业执照》；兼营广告业务的企业，应当办理经营范围变更登记。该规定确立了泾渭分明的两大类市场主体准入制度。即对于狭义的广告经营者，采行企业登记制度，在经营范围中对广告经营资格予以明确。对于广告发布者实行经营许可证制度。❶

施行细则对此进行了细化，规定了申请经营广告业务的企业，除符合企业登记等条件外，还应具备的条件；申请经营广告业务的个体工商户，除应具备《城乡个体工商户管理暂行条例》规定的条件外，本人还应具有广告专业技能，熟悉广告管理法规；以及广播电台、电视台、报刊出版单位，事业单位以及法律、行政法规规定的其他单位申领广告经营许可证，应当具备的条件。

3. 法律责任

条例对于违法行为，设定了停止发布广告；责令公开更正；通报批评；没收非法所得；罚款；停业整顿；吊销营业执照或者广告经营许可证等形式的行政处罚。施行细则则进一步细化了行政处罚的规定。比照《广告法》，尤其是 2015 年修订后的《广告法》，条例与施行细则设定的行政处罚明显较轻。

（三）广告审查标准

在《广告法》生效之前，国家工商行政管理局曾发布《广告审查标准》，《广告法》生效之后，这部法规并未废止。关于《广告法》与《广告审查标准》的关系，《广告法》第 49 条规定：本法自 1995 年 2 月 1 日起施行。本法施行前制定的其他有关广告的法律、法规的内容与

---

❶ 陈柳裕、唐明良：《广告监管中的法与理》，社会科学文献出版社 2009 年版，第 148 ~ 149 页。

本法不符的，以本法为准。因此，《广告审查标准》中不与广告法冲突的部分，仍保持效力。又，该部法规以标准为名，所以又有技术法规的属性。

《广告审查标准》第 3 条规定：本标准为广告发布前审查的基本标准。凡违反国家有关广告管理法律、法规，不符合本标准要求的广告，一律不得发布。因此，该标准的适用范围，既包括需要进行行政性事前审查的广告，也包括无须进行行政性事前审查，而由广告经营者进行的事前审查，甚至包括广告主的自我审查。

关于该部法规的制定依据，《广告审查标准》第 2 条规定，制定本标准的依据是：（一）《广告管理条例》；（二）《广告管理条例施行细则》；（三）广告管理各单项规章；（四）国家涉及广告管理的法律，法规；（五）国际上通行的广告宣传准则。其中尤其值得重视的是，将国际上通用的广告宣传准则作为制定该法规的依据之一。

1. 内容审查标准

在第一章"通则"中，规定了大量对于广告的一般性要求。其中，真实不虚假、不误导是基本的要求。因此，如果涉及生产许可证、质量、荣誉称号、获奖、商标、专利等事项，需要主管机关提供的证明。❶此外，还包含了广告应当具有可识别性，不得侵犯他人权利，不得违背公序良俗的概括要求。

2. 表现形式审查标准

第二章至第四章的规定可以理解为是对广告表现形式的审查标准。在第二章"画面与形象"中，不乏难以执行的条款，这些规定，对于一部名称为审查标准的技术法规来说是令人惊讶的。例如，第 15 条规定画面、形象应当优美、高雅、文明，不得有下列问题：（一）使人对商品或服务的质量、用途、效果等宣传要点产生误解；（二）使人产生厌恶、恐怖、痛苦等不良感觉；（三）过分感官刺激；（四）有性挑逗或性诱惑；（五）可能导致危险或不良行为发生。第 18 条规定：妇女模特

---

❶ 《广告审查标准》第 14 条。

的使用，不得有损于妇女形象和健康。第 19 条规定：妇女模特不得裸露肩下，膝以上 15 公分的部位（泳装模特不在此限）。

第三章 "语言、文字与音响"，加诸广告主和广告业者一些积极的和消极的义务。例如，第 26 条规定：商品质量或使用效果方面的结论或断言，应有质量检验机构的证明。第 27 条规定：运用承诺、保证、担保性语言、文字，应当有实际履行能力的证明。第 28 条规定：使用或操作上有特殊要求的商品，应当在广告中加以说明。上述属于设定积极义务的范畴。

再如第 29 条规定：广告中不得使用下列语言、文字：（一）"最好""最佳""第一""首创"等无限高度的形容词；（二）没有依据、不切实际的夸张；（三）低级趣味、诲淫意识或渲染色情的描述。第 30 条规定：广告中使用的音响不应过于刺激或引起噪声干扰。这些属于设定消极义务的范畴。当然，有些消极义务由于标准不甚明确导致难以执行。

第四章 "比较广告"，较为集中地规定了比较广告的审查标准。其第 32 条规定：广告中的比较性内容，不得涉及具体的产品或服务，或采用其他直接的比较方式。对一般性同类产品或服务进行间接比较的广告，必须有科学的依据和证明。本条规定，排除了直接比较广告的合法性。该条规定所要求的不得采用直接比较广告方式，影响了一个时期的司法实践，在某一段时期，一旦被证明是直接比较，即可认定不正当竞争成立。

3. 针对特定受众广告审查标准

第五章 "儿童广告"，是为一类特定群体提供特别保护的规定。其中同样包含难以执行的消极义务。第 42 条规定：不得发布下列儿童广告：（一）有损儿童的身心健康或道德品质的；（二）利用儿童给家长施加购买压力的；（三）影响儿童对长辈和他人尊重或友善的；（四）影响父母、长辈对儿童的言行进行正确教育的；（五）以是否拥有某种商品使儿童产生优越感或自卑感；（六）儿童模特对宣传的商品的演示超出一般儿童行为能力的；（七）表现不应由儿童单独从事的某种活动的；（八）可能引发儿童任何不良事故或行为的；（九）利用超出儿童判断力的描述，使儿童误解，或者变相欺骗儿童的；（十）使用教师或儿童教育家、儿童文艺作家、儿童表演艺术家等名义、身份或形象。在一部技术性法规中包含如此之多的难以执行的条款，同样也是令人惊讶的。

4. 针对特殊商品广告审查标准

该标准第六章至第十六章，规定特定种类商品或服务的广告审查标准。具体包括家用电器广告、药品广告、农药广告、兽药广告、医疗器械广告、医疗广告、食品广告、烟酒广告、化妆品广告、金融广告和其他广告。这些种类的商品或服务，有些属于根据法律规定应当进行行政性事前审查的范围，例如药品、农药、兽药以及医疗器械即是，有些属于需要技术性出证的范围，例如化妆品广告，有些则不属于。

（四）特殊商品广告审查标准

1994 年《广告法》生效后，1995 年 3 月 28 日，国家工商行政管理局又发布了《药品广告审查标准》《医疗器械广告审查标准》《兽药广告审查标准》和《农药广告审查标准》。其中，《药品广告审查发布标准》经中华人民共和国国家工商行政管理总局和国家食品药品监督管理局决定修改，予以公布，自 2007 年 5 月 1 日起施行。1995 年 3 月 28 日国家工商行政管理局令第 27 号发布的《药品广告审查标准》同时废止。《医疗器械广告审查发布标准》经国家工商行政管理总局、中华人民共和国卫生部审议通过，予以发布，自 2009 年 5 月 20 日起施行。1995 年 3 月 3 日国家工商行政管理总局发布的《医疗器械广告审查标准》同时废止。

2009 年的《医疗器械广告审查发布标准》，有以下几种规制手段。

1. 禁止式规制手段

即对于特定的医疗器械的广告行为，予以禁止。标准规定：下列产品不得发布广告：（一）食品药品监督管理部门依法明令禁止生产、销售和使用的医疗器械产品；（二）医疗机构研制的在医疗机构内部使用的医疗器械。❶ 理由是禁止生产、销售的产品自然也不能做广告；内部使用也并非公开生产、销售、因此也不准做广告。

2. 内容的直接规制

即规定广告必须包含某些内容。有禁忌内容、注意事项的，应在广告中标明"禁忌内容或注意事项详见说明书"，推荐给个人使用的医疗器械产品广告，必须标明"请仔细阅读产品说明书或在医务人员的指导下购买和使用"。❷

3. 与批准文件符合的规制手段，如实性规制

医疗器械名称、医疗器械生产企业名称、医疗器械注册证号、医疗器械广告批准文号，有关产品名称、适用范围、性能结构及组成、作用机理等内容，应当以食品药品监督管理部门批准的产品注册证明文件为准。有禁忌内容、注意事项的，应在广告中标明"禁忌内容或注意事项详见说明书"。❸

4. 版面、时段规制

报纸头版、期刊封面不得发布含有前款内容的广告。电视台、广播电台不得在7：00～22：00发布含有前款内容的广告。❹ 医疗器械广告不得在未成年人出版物和频道、节目、栏目上发布。❺

5. 禁止性规定，主要是不虚假、不误导

包括不得使用绝对化用语，不得比较，不得宣传治愈率或有效率，不得利用利用医药科研单位、学术机构、医疗机构或者专家、医生、患者的名义和形象作证明，不得含有军队单位或者军队人员的名义、形象。不得利用军队装备、设施从事医疗器械广告宣传。不得含有医疗机构的名称、地址、联系办法、诊疗项目、诊疗方法以及有关义诊、医疗（热线）咨询、开设特约门诊等医疗服务的内容。

---

❶ 《医疗器械广告审查发布标准》第3条。
❷ 《医疗器械广告审查发布标准》第5条、第8条。
❸ 《医疗器械广告审查发布标准》第4条、第5条、第6条。
❹ 《医疗器械广告审查发布标准》第9条。
❺ 《医疗器械广告审查发布标准》第15条。

6. 识别性、可辨认性规制

按照本标准第 6 条规定必须在医疗器械广告中出现的内容，其字体和颜色必须清晰可见、易于辨认。上述内容在电视、互联网、显示屏等媒体发布时，出现时间不得少于 5 秒。❶

7. 法律责任

广告法与反不正当竞争法有规定的，适用广告法与反不正当竞争法，无规定的，予以罚款。❷ 对负有责任的广告主、广告经营者、广告发布者，处以 1 万元以下罚款；有违法所得的，处以违法所得 3 倍以下但不超过 3 万元的罚款。但未规定停止播出等，可能是由于规章无法设定除罚款之外的行政处罚。

2007 年的《药品广告审查发布标准》，主要包含以下几种规制手段：

1. 禁止式规制手段

即对于特定药品的广告行为，予以禁止。标准规定：下列药品不得发布广告：（一）麻醉药品、精神药品、医疗用毒性药品、放射性药品；（二）医疗机构配制的制剂；（三）军队特需药品；（四）国家食品药品监督管理局依法明令停止或者禁止生产、销售和使用的药品；（五）批准试生产的药品。❸

另，根据《药品管理法》第 61 条第 3 款之规定，非药品广告得有涉及药品的宣传。

2. 发布载体的规制、时段、频道的规制

处方药可以在卫生部和国家食品药品监督管理局共同指定的医学、

---

❶ 《医疗器械广告审查发布标准》第 16 条。

❷ 《医疗器械广告审查发布标准》第 17 条规定：违反本标准其他规定发布广告，《广告法》《反不正当竞争法》有规定的，依照《广告法》处罚；《广告法》《反不正当竞争法》没有具体规定的，对负有责任的广告主、广告经营者、广告发布者，处以 1 万元以下罚款；有违法所得的，处以违法所得 3 倍以下但不超过 3 万元的罚款。

❸ 《药品广告审查发布标准》第 3 条。

药学专业刊物上发布广告，但不得在大众传播媒介发布广告或者以其他方式进行以公众为对象的广告宣传。❶

药品广告中涉及改善和增强性功能内容的，必须与经批准的药品说明书中的适应症或者功能主治完全一致。电视台、广播电台不得在7：00～22：00发布含有上款内容的广告。❷

药品广告不得在未成年人出版物和广播电视频道、节目、栏目上发布。药品广告不得以儿童为诉求对象，不得以儿童名义介绍药品。❸

3. 与批准文件相符合的规制，如实性规制

药品广告内容涉及药品适应症或者功能主治、药理作用等内容的宣传，应当以国务院食品药品监督管理部门批准的说明书为准，不得进行扩大或者恶意隐瞒的宣传，不得含有说明书以外的理论、观点等内容。❹

4. 内容的直接规制

药品广告中必须标明药品的通用名称、忠告语、药品广告批准文号、药品生产批准文号；以非处方药商品名称为各种活动冠名的，可以只发布药品商品名称。

非处方药广告必须同时标明非处方药专用标识（OTC）。❺ 处方药广告的忠告语是："本广告仅供医学药学专业人士阅读"。非处方药广告的忠告语是："请按药品说明书或在药师指导下购买和使用"。❻

---

❶ 《药品广告审查发布标准》第 4 条。

❷ 《药品广告审查发布标准》第 9 条。

❸ 《药品广告审查发布标准》第 15 条。

❹ 《药品广告审查发布标准》第 6 条。

❺ 《药品广告审查发布标准》第 7 条。

❻ 《药品广告审查发布标准》第 8 条。

5. 禁止性规制，主要禁止虚假、防止误导的规定

例如该标准第 10 条规定：药品广告中不得：含有不科学地表示功效的断言或者保证的；说明治愈率或者有效率的；与其他药品的功效和安全性进行比较的；违反科学规律，明示或者暗示包治百病、适应所有症状的；含有"安全无毒副作用""毒副作用小"等内容的；含有明示或者暗示中成药为"天然"药品，因而安全性有保证等内容的；含有明示或者暗示该药品为正常生活和治疗病症所必需等内容的；含有明示或暗示服用该药能应付现代紧张生活和升学、考试等需要，能够帮助提高成绩、使精力旺盛、增强竞争力、增高、益智等内容的；其他不科学的用语或者表示，如"最新技术""最高科学""最先进制法"等。

6. 识别性、可辨认性规制

按照本标准第 7 条规定必须在药品广告中出现的内容，其字体和颜色必须清晰可见、易于辨认。上述内容在电视、电影、互联网、显示屏等媒体发布时，出现时间不得少于 5 秒。❶

7. 法律责任

广告法与反不正当竞争法有规定的，适用广告法与反不正当竞争法，无规定的，予以罚款。《广告法》没有具体规定的，对负有责任的广告主、广告经营者、广告发布者，处以 1 万元以下罚款；有违法所得的，处以违法所得 3 倍以下但不超过 3 万元的罚款。

《农药广告审查标准》以及《兽药广告审查标准》中也有类似的，但相对简略的规定。

根据 1998 年修订的《食品广告发布暂行规定》，食品广告，包括普通食品广告、保健食品广告、新资源食品广告和特殊营养食品广告。其中保健食品是指具有特定保健功能，适宜于特定人群，具有调节机体功能，不以治疗疾病为目的的食品。新资源食品是指以在我国新研制、新发现、新引进的无食用习惯或者仅在个别地区有食用习惯的，符合食品基本要求的物品生产的食品。特殊营养食品是指通过改变食品的天然营

---

❶　《药品广告审查发布标准》第 17 条。

养素的成分和含量比例，以适应某些特殊人群营养需要的食品。

1. 禁止性规制

《食品安全法》第 54 条规定食品广告不得涉及疾病预防治疗功能。根据《食品广告发布暂行规定》，食品广告不得含有"最新科学""最新技术""最先进加工工艺"等绝对化的语言或者表示。不得明示或者暗示可以替代母乳，不得使用哺乳妇女和婴儿的形象。不得使用医疗机构、医生的名义或者形象。食品广告中涉及特定功效的，不得利用专家、消费者的名义或者形象做证明。

保健食品不得与其他保健食品或者药品进行功效对比。普通食品、新资源食品、特殊营养食品广告不得宣传保健功能，也不得借助宣传某些成分的作用明示或者暗示其保健作用。普通食品广告不得宣传该食品含有新资源食品中的成分或者特殊营养成分。

2. 技术出证制度

保健食品广告，应当具有或者提供国务院卫生行政部门核发的《保健食品批准证书》《进口保健食品批准证书》；新资源食品广告应当具有或者提供国务院卫生行政部门的新资源食品试生产卫生审查批准文件或者新资源食品卫生审查批准文件；特殊营养食品广告，应当具有或者提供省级卫生行政部门核发的准许生产的批准文件。

3. 法律责任

违反本规定发布广告，依照《广告法》有关条款处罚。《广告法》无具体处罚条款的，由广告监督管理机关责令停止发布，视其情节予以通报批评，处以违法所得额 3 倍以下的罚款，但最高不超过 3 万元，没有违法所得的，处以 1 万元以下的罚款。

（五）针对媒介的广告管理

广告发布的主要媒介包括广播、电视、报纸、期刊、户外、印刷品等，针对不同的媒介，也有相应的管理规范。目前，这方面的规范主要有《广播电视广告播出管理办法》（2010 年），《印刷品广告管理办法》（2004 年）以及《户外广告登记管理规定》。

1. 《广播电视广告播出管理办法》

办法包含内容管理和播出管理两个部分，在关于广告内容的规范中，办法明确禁止播出下列广播电视广告：以新闻报道形式发布的广告；烟草制品广告；处方药品广告；治疗恶性肿瘤、肝病、性病或者提高性功能的药品、食品、医疗器械、医疗广告；姓名解析、运程分析、缘份测试、交友聊天等声讯服务广告；出现"母乳代用品"用语的乳制品广告；除福利彩票、体育彩票等依法批准的广告外的其他具有博彩性质的广告；以及法律、行政法规和国家有关规定禁止播出的其他广告。

在播出管理方面，规定了总量控制、均衡配置原则。播出电视剧时，不得在每集（以45分钟计）中间以任何形式插播广告。播出电影时，插播广告参照前款规定执行。此外，还有影视剧以及栏目冠名的限制，特定时段（例如就餐时段）特定商品广告的禁止，时长控制以及比例控制。

2. 《印刷品广告管理办法》

根据该办法，印刷品广告分为一般形式印刷品广告以及固定形式印刷品广告两种。前者是指广告主自行或者委托广告经营者利用单页、招贴、宣传册等形式发布介绍自己所推销的商品或者服务的印刷品广告；后者是指广告经营者利用有固定名称、规格、样式的广告专集发布介绍他人所推销的商品或者服务的印刷品广告。办法对于两种形式的印刷品广告，采取不同的管理办法，对于固定形式印刷品广告，采"广告登记证"管理制度。性质上，属于事前登记制度。而对于一般形式印刷品广告，则并无此种事前登记制度。

3. 《户外广告登记管理规定》

户外广告是指利用户外场所、空间、设施等发布的广告。管规定对于户外广告，采行广告登记制度。性质上属于一种事前登记制度。

管理规定指出：户外广告发布单位发布户外广告应当依照本规定向工商行政管理机关申请登记，接受工商行政管理机关的监督管理。例外的是，在本单位的登记注册地址及合法经营场所的法定控制地带设置的，对本单位的名称、标识、经营范围、法定代表人（负责人）、联系方式进行宣传的自设性户外广告，不需要向工商行政管理机关申请户外广告登记。

二、标识类商业言论的规制

（一）一般法

《辞海》注："标识，即'标志'"。1997年国家技术监督局制订的《产品标识标注规定》指出：本规定所称产品标识是指用于识别产品及其质量、数量、特征、特性和使用方法所做的各种表示的统称。产品标识可以用文字、符号、数字、图案以及其他说明物等表示。根据《食品标识管理规定》的规定："食品标识是指粘贴、印刷、标记在食品或者其包装上，用以表示食品名称、质量等级、商品量、食用或者使用方法、生产者或者销售者等相关信息的文字、符号、数字、图案以及其他说明的总称。"❶ 虽说这一定义限于食品，但是应可以推广到所有商品上。

根据上述定义，标识与广告的区别应是非常明显的。前者附着于产品或包装，用于识别产品及其特征，后者是通过一定媒介和形式直接或者间接地介绍商品或者服务的商业宣传。然而，国家工商行政管理总局在《关于在产品包装物上宣传、介绍产品是否属于广告问题的答复》（工商广字〔1996〕第319号）中认为：在包装物上直接或间接宣传、介绍产品，是广告的一种形式；对含有产品宣传、介绍内容的包装物，应认定为广告宣传品。国家工商行政管理总局广告司在给宁夏回族自治区工商局的《关于产品简介是否属于广告的请示的答复》中指出，附着在商品包装内的产品简介，符合《广告法》中广告的特征，应依照《广告法》进行监督管理。可见，国家工商行政管理总局将商品包装物上或者附随的产品简介上对产品进行宣传的行为认定为是广告行为。相应地，这些宣传的内容属于广告的范畴。2004年国家工商行政管理总

---

❶ 《食品标识管理规定》第3条（国家质量监督检验检疫总局令2007年第102号公布，国家质量监督检验检疫总局令2009年第123号修订）。

局修订的《印刷品广告管理办法》第 21 条明确规定：票据、包装、装潢以及产品说明书等含有广告内容的，有关内容按照本办法管理。

上述界定引发产品包装、产品标签、说明书究竟属于标识还是广告的争论。其实，广告与标识的区分根据是，是否附着于商品本身，如是，虽有推介商品的目的，也属于标识类商业言论，如并不附着于产品本身，而是通过一定的媒介，则属于广告类商业言论。

我国尚无专门的商业标识法，《产品标识标注规定》仅仅属于部门规章，该规定第 3 条第 2 款指出：法律、法规、规章和强制性国家标准、行业标准对产品标识的标注另有规定的，应当同时遵守其规定。意味着《产品标识标注规定》具有备位性和补充性，当有其他法源对于标识问题有规范时，这些规范与《产品标识标注规定》中的规范并不排斥，而是属于同时适用的关系。

在我国，规范商业标识的层级最高的一般性法律是产品质量法。根据产品质量法与产品标识标注规定，可归纳出我国法律对于商业标识的规范特点如下。

1. 命令性规范

命令性规范是指根据法律规定，经营者必须履行的作为义务。典型的例如《产品质量法》第 15 条的规定。❶《产品标识标注规定》第 4 条原则性规定产品应当具有标识。有限的例外是裸装食品和其他根据产品的特点难以附加标识的裸装产品，可以不附加产品标识。《产品标识标注规定》对于产品标识标注的位置、文字、必备要素、计量单位等作了明确规范，并要求产品标识应当清晰、牢固，易于识别。

---

❶ 《产品质量法》第 15 条规定：产品或者其包装上的标识应当符合下列要求：（一）有产品质量检验合格证明；（二）有中文标明的产品名称、生产厂厂名和厂址；（三）根据产品的特点和使用要求，需要标明产品规格、等级、所含主要成分的名称和含量的，相应予以标明；（四）限期使用的产品，标明生产日期和安全使用期或者失效日期；（五）使用不当，容易造成产品本身损坏或者可能危及人身、财产安全的产品，有警示标志或者中文警示说明。裸装的食品和其他根据产品的特点难以附加标识的裸装产品，可以不附加产品标识。

《产品标识标注规定》第 9 条对如何标注生产者的名称作了细致的规定，其对集团公司、独立子公司、分公司、联营企业、受托加工的企业、外国企业等生产食品时如何标注生产厂家名称和地址的问题作了明确规定，并规定对于进口产品的责任应当由代理商或者进口商或者销售商来承担，对名称和地址的标注也作了相应规定。

2. 禁止性规范

禁止性规范是指根据法律规定，经营者不得作为的义务。例如《产品质量法》第 4 条的规定。❶《产品标识标注规定》第 24 条更进一步，规定生产者、销售者不得伪造或者冒用他人的名称和地址；不得伪造产品的产地、生产日期和失效日期，不得伪造或者冒用生产许可证标志、产品条码和认证标志、名优标志等质量标志以及其他质量证明。

3. 法律责任

产品质量法针对禁止性规范与命令性规范，均设定了行政处罚。《产品质量法》第 41 条规定：生产者、销售者伪造产品的产地的，伪造或者冒用他人的厂名、厂址的，伪造或者冒用认证标志、名优标志等质量标志的，责令公开更正，没收违法所得，可以并处罚款。第 43 条规定：产品标识不符合本法第 15 条规定的，责令改正；有包装的产品标识不符合本法第 15 条第（4）项、第（5）项规定，情节严重的，可以责令停止生产、销售，并可以处以违法所得 15% ~20% 的罚款。

（二）特别法

在一般性的标识法律之外，我国法律针对某些特殊商品，专门设有该种商品的标识性的规范。以下以食品与药品为例加以说明。

1. 食品

《食品安全法》基于其维护食品安全的目的，对于食品标识做了一般性规定，其下，还有食品标识的具体规定。我国食品标识的法律制度主要体现在《食品标识管理规定》《产品标识标注规定》《预包装食品

---

❶ 《产品质量法》第 4 条规定：禁止伪造或者冒用认证标志、名优标志等质量标志；禁止伪造产品的产地，伪造或者冒用他人的厂名、厂址。

标签通则》《农产品包装和标识管理办法》等及其他相关文件和国家标准、行业标准中。

2004年5月9日我国国家质检总局和国家标准化管理委员会联合发布了GB7718·2004《预包装食品标签通则》和GB13432·2004《预包装特殊膳食用食品标签通则》，并于2005年10月1日起实施。它以强制性国家标准的形式要求企业标注食品的名称、配料、净含量、厂名、生产日期、保质期等信息，确保了消费者从食品标签上获得明确可靠的食品质量与安全信息。

（1）命令性规范

2009年的食品安全法对于预包装食品、食品添加剂等设有命令性规范，经营者必须遵照办理。其第42条规定：预包装食品的包装上应当有标签。标签应当标明下列事项：（一）名称、规格、净含量、生产日期；（二）成分或者配料表；（三）生产者的名称、地址、联系方式；（四）保质期；（五）产品标准代号；（六）贮存条件；（七）所使用的食品添加剂在国家标准中的通用名称；（八）生产许可证编号；（九）法律、法规或者食品安全标准规定必须标明的其他事项。专供婴幼儿和其他特定人群的主辅食品，其标签还应当标明主要营养成分及其含量。❶

根据《食品标识管理规定》，食品标识应当具备下列内容：（1）食品名称、含量、生产日期；（2）食品的主要成分或者配料表；（3）食品制造者的名称、地址或电话号码；（4）保鲜期；（5）贮存方式；（6）所使用的食品添加剂在国家标准中的通用名称；（7）生产许可证号；（8）其他事项。若该食品是提供给特殊人群使用的如专供婴幼儿或糖尿病患者等食用的，那么该食品的标识中还应当写明主要营养成分、含量及要注意的问题。

食品标识中应当包含一些基础性信息，包括食品名称、生产厂家的名称和地址、食品的合格证明和质量标准、食品质量认证、产品条码等。

---

❶ 2015年修订《食品安全法》后，为第67条，上述内容没有变化。

《食品安全法》第 47 条规定：食品添加剂应当有标签、说明书和包装。标签、说明书应当载明本法第 42 条第 1 款第 1 项至第 6 项、第 8 项、第 9 项规定的事项，以及食品添加剂的使用范围、用量、使用方法，并在标签上载明"食品添加剂"字样。❶

（2）禁止性规范

2009 年的《食品安全法》对于保健食品等设定了禁止性规范，规定经营者不得如此行为。该法第 51 条规定：声称具有特定保健功能的食品不得对人体产生急性、亚急性或者慢性危害，其标签、说明书不得涉及疾病预防、治疗功能，内容必须真实，应当载明适宜人群、不适宜人群、功效成分或者标志性成分及其含量等；产品的功能和成分必须与标签、说明书相一致。❷

根据《食品标识管理规定》，我国对食品标识的禁止性内容作了相应地规定，包括食品标识不得标注明示或者暗示具有预防、治疗疾病作用的内容；不得在非保健食品上标注明示或者暗示具有保健作用的内容；不得以欺骗或者误导的方式来描述或者介绍食品；不得标注无法证实其依据的附加产品说明；不得标注不尊重民族习俗，带有歧视性描述的文字或者图案；不得使用国旗、国徽或者人民币等进行标注食品标识等。

2. 法律责任

根据 2009 年《食品安全法》第 86 条，生产经营无标签的预包装食品、食品添加剂或者标签、说明书不符合本法规定的食品、食品添加剂，由有关主管部门按照各自职责分工，没收违法所得、违法生产经营的食品和用于违法生产经营的工具、设备、原料等物品；违法生产经营的食品货值金额不足 1 万元的，并处 2 000 元以上 5 万元以下罚款；货值金额 1 万元以上的，并处货值金额 2 倍以上 5 倍以下罚款；情节严重

---

❶ 2015 年修订《食品安全法》后，为第 70 条，上述内容基本没有变化。

❷ 2015 年修订《食品安全法》后，为第 75 条和第 78 条，上述内容基本没有变化。

的，责令停产停业，直至吊销许可证。❶

根据 2009 年《食品安全法》第 87 条，生产的食品、食品添加剂的标签、说明书涉及疾病预防、治疗功能，由有关主管部门按照各自职责分工，责令改正，给予警告；拒不改正的，处 2 000 元以上 2 万元以下罚款；情节严重的，责令停产停业，直至吊销许可证。

3. 药品

药品管理法对于标签和说明书做了原则性规定，《药品说明书和标签规定》在此基础上作了详细规定。

（1）命令性规范

2013 年修订的《药品管理法》第 54 条规定：药品包装必须按照规定印有或者贴有标签并附有说明书。标签或者说明书上必须注明药品的通用名称、成份、规格、生产企业、批准文号、产品批号、生产日期、有效期、适应症或者功能主治、用法、用量、禁忌、不良反应和注意事项。麻醉药品、精神药品、医疗用毒性药品、放射性药品、外用药品和非处方药的标签，必须印有规定的标志。

《药品说明书和标签规定》就标签和说明书的要求作出了详细规定。

（2）禁止性规范

《药品说明书和标签规定》第 3 条第 2 款规定：药品的标签应当以说明书为依据，其内容不得超出说明书的范围，不得印有暗示疗效、误导使用和不适当宣传产品的文字和标识。第 4 条规定：药品包装必须按照规定印有或者贴有标签，不得夹带其他任何介绍或者宣传产品、企业的文字、音像及其他资料。

---

❶ 2015 年修订《食品安全法》后，为第 125 条，且加重了处罚力度。具体为：由县级以上人民政府食品药品监督管理部门没收违法所得和违法生产经营的食品、食品添加剂，并可以没收用于违法生产经营的工具、设备、原料等物品；违法生产经营的食品、食品添加剂货值金额不足 1 万元的，并处 5 000 元以上 5 万元以下罚款；货值金额 1 万元以上的，并处货值金额 5 倍以上 10 倍以下罚款；情节严重的，责令停产停业，直至吊销许可证。

（3）法律责任

《药品管理法》第86条规定：药品标识不符合本法第54条规定的，除依法应当按照假药、劣药论处的外，责令改正，给予警告；情节严重的，撤销该药品的批准证明文件。

三、垃圾信息的规制

垃圾信息多数属于推销类的商业言论，其表现形式包括垃圾邮件、垃圾短信、垃圾传真、骚扰电话等，截至目前，对其规制尚未形成完整的体系。

2003年的《中国互联网协会反垃圾邮件规范》第3条对于垃圾邮件有一个界定。该规范所称垃圾邮件，包括下述属性的电子邮件：收件人事先没有提出要求或者同意接收的广告、电子刊物、各种形式的宣传品等宣传性的电子邮件；收件人无法拒收的电子邮件；隐藏发件人身份、地址、标题等信息的电子邮件；含有虚假的信息源、发件人、路由等信息的电子邮件。《中国互联网协会反垃圾邮件规范》作为一种自律性规范，仅对协会成员适用；至于其他主体，根据自愿的原则，接受本规范的约束。就此而论，此等规范尚不属于我们要讨论的公法规制体系。

2008年的《中国互联网协会短信息服务规范（试行）》对于垃圾短信息有一个界定，垃圾短信息，是指未经用户同意向用户发送的用户不愿意收到的短信息，或用户不能根据自己的意愿拒绝接收的短信息，主要包含未经用户同意向用户发送的商业类、广告类等短信息。与《中国互联网协会反垃圾邮件规范》类似，《中国互联网协会短信息服务规范（试行）》作为一种自律性规范，仅对协会成员适用；至于其他主体，根据自愿的原则，接受本规范的约束。就此而论，此等规范尚不属于我们要讨论的公法规制体系。

2012年年底通过并施行的《全国人民代表大会常务委员会关于加强网络信息保护的决定》是对于垃圾信息问题进行规制的正式法律文件。其第7条规定任何组织和个人未经电子信息接收者同意或者请求，或者电子信息接收者明确表示拒绝的，不得向其固定电话、移动电话或者个人电子邮箱发送商业性电子信息。第8条则规定了公民可享有的救济途径，即公民发现泄露个人身份、散布个人隐私等侵害其合法权益的网络信息，或者受到商业性电子信息侵扰的，有权要求网络服务提供者删除有关信息或者采取其他必要措施予以制止。第11条则是一个笼统的法律责任的规定，并且看起来更像是一个指向其他法律规范的一个援引性条款。❶

这个公布之日即施行的《决定》确立了垃圾信息规制的基本规则。根据其第7条和第8条之规定，任何组织和个人都不得随意向他人的固定电话、移动电话和个人电子邮箱发送商业性电子信息。否则，受侵害的公民可以要求网络服务提供者删除信息或采取必要措施予以制止。但是，由于该决定自身固有的问题，该条款的执行显然存在重大的问题。

其一，就第7条本身而言，两个条件之间互相矛盾，前者是要征得接收者同意，或应其请求，后者却是明确表示拒绝。对于发送者而言，引发究竟什么条件下可以发送商业性电子信息的争议。是只要没有明确拒绝即可，还是需要事先征得接收者同意或应其请求？《决定》的原意不得而知。

其二，就违法的后果而言，《决定》在第11条这一个条文中概括规定了行政责任、刑事责任与民事责任。引发的问题是这些责任规定都很难落到实处。就行政责任而言，《决定》只是罗列了违法行为可能承担的责任方式，但是，对于由何机关执行？如何执法？《决定》未置一词。同样的情形也见于民事责任和刑事责任的规定。

正是以上特征，使得《决定》更像是一个框架性的法律决定，还未足够具体化，到达可以执行的程度。不如说，《决定》乃是为今后关于

---

❶　第11条的原文是：对有违反本决定行为的，依法给予警告、罚款、没收违法所得、吊销许可证或者取消备案、关闭网站、禁止有关责任人员从事网络服务业务等处罚，记入社会信用档案并予以公布；构成违反治安管理行为的，依法给予治安管理处罚。构成犯罪的，依法追究刑事责任。侵害他人民事权益的，依法承担民事责任。

信息网络保护确立基本原则，今后的立法需要遵守这些基本原则。这从《决定》的出台经过也可窥知端倪。几乎是在毫无征兆的情况下，全国人大常委会于 2012 年 12 月 28 日推出该决定，并立即执行。这与全国人大常委会制定普通法律的程序大相径庭。自《决定》发布以来，一年多来的实践也表明，《决定》的实施情况堪忧。

主管部门以通知的形式开展的垃圾短信息专项治理活动也是我国对于垃圾信息类商业言论规制的一个重要方式和途径。例如，工业与信息化部至少曾于 2008 年、2009 年、2013 年数次发布治理垃圾短信息专项行动的通知，要求辖下各地通信管理局、各大运营商以及中国互联网协会共同努力，采取措施关闭违规短信息群发端口，处理相关的信息服务经营者，建立垃圾短信息的发现、监督和处置机制，端口类短信息的签名制、白名单制以及用户举报投诉跨省联动机制。2013 年的通知更是制订任务分解表，对各主体应当承担的任务作了明确规定。

四、其他的商业言论规制

除却广告法以及规制商品标识的法律法规之外，其他法律也对特定类型的商业言论进行规制。例如《反不正当竞争法》等规范引人误解的虚假宣传或表示和商业诋毁。对于引人误解的宣传或表示的规制，这种规制性质上属于对于欺诈性陈述或者误导性信息的控制，而对于商业诋毁的规制，则属于对于侵害他人权益的规制。两者统一于反不正当竞争法维护竞争秩序的目的之下。

该法并为引人误解的虚假宣传或表示规定了行政责任。该法第 21 条规定：经营者伪造或者冒用认证标志、名优标志等质量标志，伪造产地，对商品质量作引人误解的虚假表示的，依照《中华人民共和国商标法》《中华人民共和国产品质量法》的规定处罚。第 24 条规定：经营者利用广告或者其他方法，对商品作引人误解的虚假宣传的，监督检查部门应当责令停止违法行为，消除影响，可以根据情节处以 1 万元以上 20 万元以下的罚款。广告的经营者，在明知或者应知的情况下，代理、设计、制作、发布虚假广告的，监督检查部门应当责令停止违法行为，没收违法所得，并依法处以罚款。这两条分别针对《反不正当竞争法》第5条第4项以及第9条，如前所述，《广告法》以及规制商业标识的法律法规也设有行政处罚的条款，就此而言，《反不正当竞争法》中的处罚可能会与《广告法》、以及规制商业标识的法律设定的处罚产生竞合。

不知何故，《反不正当竞争法》第14条所规范的商业诋毁，并无相应的行政处罚条款。从而，商业诋毁也成为一种比较罕见的不受行政法规制的不正当竞争行为。

消费者权益保护法则从另外一个角度，即消费者权益保护的角度对于商业言论做出规制，其规定经营者向消费者提供有关商品或者服务的质量、性能、用途、有效期限等信息，应当真实、全面，不得作虚假或者引人误解的宣传。并对违法行为设定了相应的责任。

其他例如证券法、商业特许经营管理条例设定了信息公开规则，属于强制信息披露的范畴。❶

第二节　规制的原则、机构、类型以及责任：对现行规制体系的一个评析

在粗略地检讨了我国现阶段对于商业言论公法规制的体系之后，试着对于这套现行体系的特征进行归纳，之后是对这套体系的实效的一个总结。

一、规制的目的与原则

（一）从立法目的解读规制的目的

行政的出发点是公共利益。❷ 这一点有时可以从法律的目的条款中解读出来。例如《广告法》第1条规定：为了规范广告活动，促进广告

---

❶　事实上，标识类的商业言论，由于法律法规通常会规定在标签、标识或说明书中必须注明某些事项或用语，也可以归类于强制信息披露的范畴。

❷　［德］哈特穆特·毛雷尔：《行政法学总论》，高家伟译，法律出版社2000年版，第6页。

业的健康发展，保护消费者的合法权益，维护社会经济秩序，发挥广告在社会主义市场经济中的积极作用，制定本法。解读该条，可知对于广告的规制背后有公共利益的考虑，这一公共利益既包括维护消费者权益的成分，又包括促进良好经济秩序的成分。

产品质量法的注意焦点则在于：加强对产品质量的监督管理，提高产品质量水平，明确产品质量责任，以保护消费者的合法权益，以维护社会经济秩序。❶ 可见，尽管取向与路径有别，但是产品质量法与广告法最后的目的却有高度的相似性。都是保护消费者权益以及维护社会经济秩序。

《反不正当竞争法》的立法目的与上述两法又不太一样，其所采用的措辞是："为保障社会主义市场经济健康发展，鼓励和保护公平竞争，制止不正当竞争行为，保护经营者和消费者的合法权益，制定本法。"因此，与《广告法》相同的公共利益是消费者权益的保护以及公平竞争的市场秩序，但除此之外，其所保护的公共利益，尚多了一个"经营者合法权益的保护"的维度。立法者也许认为，三者叠加，庶几可以证成反不正当竞争法中公法规制条款的正当性。

全国人大常委会关于加强网络信息保护的决定则在一开头就指出：为了保护网络信息安全，保障公民、法人和其他组织的合法权益，维护国家安全和社会公共利益。可见，《决定》的立法用意不仅在于私人的利益，同时也在于国家安全和社会公共利益。

总结起来，法律明文界定的保护目的包括消费者利益，经营者利益，私人利益，社会经济秩序，国家安全以及社会公共利益。其中虽也有个人利益的考量，然而，个人利益与公共利益常常存在重合，有时甚至实现个人利益本身就是公共任务。❷ 因此，可以说，公法规制的出发点全在于公共利益。当然，这一公共利益是站在广义的理解基础之上的。

---

❶ 《产品质量法》第 1 条。
❷ ［德］哈特穆特·毛雷尔著，高家伟译：《行政法学总论》，法律出版社 2000 年版，第 7 页。

（二）规制原则

概览现行法对于商业言论的规制，可知现行法主要采纳了以下几个规制原则。

1. 真实不欺原则

真实不欺的含义是有关的商业言论是真实的，不仅包括所陈述的言论符合客观事实，也包括所陈述的言论没有重大的遗漏，不存在应当做出陈述而未作相应陈述的情形；不仅包括言论本身真实，而且包括这些言论自接收者的立场来看，不会引起误解。应该说这是对于言论的一个高度的要求。类似于佛家的"不打诳语"的要求。

有时，这一原则可以拆分成两个原则，即真实原则与不欺原则，且这两个原则各有其意义。法律有时候针对不真实的言论，有时针对引人误解的言论，有时则针对同时具备不真实和引人误解两因素的言论。最明显的例子是《广告法》第 4 条的规定：广告不得含有虚假的内容，不得欺骗和误导消费者。此外，还有 2013 年修正《消费者权益保护法》第 20 条的规定：经营者向消费者提供有关商品或者服务的质量、性能、用途、有效期限等信息，应当真实、全面，不得作虚假或者引人误解的宣传。其中既有真实原则的意蕴，也有不欺原则的体现。

在《广告法》《消费者权益保护法》和《反不正当竞争法》中，我们常常见到不欺原则的体现。例如，《反不正当竞争法》第 9 条规定经营者不得利用广告或者其他方法，对商品的质量、制作成分、性能、用途、生产者、有效期限、产地等作引人误解的虚假宣传。一般被理解为不得作引人误解的宣传，即是不欺原则的体现。

而在规制商业标识的法律中，更常见真实原则的影子。例如对于产品标识，要求必须标注生产者的名称和地址。且生产者的名称和地址应当是依法登记注册的，能承担产品质量责任的生产者名称和地址。❶ 对于警示标志或中文警示说明以及特殊产品的储运说明的要求更是真实原

---

❶ 《产品标识标注规定》第 9 条。

则的体现。❶

2. 同意原则

真实不欺原则是对于言论内容的要求，同意原则则是对于言论形式的要求，具体说，是对言论的发出提出的要求。真实不欺的言论，也不能在未得到接收者同意的情形下发出，或即使得到接收者的同意，也应以不损害接收者生活安宁的方式发出。

《全国人民代表大会常务委员会关于加强网络信息保护的决定》第7条体现了同意原则。该条规定未经接收者同意或者请求，不得发送商业性电子信息。两个自治性的规范，即《中国互联网协会短信息服务规范（试行)》以及《中国互联网协会反垃圾邮件规范》也体现了这一点。

3. 微小损害不罚原则

与上述两个原则不太一样，这一原则似乎并未有明显的例证。但是，仔细分析，可知现行法蕴含了该原则。《行政处罚法》第27条第2款规定：违法行为轻微并及时纠正，没有造成危害后果的，不予行政处罚。商业言论违反真实不欺原则以及同意原则，构成违法或不当的商业言论，本应予以处罚，但言论毕竟不同于行为，对言论的接收者未有直接的、物理上的作用力，其损害往往依接收者的具体情形而有所不同，对于心理强大的接收者而言，言论可能很难对其造成损害，因此，违法或不当的言论常常属于情节轻微，后果不严重的情形。

又如《产品质量法》第27条规定了5项对于产品标识的要求，而对应的罚则，即产品质量法第54条仅仅针对有包装的产品标识不符合本法第27条第（4）项、第（5）项规定，情节严重的，责令停止生产、销售，并处违法生产、销售产品货值金额30%以下的罚款；有违法所得的，并处没收违法所得。而对于违反第27条第（1）、（2）、（3）项的行为，仅仅要求责令改正。

根据行政处罚法之规定，如果情形显著轻微，已经纠正且未造成危

---

❶ 《产品标识标注规定》第16条。

害后果，则可以不罚。实践中，执法机关也常常依据本条对于违法商业言论不予处罚。❶

二、规制的机构

（一）概说

从上一节的描述可知，我国并无统一规制商业言论的机构。现行的法律法规，基本上是按照商业言论的类型定其规制机构。例如，广告的规制主要由工商行政管理机关负责，而标识类商业言论则由质检系统负责。垃圾信息的主管机关则是工信部。

主管维护竞争秩序的机关，也对商业言论的规制负有责任。我国反不正当竞争法确定的主管机构是工商行政管理机关。该机关同时也是负责广告监管的机关，因此，对于引人误解的虚假宣传、商业诋毁的查处权与对于虚假广告的查处权统一于同一个机关。

主管消费者权益保护的机关，也对违法或不当商业言论导致损害消费者权益的规制负有责任。在我国，消费者权益保护法确定的保护消费者权益的行政机关包括工商行政管理机关与其他行政机关，尤以工商行政管理机关为主。该机关同时也是负责广告监管的机关，因此，对于经营者对商品或者服务作虚假或者引人误解的宣传的违法行为，与虚假广告违法行为一样，其查处权均归于工商行政管理机关。

在这个大的框架下，有时也根据专业范围来定其规制机构。例如，在特殊商品，例如食品、药品、医疗器械、农药兽药、化妆品，往往遵守这样的逻辑，各该特殊商品的专业主管机关对于与该特殊商品有关的事项，均有规制之责。因此，无论是关于该特殊商品的广告类商业言论，还是标识类商业言论，各该特殊商品的主管机关均有规制之职权。

就有关食品的商业言论的规制而言，根据 2009 年《食品安全法》第 94 条（2015 年修订之后，则是第 140 条）的规定，食品广告上的违

---

❶　陈军：《查办广告违法案件操作规程》，中国工商出版社 2008 年版，第 9 页。

法行为,处罚机关是工商行政管理机关。根据 2015 年修订后《食品安全法》第 125 条,违反本法规定,生产经营无标签的预包装食品、食品添加剂或者标签、说明书不符合本法规定的食品、食品添加剂的,由县级以上人民政府食品药品监督管理部门处罚。即,食品标识类的商业言论由食品药品监督管理机关主管。

有时,法律本身也会考虑商业言论的主管机关与特殊商品主管机关之间的职权区分问题,并作出明确规定。例如,《药品管理法》第 92 条第 1 款规定:违反本法有关药品广告的管理规定的,依照《中华人民共和国广告法》的规定处罚,并由发给广告批准文号的药品监督管理部门撤销广告批准文号,1 年内不受理该品种的广告审批申请;构成犯罪的,依法追究刑事责任。药品广告违法行为,除了接受广告法规定的由工商行政管理机关执行的处罚之外,还要由药品监督管理机关撤销广告批准文号,1 年内不受理该品种的广告审批申请。在这一条中,严格遵守了特殊商品专业主管机关与广告主管机关职权区分的原则。

有时,法律规定则语焉不详,甚至可以被解释成是打破了按照商业言论的类型定其规制机构的既定原则。例如《药品管理法》第 86 条规定:药品标识不符合本法第 54 条规定的,除依法应当按照假药、劣药论处的外,责令改正,给予警告;情节严重的,撤销该药品的批准证明文件。本条规定未明确标识类商业言论主管机关,即质检机关是否可以依照产品质量法的规定对此种违法行为进行处罚,因此显得语焉不详。本来,标识类的商业言论的规制机构是产品质量监督管理机关,但是,依照本条,似乎药品的标识,其规制机关就是药品监督管理机关。

这时就产生了依照言论类型还是依照专业领域确定规制机构的争论,也即横向与纵向的(或曰条的或块的)规制机构上的切分问题。

（二）管辖权的冲突

有时,各行政机关对于特定事务,还会产生管辖权上的冲突。其中,最大的管辖冲突发生在标识类商业言论和广告类商业言论的规制机构之间。尤其是包装物、标签、说明书上的广告问题。

标识与广告的区别本应是非常明显的。前者附着于产品或包装,用于识别产品及其特征，后者是通过一定媒介和形式直接或者间接地介绍商品或者服务的商业宣传。然而，如前已述，国家工商行政管理总局通过对于具体问题的答复以及《印刷品广告管理办法》的规定认为：含有产品宣传、介绍内容的包装物，应认定为广告宣传品。附着在商品包装内的产品简介，符合《广告法》中广告的特征，应依照《广告法》进行监督管理。票据、包装、装潢以及产品说明书等含有广告内容的，有关内容按照本办法管理。

上述界定引发广告类商业言论与标识类商业言论规制机构的争论，更进一步产生管辖权冲突的问题。倘若某一经营者，在包装物或产品说明书上附有广告的内容，违反法律规定，究竟应该由何机关依据何种法律处理？

一般认为，对于这种情形，仍应依照管辖权冲突的一般解决方法处理。此类管辖权冲突，当属于事务管辖权冲突。鉴于《产品质量法》第54条仅仅对"限期使用的产品，应当在显著位置清晰地标明生产日期和安全使用期或者失效日期"；以及"使用不当，容易造成产品本身损坏或者可能危及人身、财产安全的产品，应当有警示标志或者中文警示说明"这两种情形设有罚款和没收违法所得的行政处罚，与广告法中对于违法广告的处罚尚容易区分，因此，实际上此种管辖权冲突问题并不严重。

（三）对规制机构的小结

综上可知，我国对于商业言论的公法规制有以下特点，其一是机构分散，具体而言，至少工商行政管理机关，质量监督机关，食品和药品等特殊商品的主管机关等；此外，管理媒体的政府机关也分享对于某些广告的管理权；其二是有几套规制商业言论的逻辑同时在起作用，第一套逻辑是按照商业言论的类型，例如广告，这种最大类型的商业言论，交给一个专门的监管机构，而产品标识则交给另外一个专门的监管机构。第二套逻辑是特殊商品特别管理，比如对于食品和药品之类的特殊商品，有专门的监管机构，这些监管机构也涉及关于食品和药品的商业言论的规制。第三套逻辑是事项逻辑，或者说是根据保护的法益的逻辑，比如说，对于消费者权益保护、对于竞争秩序的维护，均有其主管的机关，这些机关同时也就对于其中涉及的商业言论进行规制。最后是言论传播媒体的逻辑，在我国，由于许多商业言论是通过大众传播媒体传播的，因此，规制媒体的机构分享对于这些商业言论的规制权。

三、规制的类型

（一）事后的规制

事后的规制主要是行政责任与刑事责任。行政责任的设置是极其普遍的。如前已述，可从不同的角度，遵照不同的逻辑，由不同的行政机关就各种不同的违法商业言论进行处罚。既有按照商业言论的类型设置的行政责任，也有从特殊商品管理角度设置的行政责任，还有从消费者保护、竞争秩序的维护出发设置的行政责任，最后，还有媒体的主管机关对于传播商业言论的媒体设置的行政责任。

相对而言，刑事责任似乎少得多。有明文规定的是虚假广告罪以及损害商业信誉、商品声誉罪。但是，考虑到违法或不当商业言论与其他行为可能的牵连，实际上在商业领域因言获罪远不止虚假广告罪与损害商业信誉、商品声誉罪所能概括。举例而言，药品上的违法标识，有可能触犯生产、销售假药罪。❶

（二）事前的规制

事前的意思是除非经过某种程序，或者履行某种手续，否则无法发表特定的商业言论。对商业言论的规制，通常是事后性质的，除了少数例外。这少数的例外，包括了通过特定的媒体（平面和电视媒体）发布某些商品的广告（主要是药品、医疗器械、农药、兽药等商品）的事先审查。还包括针对某些广告的技术出证制度。

根据现行法，对于医疗、药品、医疗器械、农药、兽药和保健食品

---

❶ 按照刑法的规定，对于假药的界定交由《药品管理法》，该法第48条第3款中，明文规定"所标明的适应症或者功能主治超出规定范围的"的药品，以假药论处。因此，药品上的不当商业言论，可能构成生产、销售假药罪。

广告，以及法律、行政法规规定应当进行审查的其他广告，实行事前审查制度。❶ 事前审查制度是最典型的事前规制手段，审查机关基本上是该特殊商品的主管机关。例如食品广告、药品广告的事前审查机关就是食品药品监督管理局。

根据《广告管理条例》第 11 条：申请刊播、设置、张贴下列广告，应当提交有关证明：（一）标明质量标准的商品广告，应当提交省辖市以上标准化管理部门或者经计量认证合格的质量检验机构的证明；（二）标明获奖的商品广告，应当提交本届、本年度或者数届、数年度连续获奖的证书，并在广告中注明获奖级别和颁奖部门；（三）标明优质产品称号的商品广告，应当提交政府颁发的优质产品证书，并在广告中标明授予优质产品称号的时间和部门；（四）标明专利权的商品广告，应当提交专利证书；（五）标明注册商标的商品广告，应当提交商标注册证；（六）实施生产许可证的产品广告，应当提交生产许可证；（七）文化、教育、卫生广告，应当提交上级行政主管部门的证明；（八）其他各类广告，需要提交证明的，应当提交政府有关部门或者其授权单位的证明。

此即技术出证制度，因其要求在广告张贴、刊登或播出之前提供证明材料，因此广义上也属于事前规制的范畴。

（三）事中的规制

事中的规制是指在广告刊登、张贴、播出中的规制。主要有广告监测制度。所谓广告监测，是对个案广告、类别广告、全部广告法律执行状况进行的跟踪检查。广告监测工作包括监测数据的采集汇总、分析整理、监测信息发布等。❷ 广告监测工作是广告监管日常工作的重要内容。其用意是：广告监管机关通过监测发现违法广告，分析广告发布违法趋势，及时提出违法广告的社会识别预警和警示，制定监管对策措施。❸

---

❶ 2015 年修订后《广告法》第 46 条。

❷ 《国家工商行政管理总局关于规范和加强广告监测工作的指导意见（试行)》第 2 条。

❸ 《国家工商行政管理总局关于规范和加强广告监测工作的指导意见（试行)》第 1 条。

四、行政责任

（一）概况

要全面梳理涉及商业言论的行政责任并非易事，仅就有关的法律法规数量之多而言就可见端倪。因此，以下只是概述这一领域行政责任的状况。本节首先以商业言论的类型为区分标准，大致勾勒不同种类的违法商业言论对应的行政责任。

第一，以下首先通过表格说明不同种类的不当商业言论的行政责任（见表一）。

表一　不同类型违法商业言论的行政责任

类型	法律	责任方式	主管机关
虚假广告	1994 年广告法❶	责令广告主停止发布、并以等额广告费用在相应范围内公开更正消除影响，并处广告费用 1 倍以上 5 倍以下的罚款；对负有责任的广告经营者、广告发布者没收广告费用，并处广告费用 1 倍以上 5 倍以下的罚款；情节严重的，依法停止其广告业务。	工商
贬低	1994 年广告法❷	由广告监督管理机关责令负有责任的广告主、广告经营者、广告发布者停止发布、公开更正，没收广告费用，可以并处广告费用 1 倍以上 5 倍以下的罚款。	工商
违法标识	产品质量法	伪造产品产地的，伪造或者冒用他人厂名、厂址的，伪造或者冒用认证标志等质量标志的，责令改正，没收违法生产、销售的产品，并处违法生产、销售产品货值金额等值以下的罚款；有违法所得的，并处没收违法所得；情节严重的，吊销营业执照。 　　对于违反第 27 条的，责令改正；有包装的产品标识不符合本法第 27 条第（4）项、第（5）项规定，情节严重的，责令停止生产、销售，并处违法生产、销售产品货值金额 30% 以下的罚款；有违法所得的，并处没收违法所得。	质检

---

❶　2015 年修订《广告法》后，加重了虚假广告的行政责任，当然，主管机关并无变化。

❷　2015 年修订《广告法》后，除责令停止发布之后，对于贬低其他生产经营者的广告主改处 10 万元以下的罚款，同样地，主管机关未变。参见修订后第 59 条。

类型	法律	责任方式	主管机关
垃圾信息	全国人大常委会关于加强网络信息保护的决定	依法给予警告、罚款、没收违法所得、吊销许可证或者取消备案、关闭网站、禁止有关责任人员从事网络服务业务等处罚，记入社会信用档案并予以公布；构成违反治安管理行为的，依法给予治安管理处罚。	有关主管部门，不明确。

　　除了垃圾信息的责任方式以及主管机关不明确（因此亟待明确）之外，法律对于虚假广告和违法标识的规定是明确的。从上述规定来看，对于违法标识，法律似乎并无一般性地就不真实的商业标识规定行政处罚（责令改正不能算是一种行政处罚，而只是一种纠正措施），只是就伪造产品产地、伪造或者冒用他人厂名、厂址的，伪造或者冒用认证标志等质量标志这三种情形，设定较重的行政责任，对于违反"限期使用的产品，应当在显著位置清晰地标明生产日期和安全使用期或者失效日期"；以及"使用不当，容易造成产品本身损坏或者可能危及人身、财产安全的产品，应当有警示标志或者中文警示说明"这两种义务的情形设定了较轻的行政责任。因此，可以说总体而言，对于虚假广告的惩治力度大于对于违法标识的惩治力度。

　　《反不正当竞争法》中并未规定商业诋毁的行政责任。但是，"逃得过初一逃不过十五"，1994 年的《广告法》第 12 条规定广告不得贬低其他生产经营者的商品或者服务。同法第 40 条规定了该种行政违法行为的行政责任。且就《反不正当竞争法》第 14 条规定的"商业诋毁"与《广告法》第 12 条规定的"贬低"的构成要件而言，似乎构成"贬低"比构成"商业诋毁"更为容易。

　　第二，以下则专以虚假宣传为对象，比较《反不正当竞争法》《消费者权益保护法》以及《广告法》中关于行政责任的规定（见表二）。

表二　三法关于虚假宣传行政责任的规定

	反不正当 竞争法	2013 年消费者 权益保护法	1994 年 广告法	2015 年 广告法
责任方式	针对第 9 条：责令 停止违法行为，消 除 影 响，可 以 罚款； 针对第 5 条 4 项： 责令改正，没收违 法生产、销售的产 品，并处罚款，没 收违法所得，直至 吊销营业执照。	依其他有关法律、 法规执行； 未作规定的，责令 改正、单处或并处 警告，没收违法所 得，罚款，直至责 令停业整顿、吊销 营业执照。	责令广告主停止发 布，公开更正消除 影响，罚款，对广 告经营者、广告发 布者没收广告费 用，罚款，直至停 止广告业务。	责令停止发布 广告，责令广 告主在相应范 围内消除影 响，罚款。
主管机关	工 商 行 政 管 理 机 关，但经由援引， 也包括产品质量监 督机关	工商行政管理部门 或其他有关行政 部门	广告监督管理机关 （即工商行政管理 机关）	
罚款的计算	1 万 ~ 20 万元	违法所得的 1 ~ 10 倍，没有违法所得 的，50 万元以下。	广告费用的 1 ~ 5 倍	广告费用的 3 ~ 5 倍或 20 万元以上 100 万元以下。

　　在行政责任方面，《消费者权益保护法》表现得较谦抑，其规定的
行政责任是补充性的，仅在《广告法》《产品质量法》或其他法律法规
没有规定时才适用。《反不正当竞争法》设定的虚假宣传的行政责任分
成两个部分，对于违反第 5 条第 4 项的虚假宣传行为，适用《产品质量
法》的规定，而对于违反第 9 条的虚假宣传行为，则适用《反不正当竞
争法》第 24 条，显然，这会遭致一些类似行为不同处理的质疑。似乎
《广告法》最为主动，其规定利用广告的方式进行的虚假宣传应当适用
《广告法》第 37 条的规定。《广告法》的这种主动姿态是可以理解的，
即《广告法》可以理解为规制广告行为（从而利用广告从事的虚假宣
传行为都包含其中）的特别法。但是，管辖权冲突的问题不容小视，
即，一个利用广告的宣传行为，究竟应该适用《反不正当竞争法》呢，
还是应该适用《广告法》？

　　三驾马车规定的行政责任方式基本上是以下几种：停止虚假宣传行
为，没收违法所得以及罚款。但也有一些算不上是细微的差别。《反不
正当竞争法》第 24 条就没有规定没收违法所得这种行政责任，《广告

法》对广告主也没有设定违法所得的行政责任（部分原因可能在于《广告法》的违法所得很难界定）；《广告法》以及《反不正当竞争法》还规定了消除影响这种责任方式；就罚款的计算标准而言，《消费者权益保护法》是依照违法所得的倍数定罚款数额，2013 年的新法则将罚款的倍数予以简单的倍增，《广告法》的标准则是广告费用，且与《消费者权益保护法》的情形类似，2015 年的新法也加大了罚款的力度。而《反不正当竞争法》第 24 条则是定额罚款。

第三，以下则是有关特殊商品违法商业言论的处罚与一般法的区别的一个列表说明（见表三）。

表三　一般商品与特殊商品违法标识行政责任的比较

	一般商品	食品	药品
违法标识	伪造产品产地的，伪造或者冒用他人厂名、厂址的，伪造或者冒用认证标志等质量标志的，责令改正，没收违法生产、销售的产品，并处违法生产、销售产品货值金额等值以下的罚款；有违法所得的，并处没收违法所得；情节严重的，吊销营业执照。 对于违反第 27 条的，责令改正；有包装的产品标识不符合本法第 27 条第（4）项、第（5）项规定，情节严重的，责令停止生产、销售，并处违法生产、销售产品货值金额 30% 以下的罚款；有违法所得的，并处没收违法所得。	没收违法所得、违法生产经营的食品和用于违法生产经营的工具、设备、原料等物品；违法生产经营的食品货值金额不足 1 万元的，并处 2 000 元以上 5 万元以下罚款；货值金额 1 万元以上的，并处货值金额 2 倍以上 5 倍以下罚款；情节严重的，责令停产停业，直至吊销许可证。	除依法应当按照假药、劣药论处的外，责令改正，给予警告；情节严重的，撤销该药品的批准证明文件。
处罚机关	产品质量监督部门	仅规定有关主管部门，未明确究竟是何部门❶	药品监督管理部门
法律条文	《产品质量法》第 53 条、第 54 条	2009 年《食品安全法》第 86 条❷	《药品管理法》第 86 条

---

❶ 2015 年修订《食品安全法》明确为食品药品监督管理部门。

❷ 2015 年修订的《食品安全法》加大了行政处罚的力度。参见该法第 125 条。

关于特殊商品虚假广告，《食品安全法》与《药品管理法》均规定按照《广告法》的规定处理。不同于虚假广告行为，一般法和特殊商品管理法关于违法标识的处罚规定会引发法律适用上的难题。粗略观察《食品安全法》与《产品质量法》关于违法标识的行政责任的规定，可知《食品安全法》的责任规定更重。但是，《药品管理法》的规定却不尽然，除了构成假药、劣药的外，药品违法标识的处罚甚至比一般法还要轻。而这显然会造成一种价值判断上的矛盾。即，药品违法标识造成的后果比一般产品违法标识更重，但所承担的行政责任反而可能更轻。

第四，以下则是媒介主管机关对于广告媒介的处罚与一般法针对媒介处罚的一个列表说明（见表四）。

表四　一般法与媒介特别法行政责任的比较

	1994 年《广告法》	《广播电视广告播出管理办法》
违反广告内容禁止性规定	发布广告违反本法第 7 条第 2 款规定的，由广告监督管理机关责令负有责任的广告主、广告经营者、广告发布者停止发布、公开更正，没收广告费用，并处广告费用 1 倍以上 5 倍以下的罚款；情节严重的，依法停止其广告业务。	由县级以上人民政府广播影视行政部门责令停止违法行为或者责令改正，给予警告，可以并处 3 万元以下罚款；情节严重的，由原发证机关吊销《广播电视频道许可证》、《广播电视播出机构许可证》。
违反禁止播出规定	违反本法第 18 条的规定，由广告监督管理机关责令负有责任的广告主、广告经营者、广告发布者停止发布，没收广告费用，可以并处广告费用 1 倍以上 5 倍以下的罚款。	同上

可以看出，在罚款这一行政处罚上，存在竞合现象，产生如何适用的问题。另外，两个法律法规规定的处罚不尽相同，对于不相同的部分，还存在是否可以并行适用的问题。

最后，是就《广告法》与其下的广告管理条例以及《广告管理条例施行细则》对于虚假广告处罚规定的一个列表说明（见表五）。

表五　广告法与其下位法规定的行政责任的比较

	1994 年广告法❶	广告管理条例	广告管理条例施行细则
虚假广告	责令广告主停止发布、并以等额广告费用在相应范围内公开更正消除影响，并处广告费用 1 倍以上 5 倍以下的罚款；对负有责任的广告经营者、广告发布者没收广告费用，并处广告费用 1 倍以上 5 倍以下的罚款；情节严重的，依法停止其广告业务。	广告客户或者广告经营者违反本条例规定，由工商行政管理机关根据其情节轻重，分别给予下列处罚： （一）停止发布广告； （二）责令公开更正； （三）通报批评； （四）没收非法所得； （五）罚款； （六）停业整顿； （七）吊销营业执照或者广告经营许可证。	责令广告客户在相应的范围内发布更正广告，并视其情节予以通报批评、处以违法所得额 3 倍以下的罚款，但最高不超过 3 万元，没有违法所得的，处以 1 万元以下的罚款。 广告经营者帮助广告客户弄虚作假的，视其情节予以通报批评、没收非法所得、处以违法所得额 3 倍以下的罚款，但最高不超过 3 万元，没有违法所得的，处以 1 万元以下的罚款；情节严重的，可责令停业整顿，吊销营业执照或者《广告经营许可证》。

可见，广告领域规范层次不同的三个法律文件本身对于虚假广告的处罚规定存在不一致现象，广告管理条例实施细则甚至限定了罚款的最高数额，这与广告法修订加重行政处罚的总体思路相悖，毋庸置疑，这种情况本应该尽力避免。

（二）冲突

以上列表已经可以看出，众多的规制商业言论的法律规范，造成法律责任上的广泛冲突。

第一，冲突可能发生在同一部法律规范中。例如，《反不正当竞争法》第 5 条第（4）项规定了对商品质量作引人误解的虚假表示行为，第 9 条规定了用广告或者其他方式作引人误解的虚假宣传行为，两者法律性质完全相同，仅仅是虚假宣传行为的载体不同，在实践中，市场主体往往同时进行这两种行为，然而，《反不正当竞争法》却为其设定了不同的法律后果。对于前者，《反不正当竞争法》第 21 条规定适用《产品质量法》处罚。对于后者，《反不正当竞争法》第 24 条直接规

---

❶　需特别指出，2015 年修订《广告法》之后，这一问题依然存在。

定："经营者利用广告或者其他方法，对商品作引人误解的虚假宣传的，监督检查部门应当责令停止违法行为，消除影响，可以根据情节处以 1 万元以上 20 万元以下的罚款。"而根据《产品质量法》第 53 条的规定，除责令改正外，还要没收违法生产、销售的产品，并处违法生产、销售产品货值金额等值以下的罚款；有违法所得的，并处没收违法所得；情节严重的，吊销营业执照。可见，同样是反不正当竞争法规定的引人误解的虚假宣传行为，只因宣传的载体不同，导致不同的法律后果。这种不同的法律后果是难以通过说理来正当化的。

第二，冲突更多的是发生在不同的法律之间。同样针对上述例子，有学者指出：对于利用广告作虚假宣传的，应当适用《广告法》的规定处罚。可以假定，违法经营者直接在货值 100 万元的商品上伪造或者冒用认证标志等质量标志被查获，依据《产品质量法》第 53 条之规定，在未及销售的情况下损失（指经营者的损失，包括货物被没收以及罚款，以下亦同）达 100 万～200 万元；而以 10 万元的广告费用广告对该批 100 万元货值的商品作引人误解的虚假宣传的，依据《广告法》第 37 条之规定"处广告费用 1 倍以上 5 倍以下的罚款"，损失陡降为 20 万～60 万元；而一旦用其他方式，依据《反不正当竞争法》第 24 条之规定，损失仅为区区 10 万～20 万元。三部法律之间竟然不能相互统一。❶ 该学者所举之例实则是上述单个法律内部冲突的升级版，当然，同样很难正当化上述处罚上的差异。

以上是不同法律之间冲突的一个面向，即规范广告秩序、规范竞争秩序与规范产品质量的法律之间的冲突；另一个面向则是一般法与特殊商品管理法之间的冲突。如前文已经提及产品质量法中的对于违法标识的处罚规定与食品管理法、药品管理法中对于违法标识处罚规定的冲突。

第三，冲突还存在于法律与直接下位的行政法规、部门规章之间。

---

❶ 王倩："我国违法广告监管制度的反思与重构"，《江淮论坛》2007 年第 5 期。

有学者指出：在广告领域，存在法律与行政法规在处罚标准的设置上轻重不一的现象。如：1994 年《广告法》第 37 条规定："违反本法规定，利用广告对商品或者服务作虚假宣传的……处广告费用 1 倍以上 5 倍以下的罚款。"《广告管理条例施行细则》则规定，"……，处以违法所得额 3 倍以下的罚款，但最高不超过 3 万元。"广告主提供虚假证明文件的，1994 年《广告法》规定由广告监督管理机关对广告主处以 1 万元以上 10 万元以下的罚款；《广告管理条例施行细则》规定为：对广告客户予以通报批评、处 5 000 元以下罚款。可看出在对虚假广告的责任主体行政处罚上明显标准不一，我国工商总局的《细则》与《广告法》的标准不一在实践中造成适用的混乱。在实践中对虚假广告行使执法权的机关主要是工商行政管理局，调查显示他们主要执行的是工商总局制定的《广告管理条例施行细则》，这必然导致违法者事实上与广告欺诈可获得的巨额收益相比成本太低，承担的法律责任偏低或减轻。❶

相比于前述的几种冲突，这种冲突更令人难以容忍。原因在于：这种冲突可能违反了依法行政原则。该原则一向被视为行政法的基本原则。该原则之内容，向来认为包含法律优越原则与法律保留原则，前者即消极意义之依法行政原则，后者即积极意义上的依法行政原则。法律优越原则，系指一切行政权的行使，不问其为权力的或非权力的作用，均应受现行法律之拘束，不得有违反法律之处置而言。❷

我国《立法法》第 79 条规定：法律的效力高于行政法规、地方性法规、规章。意谓法律优越于行政法规、地方性法规与规章，当法律之规定与行政法规、地方性法规以及规章的规定不一致时，应优先适用法律的规定。上述学者所提到的地方的工商行政管理局，主要执行的是《广告管理条例施行细则》，此等做法，即有违反法律优越原则之嫌。

第四，冲突还可能发生在法律与并不直接下位的部门规章之间。例如前文提及的《广告法》的规定与广播电视广告播出管理办法的规定之

---

❶ 赵炬："虚假广告之公害，治理难度之剖析"，《新闻知识》2009 年第 9 期。

❷ 翁岳生编：《行政法》，元照出版有限公司 2006 年版，第 146 页，此部分为陈清秀所撰。

间关于罚款数额的冲突。《广播电视广告播出管理办法》只是援引了《广告法》，并不是《广告法》的直接下位法，其制定主体——国际广播电影电视总局（2013 年机构改革中已与国家新闻出版总署合并，合并后称为国家新闻出版广电总局）——也并非广告主管部门。

第三节　行政性规制的实施效果

一、现状

法国广告评论家罗贝尔·格兰曾经说："我们呼吸的空气由氧气、氮气和广告组成。"以广告为代表的商业言论是沟通广告主和广大受众的纽带，不宁唯是，其甚至引导着消费，创造着需求。其关系人民的幸福指数，甚至与消费者的生命、财产和安全攸关，是以，我国在私法规制之外，另辅之以行政性规制，已如前述。但是，与如此细密且具体的规制措施相比，在中国，商业言论的行政性规制效果显然不如人意，普通民众的通常感受是广告和标识几乎不可信，垃圾信息满天飞，商业诋毁和损害商誉时常见。

（一）虚假广告或虚假宣传

1. 存在对于虚假广告的不同理解

有人认为，可以将虚假广告理解为：其发布主体是从事商品经营或营利性服务的广告主、广告经营者和广告发布者；客观表现形式包括对商品性能的虚假宣传、产地的虚假宣传、用途的虚假宣传、质量的虚假宣传、价格的虚假宣传、生产者的虚假宣传、有效期限的虚假宣传等；损害对象既包括消费者，也包括同行业竞争者；损害客体是公平与正当竞争的市场秩序，既侵犯了其他经营者的公平竞争权，也损害了消费者的合法权益。❶

虚假广告一般分为两类：欺诈性虚假广告，所宣传商品的信息与所

---

❶　钱翠华："虚假广告的认定"，载《人民司法》2007 年第 22 期。

提供的商品或者服务的实际质量不符；误导性虚假广告，则是所宣传的内容往往夸大失实，语意模糊，令人误解，使受宣传影响的人对商品的真实情况产生错误的联想，从而影响其购买决策。❶

也有人认为：虚假广告通常分为欺诈性虚假广告、夸张性虚假广告、假冒性虚假广告和误导性虚假广告4类。❷

还有人认为，虚假广告的表现形式千变万化，但归纳起来主要有以下4种：一是诈骗性广告。经营者虚构客观上并不存在的商品和服务，以此骗取钱财的广告。二是歧义性广告。经营者故意隐瞒事实真相，并使用双关语或模糊性语言让消费者对事实真相产生歧义，达到规避对自己的不利解释、欺骗消费者的目的。该类广告的内容有些是真的或者大部分是真实的，但是经营者明示或者暗示的省略或含糊的措词极易使消费者对其商品或服务的真实情况产生误解或歧义，并影响其购买决策或接受服务。三是夸大其词广告。经营者对自己生产、销售的产品的质量、制作成分、性能、生产者、产地或对所其提供的劳务、技术服务的质量规模、技术标准、价格等进行吹嘘夸大，实际上与事实有较大出入的广告。四是虚假谎称性广告。广告中所宣传的商品或者服务根本不存在。如对未获奖或未达到某种获奖级别的商品谎称获奖或夸大获奖级别；对使用劣质原材料制成的商品谎称使用优质原材料制成的商品；对未申请国家专利或未获得专利证书的商品谎称取得国家专利申请或专利证书。在这4种虚假广告中，以歧义性广告和夸大其词广告居多。❸

在美国，虚假广告被界定为，"只要广告的表述由于未能透露有关信息而给理智的消费者造成错误印象的，这种错误印象关系到所宣传的产品、服务的实质性特点即虚假广告"。一般将具备下面条件的广告视为虚假广告："1. 虚假广告的内容必须产生误导消费者认知错误的结

---

❶　王仲："30年来我国民间反虚假广告及假冒商品行动综述"，载《深圳大学学报（人文社会科学版）》2011年第4期。

❷　朱立新："虚假广告的鉴别"，载《中国防伪报道》2012年第5期。

❸　廖善康："虚假广告与消费者权益保护的思考"，载《中国商贸》2010年第22期。

果，而不管广告是否真正虚假；2. 一般合理的消费大众会相信广告内容为真，在判断一般合理的消费大众时，应考虑该广告是否针对老人、儿童等特定对象，不同的对象在合理的判断标准上会有所不同；3. 广告中虚伪的部分应属于广告向消费者表述的重点。这些重点包括涉及产品质量、效果、耐用度、保证以及有关健康、安全等方面的表述。还包括经营商品明示或有意暗示的表述。"❶

目前的虚假广告情势究竟有多严重？2006 年北京的一项监测报告显示，位居榜首的烟草广告监测有 48 条，结果全部违法，涉嫌违法率高达 100%。全年涉嫌违法率排前十名的商品、服务广告是：烟草、声讯服务、医疗服务、医疗器械、保健食品、人用药品、医疗美容、其他食品类、针纺织品和卫生洗涤用品。❷ 另据新华网消息，中国 9 家广告违法问题严重的媒体单位，2010 年 8 月 18 日被行政告诫、并受到相应处理。❸ 国家工商总局每季度发布的广告监测报告可以看出虚假广告的严重性，平均每年违法或涉嫌违法率在广告中占 30% 以上。

2. 人们的日常印象印证了上述结论

在事关民生的方面，有购房者投诉开发商违背承诺，说好的学区房无法兑现的报道。2014 年年初，浙江宁波就发生一起学区房货不对版的纠纷。购房者指一国企开发商涉嫌以"学区房"为名售房，但交付房子后，他们却发现区内小学的学额已满，导致约百名适龄入学儿童无法"就近入学"。事情的起因是，2011 年年底至 2012 年年初，开发商以学区房的名义为其名称为"青林湾六期"的楼盘打广告造势，家长们看在学区房的份上，不计屋价比同区内其他楼盘每平方米均价高出三四千元及靠近机场高速声音嘈杂，毅然决定搬迁企业或卖掉旧宅购下新房，一

---

❶ 中国广告协会信息研究室编译："美国广告监管体系研究"，载《现代广告》2006 年学刊。

❷ "北京一项监测报告显示 2006 年烟草广告违法率高达 100%"，载《当代传播》2007 年第 2 期。

❸ "中国九家媒体因广告违法问题严重受行政告诫"，载《国际新闻界》2010 年第 8 期。

心只为了今年 3 月新房交付后，孩子能顺利在 9 月进入区内的海曙外国语学校就读。结果最近业主代表们到教育局查询系统记录后，赫然发现青林湾六期在开盘时根本没有被列入是学区房。❶

房产广告看来是虚假宣传的重灾区。除了学区房纠纷之外，常见的还有面积和地理位置的虚假宣传。2013 年 7 月，大连远洋时代城的多名业主在售楼处门前聚集，并拉出写着"抵制远洋虚假宣传，维护业主合法权益"的横幅抗议，并争相在横幅上签字。原来一期的业主在验房时发现，他们的房子得房率远低于当初售楼处所宣传的数字。"当初，售楼处跟我们说的得房率在 80% 左右，还会赠送 10% 的空间"，李女士是一期楼房的一位业主，她告诉记者，"把边边角角都算上，目前业主的得房率基本都在 72% 左右"。❷

在家具行业，达芬奇与消费者的纠纷也是屡生波澜。在杭州，发生了一起奇特的诉讼纠纷。2011 年 3 月，陈女士在杭州的达芬奇门店订购了一套家具。7 月，达芬奇家具造假被央视曝光，陈女士和达芬奇家具交涉后，达芬奇家具将货款全额退还，并要求陈女士全数退还所购家具，但陈女士并未退还所购家具。几次催讨无果后，达芬奇家具一纸诉状将陈女士告上法庭，要求其退还家具，并且赔偿家具使用费近 40 万元。陈女士却认为，达芬奇欺诈了消费者，应该退一赔一。于是，陈女士也一纸诉状把达芬奇家具告上法庭。❸

看起来，跨国大企业也好不到哪里去。2011 年，针对消费者投诉中国销售的一款耐克运动鞋质量不如国外产品、售价过高的问题，该公司初步调查结果显示有关宣传材料出现失误，向广大消费者道歉并收回相

---

❶　http://news. takungpao. com/society/topnews/2014 – 01/2154416. html，2014 年 7 月 26 日最后访问。

❷　http://finance. ce. cn/rolling/201307/11/t20130711_ 543264. shtml，2014 年 7 月 26 日最后访问。

❸　http://finance. sina. com. cn/consume/puguangtai/20130111/013114251454. shtml，2014 年 7 月 26 日最后访问。

关产品。❶

（二） 违法标识

许多违法标识的行为和虚假宣传的行为是同时进行的。通常，商家既在商品的标签、标识或说明书上作虚假或不当的记载，同时也在对外的广告和宣传中重复此种虚假或不当的记载。

2012 年年底，由美国扁桃仁假冒大杏仁引发的一起公益诉讼在深圳罗湖区人民法院开庭。此次法庭答辩中，被告沃尔玛代理律师否认其销售的"盐焗带壳杏仁"和"盐焗杏仁"属于扁桃仁，坚持认为是杏仁。原美国加州杏仁商会（Almond Board of California）上周在北京宣布，在中国市场销售的"美国大杏仁"（Almonds）更名为"巴旦木"，并称"该组织今后在市场营销、宣传等资料上将使用这一名称"。❷

"福喜"事件是最近又一宗食品安全领域的大丑闻。在使用臭肉事件被曝光后，上海市食药监局查实上海福喜新的涉嫌违法线索，即福喜将退货的 2013 年 5 月生产的 6 个批次烟熏风味肉饼，更改包装，篡改生产日期。根据上海市食药监局的调查，这 6 个批次保质期为 9 个月的烟熏风味肉饼，实际保质期至 2014 年 2 月，上海福喜将其生产日期篡改为 2014 年的 3 个批号，即 20140104、20140111、20140112，食品名称更改为"风味肉饼"，共计 4396 箱，目前已销售 3030 箱，其余尚未销售，均被上海食药监封存。上海食药监部门认为，上述事实表明，上海福喜公司涉嫌存在利用回收食品生产经营食品、篡改生产日期和保质期等违法行为。❸

（三） 贬低或诋毁

"同行相轻"，从事同类业务的经营者之间倾向于贬低对手，虽是古

---

❶ http: //www. yicai. com/news/2011/09/1075520. html，2014 年 7 月 21 日最后访问。

❷ http: //economy. gmw. cn/2012 – 12/16/content_ 6030113. htm，2014 年 7 月 26 日最后访问。

❸ http: //news. 163. com/14/0726/10/A22SP6L90001124J. html，2014 年 7 月 27 日最后访问。

已有之，但于今为烈。当前中国企业之间的竞争呈现出一种恶性缠斗、不是你死就是我活的态势。诸如三联重工与中联重科、农夫山泉与华润怡宝、滴滴打车与快的打车，以及加多宝与广药之间的竞争似都属于此。有学者将之概括为以生死缠斗为特征的"中国式竞争"。❶

山西汾酒与茅台之间也有一段恩怨。继首次公开炮轰茅台等白酒所宣传的 1915 年获得巴拿马万国博览会金奖完全是虚假宣传后，山西汾酒董事长李秋喜在北京再次公开"挑衅"指出，汾酒才是 62 年前共和国第一国宴的首款用酒。虽然没有直接点名，但此言一出，众所周知其矛头仍然直指贵州茅台虚假宣传。❷

（四）垃圾信息

我们是生活在一个随时准备着接受骚扰的时代。仅仅依据我们自己的个人体验，就可以感知垃圾信息的严重程度。我的常用邮箱中收到的邮件，有一半左右是垃圾邮件，有各类商业培训、会议的邮件，有各种人际交往软件或网站发来的邮件，甚至还有代发发票、代发论文的邮件。

电话和短信的情形也好不到哪儿去。假如你的移动电话在某个楼盘的意向客户中登记过，此后，每一天几乎你都会接到推销楼盘的电话和短信，当然不限于你曾经登记过购买意向的楼盘。你的电话有时还会接到一个老外操着怪声怪气的中文问你"现在方便接电话吗？"然后就是他们的英语培训课程。假如你曾在某网站购买过商品，不慎登记了真实的号码，通常，该网站以后就会孜孜不倦地向你推送它的优惠活动信息或新品信息，就如同是熟知你爱好的多年好友一样。幸亏许多人没有自己传真机，看到单位的传真机接收到的传真正常人简直会发疯。除了有用的传真之外，还能经常收到各类培训之类的传真，对了，还有代开发

---

❶ 这是吴汉钧先生的用语，参见吴汉钧："中国式竞争"，http://www.zaobao.com/forum/zaodian/yu-chuan-xing/story20140227 – 314689，2014 年 3 月 3 日最后访问。

❷ 胡笑红："山西汾酒再度炮轰茅台虚假宣传，自称为第一国宴用酒"，载《京华时报》2011 年 9 月 22 日。

票的传真。

二、规制效果不理想的原因

不当商业言论的成因是一个复杂的问题。有人说：虚假广告的盛行是中国目前值得关注的社会现象，这种现象本身能折射出目前社会一些深层次的东西，如并不强有力的执法、诚信资源的严重缺乏、巨大利益诱惑下的行为失范等。❶ 这一论断可以推广至整个不当商业言论。就行政性规制而言，也许以下几个方面是导致不当商业言论规制效果不理想的关键因素。

（一）现行监管体制：单一型政府监管体制

例如，在广告这种数量巨大的商业言论的情形，我国已出台《中华人民共和国广告法》《广告管理条例施行细则》《关于严厉打击违法虚假广告的通告》《关于整顿广播电视医疗资讯服务和电视购物节目内容的通知》《广告活动道德规范》等一系列法规。但是，虚假广告的数量似乎与法规文件数量成正比。

有人指出，改革开放 30 年来，我国广告业从无到有，发展到今天已经成为了一个重要的产业；伴随其发展的相关监管法规也逐步建立，形成了"广告事前监管""广告事中监管""广告事后监管"的广告监管体系。❷ 这个监管体系对广告活动主体从不同的角度和各个环节进行了立体监管，是监管队伍中的主要力量。除此之外，就是靠各行业协会的自行监管和广告活动主体的自律了。各行业协会包括：烟酒行业协会、医药保健品行业协会、广告行业协会、新闻出版行业协会等。❸

就中国现阶段的广告审查制度而言，我国现行的审查制度是以广告经营、发布和审查为一体的广告审查制度。其弊端是显而易见的。一般来说，除了广告审查机关对广告进行审查以外，还包括广告主、广告经

---

❶ 应飞虎："对虚假广告治理的法律分析"，载《法学》2007 年第 3 期。

❷❸ 祝翔："法治与自治并举中国违法广告管理机制的新思考"，载《新闻界》2010 年第 2 期。

营者和广告发布者对广告的自审自查。自 1993 年国家工商行政管理局广告司提出在全国范围内推广广告事前审查制度之后，国家工商行政管理局颁布了《关于设立广告审查机构的意见》在文中指出要设置专门的独立的广告审查机构。其目的就是本着对社会公众负责的原则，实施广告在发布前的审查工作。但是在实际执法中，我们并没有看到一个相对独立、具有权威的广告审查机构在公众的视野里出现，而仍然是广告管理机关直接越俎代庖，并且仍是对广告进行着事后的监督管理。❶

　　我国的广告业自律组织——中国广告协会，是空中楼阁一般的空壳机构，几乎没有起到丝毫作用。行业自律的规则以及整体上的规则（如中广协 1990 年制定的《广告行业自律规则》）存在的一些漏洞和缺陷，导致了细化规则的不科学和在执行上的操作性不强。❷

　　就违法标识、垃圾信息的监管而言，如同广告的监管一样，奉行强烈的行政主导监管机制。比如产品标识的监管，由于带有一定的技术标准的色彩，基本上委由技术质量监督部门处理，其他主体，甚至包括其他行政机关很难插足。就垃圾信息的治理而言，虽说通过网络的垃圾信息，有互联网协会这样的自治组织参与治理。但是，如同广告行业协会的作用一样，谁能够指望在一个高度行政主导，就连自治组织都不具备实质意义上的自治性的社会，自治机构能够真正发挥作用呢？

　　这种监管机制，实是"法律父爱主义"在商业言论规制领域的典型表现。事实上，在美国，父爱主义在宪法性法律上的应用主要体现在对商业言论和男女平等等方面。❸ 父爱主义体现为出于增加当事人利益或使其免于伤害的善意考虑，不顾当事人的主观意志而限制其自由的行

---

❶　邓其超："中国广告入世的前夜：广告管理现状的透视"，http://www.chinaadren.com/html/file/2005 - 3 - 4/200534233728539.html，2012 年 8 月 26 日最后访问。

❷　王倩："我国违法广告监管制度的反思与重构"，载《江淮论坛》2007 年第 5 期。

❸　孙笑侠、郭春镇：《法律父爱主义在中国的适用》，载《中国社会科学》2006 年第 1 期。

为。善意的目的、限制的意图、限制的行为、对当事人意志的不管不顾，构成这个概念的四个重要组成部分。❶

在我国商业言论的规制上，正是秉承这样的规制理念，于是监管机构化身为父，而将普通公众视为需要保护，需要其提供庇护之羽翼的子民。但是，这种理想很少获得成功。特定的政府机构只是国家的代理人，具有自身的正当或不正当的利益，作为利益主体，遵循趋利避害的规则行事。在利害关系不能驱使它严格执法的条件下，单一的行政主导的监管机制很少能够获得理想效果。

（二）监管者与被监管者的力量对比：行政体制方面的原因

监管者与被监管者的地位对比，也是不当商业言论治理不力的成因之一。举例而言，一些省市媒体级别与监管机构相当，甚至还高于监管部门，此外，由于媒体还握有"第四种权力"，有时监管部门还让它三分，对其违规行为，往往是"只拍苍蝇，不打老虎"的态度。近来发生的名人违法代言的广告，都是在省市一级的电视台播出的，我们只看到了对违法代言人进行声讨，没听说对哪一个播出违法广告的电视台进行处罚的；广告法中对于违法媒体的连带责任处罚也存在空白。还有一些媒体对个别违法广告受害者的投诉就花钱摆平，对监管者就花钱搞定，客观上给了违法广告的生存空间。❷

还有一些被监管者是大型国企。在中国的政治语境中，大型国企的掌门人都是有行政级别的。一些大型垄断性国企富可敌国，其掌门人的党内地位与行政级别甚至比监管者还要高。不解决这一问题，对于国企的监管就注定是软弱的。

（三）私主体的肆无忌惮的逐利心理：商业道德的沦丧

电视台等媒介的生存之道，客观上主张了不当商业言论泛滥的势

---

❶ 孙笑侠、郭春镇：《法律父爱主义在中国的适用》，载《中国社会科学》2006 年第 1 期。

❷ 祝翔："法治与自治并举中国违法广告管理机制的新思考"，载《新闻界》2010 年第 2 期。

头。在县市级电视台，广告是维系其生存的重要财源。有人指出：县级电视台虚假医疗广告屡禁不止的根源在于政府主导电视。由于行政主导电视资源，在广告收入份额分配上，县级台与中央台以及实力强劲的省级台之间可谓天壤之别。一个典型的县级台，一年的广告费收入也就是区区的几百万。在县级台的广告中，医疗类的广告占了绝大多数。其中，虚假广告占了大多数。但是，鉴于，电视台与政府关系密切，电视台广告不容易受到正常监管。因此，虚假医疗类广告愈演愈烈，这可以说是中国县级电视台生存的潜规则。❶

媒体的自我监管功能先天不足，根本原因在于电视台在本质上也是一个商业组织。多年来，业内一直呼吁全面实行广告代理制，和世界接轨，但困难重重，一些媒体运用"上有政策，下有对策"的办法，纷纷成立自己的广告公司来应对代理制，使自己成了既是裁判员又是运动员的双重角色。对违法广告的堵漏应该是媒体的职责和功能，但它是广告的既得利益者，本身有毛病、不过硬，故自我监管功能先天不足，所以它无法完全承担起应有的违法广告监督职责。

企业的逻辑则更加容易理解。企业是逐利的私性组织，以实现投资者利益最大化为己任。作为实现投资者利益最大化的一个手段，商业言论被广泛应用，在应用过程中，有些企业不顾法律和商业道德的约束，制作、传播不当商业言论。看起来，企业的行为更加容易得到理解。但是，必须注意到，在当下的中国，浮泛一种唯利的倾向，为了获取利益，可以不问手段，可以置商业道德于脑后。"福喜臭肉事件"就是一个典型。可以说，商业道德的沦丧也是不当商业言论泛滥的一个原因。

（四）消费者维权的惰性

理性的消费者在决定是否使用法律武器时，往往会比较投诉的预期成本和预期收益，如果预期成本大于预期收益，他就会主动放弃投诉。由于掌握信息对于行政机关而言，是一件困难的事情，因此，行政性规

---

❶ "政府主导电视，虚假医药广告屡禁不止"，http://view.163.com/special/reviews/tvstation0720.html，2012 年 7 月 20 日最后访问。

制的效果发挥依赖消费者的举报和投诉。但是，行政性规制不当商业言论对于单个消费者造成的影响往往不大，如果消费者行政投诉的体验不佳，则很容易抑制行政性规制的功能发挥。此外，救济制度立法的不健全使本就处于弱势地位的消费者产生"消费者惰性"，这些都是消费者主动放弃权利的主要原因。

三、失败的行政性规制

总体而言，就目前的不当商业言论规制现状而言，行政性规制是失败的。尽管由于行政过程透明度的原因，我们无法确切地知晓行政性规制的数量和规模，现有的资料也已经可以反映，行政性规制经常陷于规制俘获、选择性执法的泥潭，且由于对于规制机构的监督不足，加剧了行政性规制的挫败。

（一）规制俘获

规制的公共利益理论以市场失灵和福利经济学为基础，认为规制是政府对公共需要的反应，其目的是弥补市场失灵，提高资源配置效率，实现社会福利最大化。与之相反，规制俘虏理论则认为，政府规制是为满足产业对规制的需要而产生的，即立法者被产业所俘虏；而规制机构最终会被产业所控制，即执法者被产业所俘虏。规制俘虏理论的代表性人物，斯蒂格勒的理论与规制的公共利益理论形成了鲜明的对照，他认为，规制主要不是政府对社会公共需要的有效和仁慈的反应而是产业中的部分厂商利用政府权力为自己谋取利益的一种努力，规制过程被个人和利益集团利用来实现自己的欲望，政府规制是为适应利益集团实现收益最大化的产物。

在商业言论规制领域中，可见规制俘获理论生效的例子。对于广告经营资格的规制，可以被理解为是阻碍进入的措施。垃圾短信息的界定也是。商业广告不得贬低竞争者的规制，实际上的效果是抑制广告主揭露其他厂商产品之缺陷的动机。

（二）选择性执法

我国历来没有公开行政机关执法文件的传统，行政机关对于公开与行政执法有关的信息动力不足。选择性执法成为行政执法的常态。不透明的行政执法过程，倾向于引发选择性执法。监管机构集中发布违法商业言论——就我们的视野所及，包括了虚假广告、垃圾信息等——的通告，可视为运动式执法的例子。运动式执法隐含了选择性执法的因子。由于太多的违法案例没有能够得到查处，导致相关领域的违法状况愈来愈严重，因此才需要一次运动式的集中执法，以缓解社会公众对于该领域违法状况的不满情绪。但从长久来看，这种运动式执法是饮鸩止渴。

（三）对规制机构的监督不足

理论上，规制机构受到其上级机关，法院以及社会公众尤其是媒体的监督。但是，从上述监督的运行机制来看，对于规制机构的监督仍显得不足。

上级机关对于规制机构的监督往往失效。为了维护规制机构的工作积极性，上级机关往往不愿意下级太过难堪；此外，过高的错案纠正意味着上级机关本身指挥失当，这一点可以从比较低的行政复议成功率看出来。

法院的监督只有在私人针对规制机构提起行政诉讼的情况下才有可能发生，这本来就比例不高；此外，鉴于在我国法院，极低的行政诉讼原告胜诉率意味着法院对于行政机关的监督整体上处于一个低水平。

社会公众的监督主要表现形式就是舆论监督。在与上级机关的监督与法院监督的对比中，舆论监督最为有效，尤其是，网络兴起之后，出现了自媒体形式的监督。但是，上述三种监督中最为有效的舆论监督也陷于监督不力的局面，主要的原因是舆论本身受到管制，媒体往往无法得到必要的信息，以及由于媒体往往是商业言论的受益者，因此不愿意就政府规制商业言论的行为进行监督。

第四节　商业言论的刑事规制

2014 年 7 月，一则广州医生因为两年前的微博言论被云南警方跨省调查的消息吸引了公众注意力。事情的原委是广州医生刘欣两年前的微博，其内容是："今天又一个因家长无知造成的病例：皮肤擦伤后用红汞＋云南白药粉，表皮坏死、真皮层纤维增生，毁容基本确定！科普一下：伤口关键是清洗干净，利凡诺、碘伏均可，清洁后外用含凡士林的抗菌药膏涂敷，禁用一切粉剂外敷！在潮湿的环境中，伤口表皮化的速度（愈合速度）可达干燥时的两倍，且不易形成痂皮。"随后的两年间，多家媒体均有引用这一信息，并刊出女孩照片。

关于这次调查，云南警方当时称，云南白药集团以其涉嫌造谣造成企业商业名誉受损为由，向当地警方报案。

有律师认为，云南警方接到报案，怀疑当事人存在犯罪事实，从而进行适当调查，这是合法行为。但医生找不到当时接诊的小女孩同样合理，"医生没有保管小女孩信息的义务"。"公民在网络上对于一个药品发表正常意见，不管正面负面，不能轻易用犯罪追究刑事责任，因为他不存在主观故意。比如有人吃这个药拉肚子，不管是不是这个药物引起的，都不能追究。"❶

另有律师认为，医生的意见反映在微博上会被传播，对于这种传播，企业更需要做出反思和反省，而不是到公安机关报案，进行刑事方面追究。"如果你认为医生的微博对企业造成经济损失，可以通过民事纠纷解决，而不是向警方报案。"警方作为公权力机关，需要对此事进行严格划分，"甚至不应该来调查，而是劝当事人，你不要来我这里报案"。❷

该事件引发公众对于商业言论可能承担的刑事责任的普遍的担忧。以下将首先梳理刑法的规定，看看商业言论可能触犯那些刑法条款。

一、不当商业言论可能涉及的罪名

不当商业言论可能涉及的罪名无法一一列举。例如，在李××破坏

---

❶ http：//finance. ifeng. com/a/20140722/12772676_ 0. shtml，2014 年 7 月 24 日最后访问。

❷ http：//news. xinhuanet. com/2014 - 07/24/c_ 126791064. htm，2014 年 7 月 24 日最后访问。

广播电视设施、公用电信设施案中，法院认为，被告人李××在未取得电信设备进网许可和无线电发射设备型号核准的情况下，非法使用无线电通信设备"伪基站"，采用非法占用公众移动通信频率的方式，在一定范围内搜取手机用户信息，强行向不特定用户手机发送赌博短信息，造成公众移动通信网络信号局部阻断，不仅破坏了了正常的电信秩序，影响电信运营商正常经营活动，危害公共安全，而且影响用户手机使用，损害公民隐私，其行为已构成破坏公用电信设施罪。❶ 这是以破坏公用电信设施罪惩治群发垃圾短信的行为。属于不当商业言论可能涉及的刑事犯罪之一，但就直接针对不当商业言论的刑事规制而言，以下所列的虚假广告罪与损害商业信誉、商品声誉罪最为典型。

（一）虚假广告罪

《刑法》第 222 条规定：广告主、广告经营者、广告发布者违反国家规定，利用广告对商品或者服务作虚假宣传，情节严重的，处 2 年以下有期徒刑或者拘役，并处或者单处罚金。根据该条规定，可知对于广告形式以外的其他宣传做了除罪化处理。此外，广告代言人虽然可能承担民事责任，但是根据该条，其无须承担刑事责任。

（二）损害商业信誉、商品声誉罪

《刑法》第 221 条规定：捏造并散布虚伪事实，损害他人的商业信誉、商品声誉，给他人造成重大损失或者有其他严重情节的，处 2 年以下有期徒刑或者拘役，并处或者单处罚金。

对照《反不正当竞争法》第 14 条的规定——经营者不得捏造、散布虚伪事实，损害竞争对手的商业信誉、商品声誉，可知，刑法上述规定是反不正当竞争法相应规定的升级版。除了责任形式上的扩张之外，还有主体上的扩张。《反不正当竞争法》该条规定的适用范围被限于经营者，而刑法的规定则并无这样的限制。

---

❶　上海市闸北区人民法院（2014）闸刑初字第 593 号刑事判决书。

二、构成要件的讨论

（一）虚假广告罪

本罪主体是特殊主体，只能由广告主、广告经营者和广告发布者构成。主观方面表现为直接故意，即明知是不真实的广告而故意作虚假宣传。侵犯的客体是国家对广告经营的管理制度。犯罪对象是广告。因此，广告以外的其他虚假宣传，或者虚假的标识，不构成本罪。客观方面表现为违反国家广告管理法规，利用广告对商品或者服务作虚假宣传。

关于虚假广告罪的追诉标准，根据 2001 年 4 月 18 日发布实施的最高人民检察院、公安部《关于经济犯罪案件追诉标准的规定》，广告主、广告经营者、广告发布者违反国家规定，利用广告对商品或者服务作虚假宣传，涉嫌下列情形之一的，应予追诉：（1）违法所得数额在 10 万元以上的；（2）给消费者造成的直接经济损失数额在 50 万元以上的；（3）虽未达到上述数额标准，但因利用广告作虚假宣传，受过行政处罚二次以上，又利用广告作虚假宣传的；（4）造成人身伤残或者其他严重后果的。

（二）损害商业信誉、商品声誉罪

损害商业信誉、商品声誉罪的犯罪主体是一般主体，既可以是自然人也可以是单位。司法实践中，主要表现为两类主体；一是商誉主体的竞争对手，处于不利地位的同行，其他生产者和经营者；二是新闻、报刊、电视台等媒介。主观方面是故意，表现为行为人明知行为会发生损害他人商誉、扰乱竞争秩序的结果，仍追求结果发生的心理态度。

对损害商业信誉、商品声誉罪客体的论述存在两种观点：其一，复杂客体说。认为侵害的客体包括他人的合法权益，以及市场秩序，或正常的竞争秩序；其二，单一客体说。认为侵害的客体即他人的商业信誉和商品声誉；客观方面表现为捏造并散布虚伪事实，损害他人的商业信誉、商品声誉，给他人造成重大损失或者有其他严重情节的行为。包括三个要素：其一，捏造并散布虚伪事实；其二，损害他人的商业信誉、商品声誉；其三，造成重大损失或者具备其他严重情节。

关于损害商业信誉、商品声誉罪的追诉标准，仍根据上述规定，捏造并散布虚伪事实，损害他人的商业信誉、商品声誉，涉嫌下列情形之一的，应予立案：（1）给他人造成的直接经济损失数额在 50 万元以上的；（2）虽未达到上述数额标准，但具有下列情形之一的：严重妨害他人正常生产经营活动或者导致停产、破产的；造成恶劣影响的。

三、刑事规制的现状：案例的统计

（一）检索

分析上述两个罪名的构成要件，似乎给人得出非常容易成立上述两罪的印象，但事实上，因为发布虚假广告、发表损害他人商业信誉、商品声誉的言论而被追究刑事责任的情形是少见的。对于两个主要的判例数据库的检索结果支撑了上述观点。

在中国裁判文书网中，设定检索的裁判时间从 1997 年 10 月 1 日（《刑法》的实施时间）开始，到 2014 年 8 月 3 日，设定检索关键词"虚假广告罪"，得到的检索记录只有 7 条，均为 2014 年裁判的文书记录。其中，案由中包含虚假广告罪的有 4 条，其余 3 条，其中有 1 条是民事判决的记录，提到被告曾因虚假广告罪被法院判处刑罚。余 2 条则与虚假广告罪无关。

明确提到虚假广告罪的 5 个案例（其中有 1 个是民事判决提到了被告犯虚假广告罪）中，检察机关以虚假广告罪向法院提起刑事指控的案件计有 4 宗，分别是安×虚假广告罪一案，[1] 宁夏藏一医疗科技有限公司、李×生产、销售伪劣产品罪，滁州市快乐购商贸有限责任公司、吴×虚假广告罪一案，[2] 曾××虚假广告罪一案，[3] 以及石××虚假广告罪一案。[4] 但在安×虚假广告罪一案，安×是以涉嫌犯诈骗罪被刑事拘留。这意味着安××一开始并非是以虚假广告罪接受公安机关的

---

[1] 北京市石景山区人民法院（2014）石刑初字第 136 号刑事判决书。

[2] 安徽省滁州市中级人民法院（2014）滁刑终字第 00093 号刑事裁定书。

[3] 湖北省恩施市人民法院（2014）鄂恩施刑初字第 00148 号刑事判决书。

[4] 辽宁省沈阳市沈河区人民法院（2014）沈河刑初字第 753 号刑事判决书。

调查。

在中国裁判文书网中，设定检索的裁判时间从 1997 年 10 月 1 日（《刑法》的实施时间）开始，到 2014 年 8 月 3 日，设定检索关键词"损害商业信誉、商品声誉罪"，得到的检索记录只有 3 条，均为 2014 年裁判的文书记录。分别是石××损害商业信誉、商品声誉罪一案，❶ 虞某某损害商业信誉、商品声誉罪一案，❷ 以及杨×甲损害商业信誉、商品声誉罪一案。❸ 该 3 宗案件检察机关均是以该罪名向法院提起刑事指控。以"损害商业信誉罪"与"损害商品声誉罪"分别作为关键词再行检索，并未发现更多的记录。

在北大法宝中，以"虚假广告罪"作为全文关键词，在《高法公报案例》《裁判文书精选》以及《经典案例评析》3 个数据库中检索，得出 6 条记录，剔除重复之后剩下 4 条，经查阅记录内容后，剔除与虚假广告罪无关的记录 1 条，余下 3 条刑事裁判文书记录，即聂××诈骗案，❹ 黄××等虚假广告案，❺ 以及吕××虚假广告案。❻ 单从案由来看，聂××诈骗案似乎与虚假广告罪无关，但观察裁判文书则发现这的确是一个虚假广告罪的案例。

在北大法宝中，以"损害商业信誉、商品声誉罪"作为全文关键词，在《高法公报案例》《裁判文书精选》以及《经典案例评析》3 个数据库中检索，共得到 4 条记录，剔除重复记录之后剩下 3 条。其中，两条刑事裁判文书，分别是王××损害商业信誉、商品声誉案，❼ 与訾北佳损害商品声誉案。❽ 另有一条民事裁判文书记录，即萍乡市新安工

---

❶ 山东省临沂市中级人民法院（2014）临刑二终字第 114 号刑事裁定书。
❷ 山东省淄博高新技术产业开发区人民法院（2014）新刑初字第 31 号刑事判决书。
❸ 浙江省温州市鹿城区人民法院（2014）温鹿刑初字第 1 号刑事判决书。
❹ 河南省三门峡市中级人民法院（2008）三刑再字第 1 号刑事裁定书。
❺ 浙江省杭州市江干区人民法院（2007）江刑初字第 631 号刑事判决书。
❻ 江苏省扬州市邗江区（县）人民法院刑事判决书，未注明案号。
❼ 浙江省缙云县人民法院刑事判决书，未注明案号。
❽ 北京市第二中级人民法院（2007）二中刑初字第 1763 号刑事判决书。

业有限责任公司诉萍乡市龙骧瓷厂等不正当竞争案，其中提及萍乡市安源区人民法院作出（2002）安刑初字第 130 号刑事判决，认定被告人胡×、李××劲、蔡××犯损害商业信誉、商品声誉罪，分别被判刑。该判决被萍乡市中级人民法院（2002）萍刑二终字第 60 号刑事裁定书维持。❶

在北大法宝中，以"损害商业信誉罪"作为全文关键词，在《高法公报案例》《裁判文书精选》以及《经典案例评析》3 个数据库中检索，共得到 4 条记录。经查阅 4 条记录的内容后，剔除两条与损害商业信誉无关的记录，只剩下两条记录，即李岳茜损害商业信誉案❷与訾北佳损害商品声誉案。❸

在北大法宝中，以"损害商品声誉罪"作为全文关键词，在《高法公报案例》《裁判文书精选》以及《经典案例评析》3 个数据库中检索，共有 6 条记录，剔除重复的记录，则只剩下 3 条记录。其中，两条是刑事裁判文书记录，分别是上海市奉贤区人民检察院诉陈×等人损害商品声誉案❹和訾北佳损害商品声誉案。❺另有一条是民事裁判文书记录，即冯××与成武县科技开发中心侵犯商业秘密纠纷案，其中提及冯××等人涉嫌损害商品声誉罪被立案侦查，并被提起公诉一节。❻

将上述检索记录予以归并，可知，在北大法宝中前述三个案例库中，共有损害商业信誉、商品声誉类刑事裁判记录 4 条，另有两条民事裁判文书提及前述罪名。

（二）简单的分析

由于我国法院全面公开裁判文书的实践晚至 2014 年 1 月 1 日才开始推行，此前公开的裁判文书仅仅属于全部裁判文书中的一小部分。因

---

❶　江西省萍乡市中级人民法院（2003）民三初字第 00027 号民事判决书。

❷　安徽省合肥市中级人民法院（2007）合刑终字第 212 号刑事裁定书。

❸　北京市第二中级人民法院（2007）二中刑初字第 1763 号刑事判决书。

❹　上海市第一中级人民法院（2003）沪一中刑终字第 229 号刑事裁定书。

❺　北京市第二中级人民法院（2007）二中刑初字第 1763 号刑事判决书。

❻　山东省高级人民法院（2008）鲁民三终字第 68 号民事判决书。

此，上文对于商业言论类刑事裁判文书的检索结果必然是不完全的。但是，仅仅与我们日常生活中的感受（人们的生活经验）——铺天盖地的关于不当商业言论的报道以及有关主管机关经常性地通知部署与运动式的执法来看，因商业言论而获罪的案例也是稀少的。

综合检索的结果来看，中国裁判文书网上的信息均是 2014 年 1 月 1 日全面公开裁判文书之后的新案例，基本上可以判断中国裁判文书网未收录 2014 年 1 月 1 日以前的商业言论类刑事裁判文书。而北大法宝中基本上未收录 2014 年 1 月 1 日以后的商业言论类刑事裁判文书。加总中国裁判文书网上与北大法宝上的商业言论类刑事裁判文书，可知，共涉及虚假广告罪裁判文书为 8 例，损害商业信誉、商品声誉罪裁判文书为 9 例。

这一数量当然是非常稀少的。初步分析，数量稀少的原因可能是刑事追诉机关对于商业言论类的犯罪打击不力。以虚假广告罪为例，追诉机关可能更倾向于以它种罪名立案侦查，并对犯罪嫌疑人采取强制措施，当发现不构成该它种罪名时，才由检察院改变罪名提起公诉或由法院判决成立虚假广告罪。例如前述的安×虚假广告罪一案，犯罪嫌疑人安×是以涉嫌犯诈骗罪被刑事拘留，检察机关则以虚假广告罪提起公诉。

聂××诈骗案的案情则更加曲折。该案被告人聂××在报刊杂志等媒体上，在支付不同数额的广告发布费用后，由这些媒体将其制作的包含有虚假和夸大内容的广告向不特定的读者发布，读者看到后纷纷联系并汇款，聂××收到汇款后将所谓的奖品等变相高价邮寄给汇款者牟取非法高额之利益。聂××因涉嫌虚假广告犯罪于 2005 年 6 月 9 日被陕县公安局刑事拘留，同年 7 月 16 日被依法逮捕。2007 年 4 月 4 日经陕县人民检察院决定被陕县公安局以涉嫌诈骗犯罪依法逮捕。陕县人民法院以虚假广告罪判处其有期徒刑 1 年，并处罚金 5 万元。判决发生法律效力后，三门峡市人民检察院提起抗诉，认为原审适用法律错误，聂××应构成诈骗罪。三门峡市中级人民法院经再审合议庭评议并报经本院

审判委员会讨论仍认为构成虚假广告罪，遂维持原判决。❶

四、诽谤除罪化的呼吁

晚近有对于诽谤除罪化的呼吁，主张对于所有诽谤，不论口头诽谤还是书面诽谤，当然也不问是民事诽谤，还是商业诽谤，均予以除罪化。这一主张在有些国家的立法中得到支持，这些国家包括美国等。

据学者的总结，诽谤除罪化的理由主要有：确保民主原则与充分的表达自由的实现；诽谤罪常被用于不合法的目的；以及民事诽谤法已能提供对于名誉权的足够保护。❷ 笔者认为，诽谤除罪化，一方面在于避免产生"寒蝉"效应，另一方面也在于言语类的恶行，毕竟不同于行动类的恶行，所产生的对于社会的危害要小于行动类的恶行。

但上述理由于涉及商业言论犯罪的情形，并不完全适用。如前已述，现行法上关于商业言论的犯罪主要有虚假广告罪，以及损害商业信誉、商品声誉罪，后者即是商业诽谤。如果说上述除罪化的理由对于商业诽谤也成立的话，那么，其对于虚假广告而言，则不太适合。就虚假广告而言，其一方面损害消费者的利益，另一方面损害了良好的竞争秩序；在道德层面，谎言也是不被接受的恶行，因此，就我国目前虚假广告治理的现状而言，不应急于推动商业言论除罪化，而应强调严格的刑事执法。

第五节　商业言论公法规制体系的优化设计

对于商业言论的治理，已有学者提出治理的方案。例如，有学者认为，虚假广告的治理是一个系统工程。应该从违法者、潜在违法者、消费者、执法机构等方面进行制度的构建和完善，具体的治理对策应该基于如何确定最佳的法律责任、如何应对执法资源短缺、如何提供充分有

---

❶ 河南省三门峡市中级人民法院（2008）三刑再字第 1 号刑事裁定书。

❷ 郑文明：《诽谤的法律规制——兼论媒体诽谤》，法律出版社 2011 年版，第 183～184 页。

效信息等问题而展开。❶ 有人建立了媒体、虚假广告主及国家的三方博弈模型，通过对该模型均衡解的分析，得出如下结论：只有提高国家的稽查质量，加大对媒体和商家发布虚假广告的处罚力度，才能有效减少虚假广告坑害消费者的现象发生。❷

上述见解均有道理。商业言论公法规制体系的关键是规制的有效性。所谓规制的有效性，是指违法行为被发现并且被惩处的概率达到了足以震慑后来的违法者的程度。诚如贝卡利亚所言："对于犯罪最强有力的约束力量不是刑罚的严酷性，而是刑罚的必定性。"❸ 甚至无须达到"不可避免性"的程度，事实上任何一个国家的刑法体系，不管其多么完备，也不可能达到刑罚的不可避免性。只要对于违法行为的惩治的概率超过某一个数值，就会在潜在的违法者心里产生高度的震慑力。这个概率究竟是什么数值，并无一定，也不可能计算出一个精确的数值。但是，必须是违法行为很可能会被惩治。

举例而言，我国台湾地区公平交易委员会对于虚伪不实及引人错误之表示的治理就比较严格。据公平交易委员会之网站公告，公平交易委员会（以下称公平会）于 2014 年 7 月 30 日第 1186 次委员会议通过，台湾小米通讯有限公司（以下称台湾小米公司）于 2013 年 12 月 9 日、12 月 16 日与 12 月 23 日共举办 3 波网路购买红米手机活动，就其商品之数量为虚伪不实及引人错误之表示，违反公平交易法第 21 条第 1 项规定，处台湾小米公司新台币 60 万元罚锾。

台湾小米公司针对有关活动刊载"首轮 10 000 台开放购买""第二轮 10 000 台开放购买""第三轮 8 000 台开放购买"等语广告，并于每波活动后分别刊载"9 分 50 秒红米手机已售罄""1 分 08 秒红米手机已售罄"及"0 分 25 秒红米手机已售罄"广告，予相关交易人及一般大

---

❶ 应飞虎："对虚假广告治理的法律分析"，载《法学》2007 年第 3 期。

❷ 衡涛、陈志国、胡碧玉："媒体、虚假广告主和国家三方行为的博弈分析"，载《统计与决策》2005 年第 16 期。

❸ ［意］贝卡利亚著，黄风译：《论犯罪与刑罚》，中国大百科全书出版社 1993 年版，第 59 页。

众依广告内容所获得之印象为台湾小米公司于开放购买当日提供广告宣称之 10 000 台、10 000 台或 8 000 台红米手机购买资格数供已预约之消费者抢购，并在宣称的时间内均被抢购完毕。唯经查台湾小米公司于宣称之时间点所接受之抢购资格数分别为 9 339 个（12/9）、9 492 个（12/16）及 7389 个（12/23），显示该时间点尚有红米手机抢购资格，却未释放供消费者抢购，反而迳自结束抢购活动，已与广告所示不符。复查台湾小米公司 2013 年 12 月 9 日前仅进口 1 万台红米手机，却于该次活动前另外发放 1 750 个得于 12 月 9 日起无须抢购即可直接进入网站购买红米手机之 F 码，致第一波活动当日备货量有不足之疑虑。又台湾小米公司公告数量与最终抢购资格数间之差异，除技术上无法精准于达到公告手机数量时即停止接受消费者抢购外，另须预留足够手机数量给同时间使用 F 码之消费者，以达成其对持有 F 码消费者之承诺，此即代表部分购买资格数被保留未供消费者抢购，非但已排挤消费者抢购之机会，且最终抢购资格数显较广告宣称数为少，与广告予人之印象有异，并使参与抢购者有错误认知与决定之虞，其未尽广告主真实表示商品数量之义务与责任，核已违反"公平交易法"第 21 条第 1 项规定。[●] 在所宣传的时间内，台湾小米公司仅因销售之数量略低于宣传之数量，而被课以处罚，虽然数额不算大，然就处罚之必然性而言，不可谓不具有相当之震慑力。

　　衡诸于我国当下商业言论的治理现状，应当说，违法行为的惩治概率远未达到足以震慑潜在违法者的程度。因此，公法规制体系的完善或再设计，应当着力于提高不当商业言论的惩治概率。可从规制机构、行政过程的公开、行政处罚的设定及其与刑罚的关系调适几个方面着手。

　　讨论完善商业言论的公法规制体系，需注意公法规制体系固有的局限性。避免将公法规制体系当成商业言论治理的灵丹妙药，甚至是不二法门。如前已述（第四章），行政执法成效不彰，其原因何在？执法机

　　[●]　台湾地区公平贸易委员会公处字第 103097 号处分书。http://www.ftc.gov.tw/uploadDecision/fe15efd0－71c9－446f－b89b－2aee0d2ba138.pdf，2014 年 8 月 6 日最后访问。

制以及执法效能，其间细节容有争辩，然而，未能赋予受害者与加害者这一顺畅的直接面对的救济机制，原因可能不止于此，有些意见或结论容或可商，然此为荦荦大端，则应无疑义。较之于私力救济，公法规制并未直面加害者与受害者之间的直接关系，而由一个公权力机构对于加害者的行为进行干预，既所费不赀，效果又如同隔靴搔痒。

一、规制脉络的重建

严格来说，当下并无刻意设计的商业言论规制脉络。之所以这么说，是因为立法者并未将商业言论的规制通盘地予以考虑。当下的有关商业言论的规制体系，是循着几个不同的理据形成的。

第一条脉络，是广告监管。在技术上，广告需要透过一个中介将信息传达给客户，这个中介一般来说是媒体，包括广播电视、报纸期刊以及网络媒体，当然也有例外，例如户外广告或车厢广告。广告主自己印发的印刷物广告甚至可说没有中介，但也至少有一个外在于产品的宣传载体。这个外在于产品的宣传载体决定了规制的逻辑。现有的广告监管就是将之作为规范对象发展起来的。

根据这条脉络，凡是与脉络中任一节点发生关联的行政机关（甚至包括党的机关）都成了有权对广告进行监管的机关。正如刘凡所总结的："工商行政管理机关是我国广告监管机关，但在具体的广告监管过程中，还涉及相关的职能部门，包括党委宣传、广播电视、新闻出版、卫生、食品药品监管、专利、城市建设、环境保护、公安、交通、旅游、农业、教育、计生委等诸多行政管理部门和有关职能部门。可以说，我国的广告监管模式，是以部门职能分工为基础，有关部门各司其职，各负其责，齐抓共管的广告管理模式。"❶

第二条脉络，是对产品质量的一般性监管。提升产品质量是一个综合工程，其中一个环节是产品的标签标识。基于产品质量监管而对产品

---

❶ 刘凡：《中国广告业监管与发展研究》，中国工商出版社2007年版，第47～48页。

上的标签标识进行监管，这属于产品质量监管机关的职责范畴，属于职能监管的范畴。

第三条脉络，则是特殊商品的监管。特殊商品往往是关系到社会公共安全和健康的商品，例如食品、药品和医疗器械等。基于特殊商品的安全和质量需要监管，而特设监管机关，并由该机关对于涉及特殊商品的方方面面，因此也包含了特殊商品的广告、特殊商品的标签标识和说明书等进行监管，构成第三条监管脉络。该条脉络基本上属于行业监管的范畴。

第四条脉络，是制止不正当竞争与消费者权益保护。国家基于其社会职能，即为了促进公平竞争，保护消费者权益，而对损及公平竞争以及损害消费者权益的行为进行规制，这属于功能监管或目的监管的范畴。其中，不当商业言论经常导致竞争扭曲，损害消费者利益，显然也属于监管对象。因此，有一个维持公平竞争环境、保护消费者利益的机关对于不当商业言论进行监管，构成第四条脉络。

这几个脉络，在现行法律体系中，各个之间没有主次关系。呈齐头并进、争相适用之势。最大的问题可能是没有一条主线，导致执法懈怠以及法律适用上的矛盾和困难。

如上已述，以上的几条监管脉络，广告监管属于行业监管的范畴，对于产品质量的一般监管以及对于特殊商品的监管有职能管理的意味，而基于制止不正当竞争以及保护消费者权益的监管则有目标或者功能监管的味道。行业监管是一条老路子，容易发生"监管俘获"的现象。[❶]应该转向功能监管和目的监管的路子上来。

二、规制机构的整合

如前已述，目下的商业言论公法规制体系，可说是呈现"九龙治水"局面。伴随规制脉络的重建，也将有一番规制机构的整合。监管脉

---

❶　规制机构在满足公益目标上的低效，很可能可以解释为是由于来自被管制者利益方面的压力、影响和"贿赂"。［英］安东尼·奥格斯著，骆梅英译：《规制：法律形式与经济学理论》，中国人民大学出版社 2008 年版，第 58 页。

络交错重叠，监管机关叠床架屋，势必造成相互牵制，或者相互扯皮，导致各机关均有权而又均无须负责的局面。

因此，将来的改革方向是重整规制脉络，整合规制机构。尽量压缩商业言论的有权监管机关，变多头监管为单一机关监管。可以海峡对岸的我国台湾地区作为比较对象。台湾地区规制商业言论的主线非常清晰，那就是公平交易委员会。将来，大陆也可以考虑将商业言论的规制机构整合到一个专责促进公平竞争与消费者权益的机构。

三、行政处罚的合理设定

现行法关于行政处罚的设定，存在以下问题。

（一） 模糊、过大的裁量权以及限制或规范裁量权的努力

似乎我国的立法传统是赋予行政执法机关尽可能多的裁量权，规制商业言论的法律也是如此。以《反不正当竞争法》为例，对于虚假宣传行为，该法第 24 条给出的处罚是"责令停止违法行为，消除影响，可以根据情节处以 1 万元以上 20 万元以下的罚款。"根据该条，是否给予罚款取决于行政机关的裁量（决定裁量），即使决定要给予罚款，在 1 万元以上 20 万元以下，选择一个具体数额仍是取决于行政机关的裁量（选择裁量）。❶

有时，地方性立法会在国家法律的基础上，予以细致化的规范。例如，就《反不正当竞争法》第 24 条设定的行政处罚（主要是指罚款部分），《上海市反不正当竞争条例》将之分成两档，即（对于一般的虚假宣传行为）责令停止违法行为，消除影响，可以处以 1 万元以上不满 10 万元的罚款。情节严重的，处以 10 万元以上 20 万元以下的罚款。❷

值得注意的是，更进一步，作为执法机关的工商行政管理机关本身

---

❶ 所谓决定裁量，是指法律授权行政机关得决定是否想要作成某一个合法的处置，即决定采取措施与否。所谓选择裁量，是指行政机关得就数个不同的合法的处置中，选择作成某一个处置。翁岳生编：《行政法》，元照出版有限公司 2006 年版，第 205 ~ 206 页，此部分为陈清秀所撰。

❷ 《上海市反不正当竞争条例》第 27 条。

也会出台规范性文件，作为行政处罚的裁量基准。例如，上海市工商行政管理局出台了不正当竞争类违法行为行政处罚裁量基准。对于《上海市反不正当竞争条例》第 27 条规定的两档罚款分别规定了裁量适用的具体情形。兹抄录如下：（一）具有下列情形之一的，处以 1 万元以上不满 10 万元的罚款：1. 违法经营额不满 50 万元或者违法所得不满 5 万元的；2. 给他人造成的直接经济损失不满 10 万元的。（二）具有下列情形之一的，处以 10 万元以上 20 万元以下的罚款：1. 违法经营额在 50 万元以上或者违法所得在 5 万元以上的；2. 给他人造成的直接经济损失在 10 万元以上的；3. 造成消费者严重人身或者其他身心伤害的；4. 虚假宣传传播面广，内容与事实严重不符，造成较大的负面的社会影响的；5. 因不正当竞争行为受行政处罚未满 1 年又从事不正当竞争行为的。

上述例子可以作为地方立法以及具体负责行政执法的机关限制或者规范裁量权的努力，其动机值得肯定，其实际效用则有待证明。但是，其弊病也是非常明显的。其一，上海市工商行政管理局出台的不正当竞争类违法行为行政处罚裁量基准，明确了何种情形下，适用 1 万元以上 10 万元以下的罚款，何种情形下适用 10 万元以上 20 万元以下的罚款，却并未规定何种情形下不适用罚款。但是，正如我们所知，反不正当竞争法中是赋予执法机关是否给予罚款的决定裁量的。这样，通过规定裁量基准，封闭了执法机关不适用罚款的可能性，有违反上位法之嫌。其二，《上海市反不正当竞争条例》第 27 条规定：违反本条例第 3 款规定的，依照《中华人民共和国广告法》的规定予以处罚。该条第 3 款，即，"广告经营者、广告发布者不得在明知或者应知的情况下，代理、设计、制作、发布虚假广告。"该款规定基本上重复了反不正当竞争法第 9 条第 2 款的规定。在该法第 24 条第 2 款中，对于此种行为，设定的行政处罚是："监督检查部门应当责令停止违法行为，没收违法所得，并依法处以罚款。"可见，《上海市反不正当竞争条例》将此类行为的

处罚委托给广告法管理，并无上位法依据，本身即有违法之嫌。❶

（二）畸轻畸重问题

1. 恶性程度同等或相近的不当商业言论的处罚畸轻畸重问题

例如，同为欺诈性宣传，如属于虚假广告，根据《广告法》的规定，其处罚为：由广告监督管理机关责令广告主停止发布、并以等额广告费用在相应范围内公开更正消除影响，并处广告费用 1 倍以上 5 倍以下的罚款；对负有责任的广告经营者、广告发布者没收广告费用，并处广告费用 1 倍以上 5 倍以下的罚款；情节严重的，依法停止其广告业务。

如属于不当或违法的产品标识，根据产品质量法的相关规定，如是伪造产品产地的，伪造或者冒用他人厂名、厂址的，伪造或者冒用认证标志等质量标志的，其处罚为：责令改正，没收违法生产、销售的产品，并处违法生产、销售产品货值金额等值以下的罚款；有违法所得的，并处没收违法所得；情节严重的，吊销营业执照。如不属于以上情形，而是其他类型的欺诈性标识，则产品质量法中甚至找不到相应的处罚规定。可见，不同的法律之间，以及同一法律中对于不同类型的欺诈性宣传，存在严重的处罚畸轻畸重现象。

2. 行政处罚的主观要件问题

我国行政处罚法设定的行政处罚，基本上不考虑行为人的主观状态，《行政处罚法》本身未如同刑法一样，对于可受处罚的行为设定故意或过失等主观过错要件。此点广为人诟病。

作为比较，我国台湾地区大法官会议释字第 275 号谓："人民违反法律上之义务而应受行政罚之行为，法律无特别规定时，虽不以出于故意未必要，但须以过失为责任条件。但应受行政罚之行为，仅须违反禁止规定或作为义务，而不以发生损害或危险要件者，推定为有过失，于

---

❶ 这种下位法毫无法律依据地突破上位法的做法并非孤例，举例而言，美国学者郝山就曾指出中国证监会制订的《证券市场内幕交易行为认定指引》对于《证券法》规定的突破现象。［美］郝山著，陶永祺、卫绮骐译："中国过于宽泛的内幕交易执法制度——法定授权和机构实践"，载《交大法学》2014 年第 2 期。

行为人不能举证证明自己无过失时，即应受处罚。行政法院1973年度判字第30号判例谓：'行政罚不以故意或过失为责任要件'及同年度判字第350号判例谓：'行政犯行为之成立，不以故意为要件，其所以导致伪报货物品质价值之等级原因为何，应可不问'，其与上开意旨不符部分，与宪法保障人民权利之本旨抵触，应不再援用。"

不论行为人的主观状态，只要有违法行为，一概施以处罚，是认为行政犯与刑事犯不同，前者是法定犯，后者是自然犯，前者为违反法规义务或行政秩序的行为，不具有伦理的非难性；后者则属反道德及反伦理之行为，两者有本质的不同。❶此种理论，便利行政目的的达成，偏向本已独大的行政权，忽视人民基本权利的保护，渐渐有式微乃至遭到废弃之势。

晚近，我国在个别法所设定的行政处罚上，有改善的迹象，例如在2013年修正的《商标法》中，规定"销售不知道是侵犯注册商标专用权的商品，能证明该商品是自己合法取得并说明提供者的，由工商行政管理部门责令停止销售。"这是在单行法中对于行政处罚的主观要件的新规定，可算是迈出的一小步。未来应该沿着这一路线继续。

（三）大面积的竞合

很多法条的构成要件彼此会全部或部分重合，因此，同一案件事实可以被多数法条指涉，称之为法条的相会（竞合）。❷我们可以看到，在对不当商业言论进行行政处罚上，存在大面积的竞合现象。既包括法律之间的竞合，例如前文提到的《反不正当竞争法》与《广告法》《消费者权益保护法》之间关于虚假宣传的处罚竞合。也包括法律与行政法规、规章之间的竞合，例如，同样也是前文提到的《广告法》与《广告管理条例》《广告管理条例实施细则》之间的处罚竞合。

良好设计的法律应该尽量少一些竞合，假如这一点无法做到，那

---

❶　吴庚：《行政法之理论与实用》，2006年增订九版三刷，作者自版，三民书局总经销，第470页。

❷　[德]卡尔·拉伦茨著，陈爱娥译：《法学方法论》，商务印书馆2003年版，第146页。

么，也应该有关于竞合的一套良好的处理程序。可惜的是，这样一套处理程序在实践中尚未建立或者并未被认真的执行。只要看看工商行政管理机关普遍性地绕过《广告法》而执行《广告管理条例实施细则》就可以了。对此，应当继续重申处理竞合的一些基本原则，例如"上位法优于下位法原则""后法优于前法原则"以及"特别法优于普通法"原则。

（四）多重处罚问题

与大面积的竞合直接联系的一个后果是：多重处罚问题。这一问题在现实中并不严重，尽管法律规定会给人一个这一问题比较严重的暗示。由于普遍性的执法不严，即便是明确的处罚规定也得不到执行。但是这一问题仍有必要预先提出，以防止在将来，行政机关从一个极端滑向另外一个极端，从执法懈怠甚至废弛滑向多重处罚。对这一问题的处理首先是要明确：竞合的法条，其后果是叠加的适用还是选择的适用。在无法从法条中得出明确结论时，应当推定竞合的法律是选择性适用的以避免多重处罚。

四、行政处罚与刑罚的协调

在我国的立法规定和司法实践中，行政处罚和刑罚是并行不悖的。但实际中最大的问题是"以罚代刑"。即主管不当商业言论处罚的行政机关并不主动将构成犯罪的行为移送给刑事犯罪的检控机关。对此，需要建立行政执法机关与刑事侦查机关的顺畅联系，同时鼓励公民、法人对不当商业言论直接向刑事侦查机关提起检举或控告。

五、行政过程的公开

最后但绝非最不重要的是行政过程的公开。甚至可以预测，只要将涉及商业言论的投诉及其行政处理意见全部上网公开，就可以显著提升我国的商业言论治理水平。这方面，我国台湾地区公平贸易委员会的做法值得效仿，众所周知，其所作的决定公开程度比较高。

尾　声

如今，大多数人认为我国社会存在严重的商业言论失范现象，其最明显的表现，就是几乎每一个社会成员都有过遭遇欺诈性或者误导性商业言论的经历，这一现象又可以被视做大面积的社会崩坏失序的一个表现。例如，章启群先生曾说中国存在一种社会性欺诈，❶孙立平先生则更进一步，指出我国面临的更大威胁也许不是社会动荡，而是社会溃败。后者是指社会肌体细胞坏死、机能失效。❷ 无疑地，作为整体性社会崩坏失序的一部分，商业言论失范以及随之而来的治理失效是令人沮丧的。

若吾人认同商业言论失范是一种不可欲的状态，此种不可欲状态亟待得到治理。如今这种不可欲的状态未能得到治理，说明迄今为止的所有规制手段基本上是失效的。这其中的道理很简单，只要有一种规制有效，不可欲的状态就可以得到遏制甚至得到良好的治理。且让我们分析，包括公法规制和私法规制在内的整个规制体系为何以及如何失效的。

---

❶ "几乎所有的成年中国人都有遭遇诈骗的经历……说明发生在中国的欺诈行为具有一种'社会性'"。参见章启群："教育到了最危险的时候"，http://learning.sohu.com/20150325/n410281085.shtml，2015 年 8 月 18 日最后访问。

❷ 其表现形式包括：社会底线失守，道德沦丧；强势利益集团已经肆无忌惮，社会生活西西里化趋势出现；利益集团的肆无忌惮，对社会公平正义造成严重侵蚀；职业操守和职业道德的丧失是相当普遍的现象；整个社会的信息系统已经高度失真，统计数据的弄虚作假代表了体制性的对信息的扭曲。参见孙立平："对中国最大的威胁不是社会动荡而是社会溃败"，http://www.aisixiang.com/data/25083.html，2015 年 8 月 18 日最后访问。

一、公法规制的迷思

商业言论失范现象治理失效，首先表现为公法性规制失效。这里的公法性规制已如上文所述，包括刑事规制以及行政性规制。

（一）刑事规制

刑事规制以其严厉性著称。导致刑事规制失效的原因主要由：刑事规制貌似严厉，实际上处于普遍性的执法不严的状况。无须过多的证明，吾人的个体感受就很能说明问题，连铺天盖地的诈骗性短信和诈骗电话都治理不了，刑事规制何谈有效？我们没有客观、详尽的统计数据，但可以粗略定性地加以说明，网上公开的虚假广告罪裁判文书的数量与实际我们感受到的虚假广告的数量之间的巨大心理落差可以印证刑事规制的概率之低。

刑事规制的概率之低，似乎是出于投鼠忌器。重庆万州区人民检察院指控重庆万州区广播电视台、该台广告中心主任向××、该台广告业务员王×、广告主徐×的行为构成虚假广告罪。由于前无古人，媒体将此案贴上了"全国首例"的标签，说明电视台及其工作人员因虚假广告而入罪的概率之低。万州此案在全国夺得多项"第一"，主要是因为万州区广播电视台是第一批因播放虚假广告走上刑事法庭的。❶ 执法机关或许担心过于严厉的刑事规制，会降低广告的投放，遏制广告业的发展，尤其会影响到许多地、市、县级电视台的生存，进而影响经济的发展和社会的稳定。

有人指出：县级电视台虚假医疗广告屡禁不止的根源在于政府主导电视。❷ 该文分析了四级办台的起源，尔后县级电视台经历了政治属性淡化经济属性突出的阶段，依靠广告实现自负盈亏。由于行政主导电视资源，在广告收入份额分配上，县级台与中央台以及实力强劲的省级台

---

❶ 王琳："虚假广告第一案不是标杆是镜鉴"，http：//www. bjnews. com. cn/o-pinion/2012/06/29/207276. html，2015 年 8 月 21 日最后访问。

❷ "政府主导电视，虚假医药广告屡禁不止"，http：//view. 163. com/special/reviews/tvstation0720. html，2012 年 7 月 20 日最后访问。

之间可谓天壤之别。一个典型的县级台，每年的广告费收入也就是区区的几百万元。在县级台的广告中，医疗类的广告占了绝大多数。其中，虚假广告占了大多数。但是，鉴于电视台与政府关系密切，电视台广告不容易受到正常监管。因此，虚假医疗类广告愈演愈烈，这可以说是中国县级电视台生存的潜规则。

（二）行政性规制

行政性规制是商业言论规制的主力军，单看条文数量即可得出该结论。行政性规制数量可谓多如牛毛，貌似细致绵密，其实粗疏，且存在普遍的选择性执法问题。

有几个方面可以体现行政性规制的粗疏。其一是大范围的法律竞合，且并没有规定竞合的处理方式；其二是对于某些商业言论，存在规制空白；其三是处罚畸轻畸重的问题；其四是有时甚至未规定执法主体。至于选择性执法，是一个老大难问题。部分是由于法律竞合，在相互竞合的法律规则中，执法机关，更大的原因是不受控制的行政权力的副产品。

对付愈演愈烈的商业言论失范现象，我们的第一反应往往是行政性规制力度不够，尤其是立法不够，打击不够，因此，解决之道往往是加强立法，运动式执法。而往往直接使用"王炸"，不是商业言论失范吗？说明行政处罚力度不够，那么，增加受处罚的对象，扩张受处罚的行为，提高处罚的幅度，尤其是罚款的力度，加强执法机关的权力。

这种简单粗暴的逻辑并未带来立竿见影的治理效果，说明用力不在准确部位。前面提及的几个问题，均不是加强立法可以解决的。

二、私性规制的困局

（一）缺位

此种治理失效，还表现在私法规制缺位。缺位与失效不一样，缺位主要体现在该有的没有，或者纸面上有实际上无。而失效是指纸面上的规定没有落实到实处。私法规制主要是缺位的问题，公法规制主要是失效的问题。

　　私法规制的最大缺位在于基本上没有在商业言论的受害人与加害人之间建立起直接的、有效的法律责任体系。商业诋毁是个例外，在这种不当商业言论的情形，受害人可以根据法律规定直接向加害人提起民事诉讼追究加害人的民事责任，且所遵循的途径，既包括反不正当竞争法提供的途径，也包括普通民法本身为侵害名誉权提供的途径。

　　其余不当商业言论，例如欺诈性言论，如言论的接收者未因言论陷入错误认识并与言论发出者缔结合同，则合同法上的撤销权救济无用武之地。但若等到言论接受者已经遭受欺诈，法律才提供救济，则又明显地属于规制太晚；又如误导性言论，在反不正当竞争法中称为"引人误解的虚假宣传"，这是一类最能体现救济不匹配的例子。现行法是将误导性言论的受害人辨识为与有竞争关系的经营者，只赋予其民事救济的权利，导致真正的受害者，即处在误导性言论影响范围内的消费者以及其他接收者毫无提起民事救济的途径。这是误导性言论无法得到根治的根本原因。

　　违法或不当的标识以及不当沉默类型的不当商业言论，在现行私法规制体系中，面临的情形与欺诈性陈述以及误导性言论类似，不是等到实际损害发生才有救济权，就是受害者却并非救济权人这类不匹配的问题。而在不当比较广告，由于其性质上要么属于误导性陈述，要么属于商业诋毁，要么两者皆有，❶ 因此，其如果属于误导性陈述，则仍旧面临救济不匹配的问题。

　　垃圾信息与骚扰信息，则是我们任何一个成年人都曾经遭遇过的不当商业言论。此类信息，往往未造成实际的损害后果（单纯的不适感除外），或者即使有损害，单个损害也很微小。现行私法规制体系基本上未针对此类不当商业言论作特别的考量。仅当此类不当商业言论的接收方与发出方发生实际的法律关系之时，才依据这类信息本身的欺诈性或误导性，适用对于欺诈性陈述以及误导性言论的私法救济。

---

　　❶　若不当比较广告对于自己的商品或服务有虚假陈述或误导性陈述，则构成误导性言论；若不当比较广告对于被比的商品或服务有诋毁或贬低情形，则可能构成商业诋毁；若两者皆有，则可以分别构成误导性陈述与商业诋毁。

　　这类不当商业言论往往数量大，单个受害人所受损害小，这是妥善设计不当商业言论的民事责任需要考虑的因素。由于被害人对于维护自身的利益最热心，如能克服单个被害人维权成本高的困境，当有助于商业言论失范难题的解决。因此，可以针对故意的、大规模的不当商业言论，设定惩罚性赔偿责任的规定，解决个人提起民事诉讼的激励问题；此外，可以在诉讼程序设置上增加公益诉讼的途径。例如，可赋予检察机关或消费者组织针对大规模的此类不当商业言论提起公益诉讼的权利。

　　（二）体系化不足

　　所谓体系化，是指使事务成为体系的过程。在我国的私法领域，长期存在体系化不足的现象。❶

　　就我国目前现状而言，体系化之风刚刚吹向作为私法体系支柱的民法典，❷还没来得及眷顾特别私法，特别行政法中的私法规范遑论。整个实务界和学界都在忙着因应所谓的社会热点问题，无暇顾及。谈论特别私法与民法典的关系问题不仅显得未能汲汲于时务，而且显得有些背时。

　　然而，仍需要有效的私法规制，以克服必然会存在的行政权力滥用以及很可能存在选择性执法的行政性规制。而有效的私法规制，则必然涉及特别私法中以及单行行政法中的私法规范与民法典的关系问题。

---

　　❶　对于体系化的理解，可以参考萨维尼的看法，其认为，体系化研究应当包含具备一定的抽象性与无矛盾性，应当以实在法为基础，避免任意性和空洞化；应当对概念进行准确界定，但不是都需要将它们概括为学究式的定义；应当建立在法律规则真正的内在关联基础上。参见杨代雄："萨维尼法学方法论中的体系化方法"，载《法制与社会发展》2006年第6期。

　　❷　2002年12月，《民法（草案）》曾提交全国人民代表大会常务委员会审议，但在这之后近十二年间，未见立法机关再次审议该草案，2014年10月，中国共产党十八届四中全会通过《中共中央关于全面推进依法治国若干重大问题的决定》，其中提到"要编纂民法典"，这是执政党对于民法典编纂的政治意愿的明确表达。鉴于民法典可视为私法体系的支柱，此番编纂民法典，可称为开始了民法体系化的正式征程。

如前已提及的消费者权益保护法、广告法以及食品安全法中的私法规范与将来的民法典的关系，应予以体系化的检讨。首先，应该考虑的是上述特别私法规范是否意欲创设独立于民法典之外的特别责任规范。如果不是，是否仅意味着具体化民法典中的责任规范，或者就民法典中的责任规范作某些方面的例外规定。举例而言，我国立法其实长期以来忽视广告法以及消费者权益保护法中的责任规范一的性质，而司法机关也未明确表达对于这一问题的意见，学者对于此类问题的忽视以及即使有观点也不受重视，导致长期存在的规则不清晰状态。这种规则不清晰的状态妨碍了不当商业言论的治理。

三、走向更好的规制

什么是更好的规制，一个共识是规制措施少而有效，规制机构精简、运行成本低而效率高，并且，规制没有侵害公民的基本权利。基于以上共识，可以推论更好的规制具有以下特征。

首先，应当尽可能地采用私法规制，原因在于：私法规制无须建立专门的规制机构，运行成本最低，私法规制通常采用民事责任的形式，其规制措施也比较少。

其次，私法规制应当尽可能在不当商业言论的发出者和接收者之间建立直接的民事救济管道。这是为了解决私法规制的效率问题。

再次，如果需要采用公法性规制，则应当尽量较少规制机构，明确规制机构的职权，同时尽可能压缩规制机构的自由裁量权。

最后，无论是私法规制，还是公法性规制，都需要尊重公民的基本权利，尤其是，公法性规制中的禁止性规制措施勿损及公民的基本权利。

就最后一点而言，规制的诸多路径中，一种可行的思路是在核心禁令外围竖起一道藩篱，象牙贸易的禁止就是一个适当的例子，为了禁止捕猎野生大象，对于一切象牙贸易均予以禁止。这是滑坡谬误与预防规则的适切例子。但棘手的是，我们也许需要藩篱来保护这些核心原则，但藩篱建得太高也可能危害其他核心价值。❶ 例如在不当商业言论的规制中，我们的核心禁令是禁止欺诈性陈述和误导性宣传，为了保护这些核心原则，建立的藩篱是禁止某种类型的商业言论，我们曾经在广告法中看到这样的藩篱。《广告法》第 15 条的规定：麻醉药品、精神药品、医疗用毒性药品、放射性药品等特殊药品，药品类易制毒化学品，以及戒毒治疗的药品、医疗器械和治疗方法，不得作广告，就是一个例子。类似这样为了禁止欺诈性陈述和误导性宣传，而干脆完全禁止广告的做法，从公民基本权利的保护上来说是值得再三斟酌的。

---

❶ ［美］艾伦·德肖维茨：《你的权利从哪里来》，黄煜文译，北京大学出版社 2014 年版，第 180 页。

结　　语

　　固然，一种不依赖法律规范，仅仅依靠道德教化就能实现良序美俗的社会是可以想象的。但是，令人沮丧的是，道德内化与德育教化似乎从来没有真正成功过，因此，仅靠提升社会成员的道德水准来遏制商业言论失范现象几乎从来不能成功。诚实无欺、君子坦荡荡似乎只是存在于上古某一时期的理想社会中（因此无法确知其真假）。人间俗世，摆脱不了仰赖规则的结局，最终仍要依靠规则来治理商业言论失范现象。

　　本书力图说明，鉴于私法性规制的自己执行的性质，其在本质上比公法性规制有效，甚至可以乐观地想象，也许只要解决直接救济——让不当商业言论的发出者直接对于受害者负责——这一问题，不当商业言论的问题就会迎刃而解。

参考文献

一、中文著作和译作

[1] 陈平．新中国诚信变迁：现象与思辨．广州：中山大学出版社，2010

[2] 黄茂荣．法学方法与现代民法．北京：中国政法大学出版社，2001

[3] 范健．商法．北京：高等教育出版社，2007

[4] 钱穆．国史新论．北京：读书·生活·新知三联书店，2001

[5] 张俊浩、刘心稳、姚新华．民法学原理．北京：中国政法大学出版社，2000

[6] 陈柳裕、唐明良．广告监管中的法与理．北京：社会科学文献出版社，2009

[7] 宋红松．知识产权法案例教程．北京：北京大学出版社，2005

[8] 刘春田．知识产权法．北京：中国人民大学出版社，2002

[9] 李明德．知识产权法．北京：法律出版社，2008

[10] 谢晓尧．在经验和制度之间：不正当竞争司法案例类型化研究．北京：法律出版社，2010

[11] 范长军．德国反不正当竞争法研究．北京：法律出版社，2010

[12] 李松．中国社会诚信危机调查．北京：中国商业出版社，2011

[13] 曾宪义．中国法制史．北京：中国人民大学出版社，2009

[14] 圣严法师．佛学入门．西安：陕西师范大学出版社，2008

[15] 赵朴初．佛教常识答问．北京：东方出版社，2013

[16] 张龙德、姜智彬、王琴琴．中外广告法规研究．上海：上海交通大学出版社，2008

[17] 周茂君．中国广告管理体制研究．北京：人民出版社，2012

[18] 冯震宇、姜炳俊、谢颖青、姜志俊．消费者保护法解读．台北：元照出版有限公司，2005

[19] 陈新民．宪法基本权利之基本理论（上）．台北：元照出版有限公司，2002

[20] 陈聪富．民法概要．台北：元照出版有限公司，2006

[21] 陈小君．合同法学．北京：中国政法大学出版社，2007

[22] 龙卫球．民法总论．北京：中国法制出版社，2001

[23] 李淑明．民法总则．台北元照出版有限公司，2011

[24] 王利明、房绍坤、王轶．合同法．北京：中国人民大学出版社，2002

[25] 崔建远．合同法．北京：法律出版社，2003

[26] 王利明．人格权法新论．长春：吉林人民出版社，1994

[27] 中国高级法官培训中心、中国人民大学法学院．中国审判案例要览（1997年民事审判卷）．北京：中国人民大学出版社，1998

[28] 最高人民法院中国应用法学研究所．人民法院案例选（民商事卷）（上）（1992-1996合订本）．北京：人民法院出版社，1997

[29] 孔祥俊．反不正当竞争法新论．北京：人民法院出版社，2001

[30] 佟柔．中国民法学·民法总则．北京：法律出版社，1990

[31] 全国人大常委会法制工作委员会行政法室．中华人民共和国食品安全法解读．北京：中国法制出版社，2009

[32] 李国光．知识产权诉讼教材．北京：人民法院出版社，1995

[33] 沈达明．比较民事诉讼法初论．北京：中信出版社，1991

[34] 陈军．查办广告违法案件操作规程．北京：中国工商出版社，2008

[35] 翁岳生．行政法．台北：元照出版有限公司，2006

[36] 郑文明．诽谤的法律规制——兼论媒体诽谤．北京：法律出版社，2011

[37] 刘凡．中国广告业监管与发展研究．北京：中国工商出版社，2007

［38］［日］芦部信喜．宪法（第三版）．林来梵等译，北京：北京大学出版社，2006

［39］［德］卡尔·拉伦茨．法学方法论．陈爱娥译，北京：商务印书馆，2003

［40］［法］伊夫·居荣．法国商法．罗结珍、赵海峰译，北京：法律出版社，2004

［41］［美］爱德华·萨丕尔．语言论——言语研究导论．陆卓元译，北京：商务印书馆，1985

［42］［美］伯纳姆．英美法导论．林利芝译，台北：元照出版有限公司，2005

［43］［美］安东尼·刘易斯．言论的边界——美国宪法第一修正案简史．徐爽译．北京：法律出版社，2010

［44］［美］麦克马尼斯．不公平贸易行为概论．陈宗胜等译．北京：中国社会科学出版社，1997

［45］［英］约翰·密尔．论自由．许宝骙译．北京：商务印书馆，1959

［46］［英］洛克．政府论．叶启芳、瞿菊农译．北京：商务印书馆，1964

［47］［美］史蒂芬·布雷耶．规制及其改革．李洪雷、宋华琳、苏苗罕、钟瑞华译．北京：北京大学出版社，2008

［48］［美］安东尼·刘易斯．批评官员的尺度：《纽约时报》诉警察局长沙利文案．何帆译．北京：北京大学出版社，2011

［49］［美］T·巴顿·卡特．大众传播法律概要．黄列译．北京：中国社会科学出版社，1997

［50］［美］唐纳德·M·吉尔摩．美国大众传播法：判例评析．梁宁等译．北京：清华大学出版社，2002

［51］［美］杰罗姆·巴伦、托马斯·迪恩斯．美国宪法概论．刘瑞祥．北京：中国社会科学出版社，1995

［52］［法］伊夫·居荣．法国商法．罗结珍、赵海峰译．北京：法律出

版社，2004

[53] ［日］阿部照哉、池田政章．宪法（下）——基本权利篇．周宗宪译．台北：元照出版有限公司，2001

[54] ［德］迪特尔·梅迪库斯．请求权基础．陈卫佐、田士永、王洪亮、张双根译．北京：法律出版社，2012

[55] ［英］安东尼·奥格斯．规制：法律形式与经济学理论．骆梅英译．北京：中国人民大学出版社，2008

[56] ［德］哈特穆特·毛雷尔．行政法学总论．高家伟译．北京：法律出版社，2000

[57] ［意］贝卡利亚．论犯罪与刑罚．黄风译．北京：中国大百科全书出版社，1993

[58] ［美］艾伦·德肖维茨．你的权利从哪里来．黄煜文译．北京：北京大学出版社，2014

二、中文论文和译文

[1] 赵娟，田蕾："论美田商业言论的宪法地位——以宪法第一修正案为中心"，载《法学评论》2005 年第 6 期。

[2] 蔡祖国、郑友德："不正当竞争规制与商业言论自由"，载《法律科学》2011 年第 2 期。

[3] 李琛："法的第二性原理与知识产权概念"，载《中国人民大学学报》2004 年第 1 期。

[4] 杨立新、蔡颖雯："论商业诽谤行为及其民事法律制裁"，载《河南省政法管理干部学院学报》2004 年第 5 期。

[5] 李大雪："德国比较广告研究"，载《中德法学论坛》2002 年。

[6] 祝凤冈："国际比较广告规范之研究"，载《广告学研究》第四集，1994 年第 7 期。

[7] 程国平："欧美的比较广告"，载《外国经济与管理》1997 年第 8 期。

[8] 张志松："试论比较广告的有关法律问题"，载《法律适用》2000

年第 5 期。

［9］ 罗素英：“中国文字狱述论”，载《求是学刊》2000 年第 6 期。

［10］ 瞿巍：“抗战时期四川的图书杂志审查”，载《中国出版》2013 年第 4 期。

［11］ 黄春平：“西方印刷媒介内容监管的制度变迁及历史启示”，载《中国出版》2010 年 12 期。

［12］ 李海英、李新龙：“美国广告管理特点”，载《新闻前哨》2009 年第 7 期。

［13］ 徐冬杰：“国内外广告行业自律体系建设”，载《中国广告》2008 年第 2 期。

［14］ 夏清华：“中外广告管理比较”，载《经济评论》1997 年第 3 期。

［15］ 杜志华：“欧盟不公平商业行为指令简介”，载《法学评论》2007 年第 5 期。

［16］ 逄征虎：“论标准与技术法规的关系”，载《世界标准化与质量管理》2003 年第 10 期。

［17］ 许章润：“政治立法的主权言说”，载《中国法律评论》2014 年第 1 期（创刊号）。

［18］ 胡锦光：“立法法对我国违宪审查制度的发展及不足”，载《河南省政法管理干部学院学报》2000 年第 5 期。

［19］ 胡锦光：“违宪审查与相关概念辨析”，载《法学杂志》2006 年第 4 期。

［20］ 胡锦光、王锴：“论我国宪法中公共利益的界定”，载《中国法学》2005 年第 1 期。

［21］ 张翔：“基本权利的双重性质”，载《法学研究》2005 年第 3 期。

［22］ 郑友德、胡承浩、万志前：“论反不正当竞争法的保护对象——兼评‘公平竞争权’”，载《知识产权》2008 年第 5 期。

［23］ 郑成思：“反不正当竞争——知识产权的附加保护”，载《知识产权》2003 年第 5 期。

［24］ 崔建远：“缔约上过失责任论”，载《吉林大学社会科学学报》

1992 年第 3 期。

[25] 张新宝、康长庆：“名誉权案件审理的情况、问题及对策”，载《现代法学》1997 年第 3 期。

[26] 王利明：“隐私权概念的再界定”，载《法学家》2012 年第 1 期。

[27] 郭锋：“论隐私权的法律属性”，载《商丘师范学院学报》2004 年第 20 期。

[28] 吴忆萍：“产品责任与产品缺陷探析”，载《现代法学》1999 年第 3 期。

[29] 张新宝、李倩：“惩罚性赔偿的立法选择”，载《清华法学》2009 年第 4 期。

[30] 杨立新：“《消费者权益保护法》规定惩罚性赔偿的成功与不足及完善措施”，载《清华法学》2010 年第 3 期。

[31] 许德风：“论瑕疵责任与缔约过失责任的竞合”，载《法学》2006 年第 1 期。

[32] 梁慧星：“消费者权益保护法第 49 条的解释与适用”，载《人民法院报》2001 年 3 月 29 日。

[33] 谢晓尧：“欺诈：一种竞争法的理论诠释——兼论《消费者权益保护法》第 49 条的适用与完善”，载《现代法学》2003 年第 2 期。

[34] 王强：“法条竞合特别关系及其处理”，载《法学研究》2012 年第 1 期。

[35] 胡充寒：《我国知识产权诉前禁令制度的现实考察及正当性构建》，载《法学》2011 年 10 月。

[36] 王倩：“我国违法广告监管制度的反思与重构”，载《江淮论坛》2007 年第 5 期。

[37] 窦丰昌、张果英：“如何认定媒体在广告侵权中的责任”，载《中国记者》2001 第 9 期。

[38] 李轶：“试论公众人物代言虚假广告的侵权责任”，载《烟台大学学报》2010 年第 1 期。

［39］ 王倩："我国违法广告监管制度的反思与重构"，载《江淮论坛》2007 年第 5 期。

［40］ 赵炬："虚假广告之公害，治理难度之剖析"，载《新闻知识》2009 年第 9 期。

［41］ 钱翠华："虚假广告的认定"，载《人民司法》2007 年第 22 期。

［42］ 王仲："30 年来我国民间反虚假广告及假冒商品行动综述"，载《深圳大学学报（人文社会科学版）》2011 年第 4 期。

［43］ 朱立新："虚假广告的鉴别"，载《中国防伪报道》2012 年第 5 期。

［44］ 廖善康："虚假广告与消费者权益保护的思考"，载《中国商贸》2010 年第 22 期。

［45］ 中国广告协会信息研究室编译："美国广告监管体系研究"，载《现代广告》2006 年学刊。

［46］ "北京一项监测报告显示 2006 年烟草广告违法率高达 100%"，载《当代传播》2007 年第 2 期。

［47］ "中国九家媒体因广告违法问题严重受行政告诫"，载《国际新闻界》2010 年第 8 期。

［48］ 胡笑红："山西汾酒再度炮轰茅台虚假宣传，自称为第一国宴用酒"，载《京华时报》2011 年 9 月 22 日。

［49］ 应飞虎："对虚假广告治理的法律分析"，载《法学》2007 年第 3 期。

［50］ 祝翔："法治与自治并举中国违法广告管理机制的新思考"，载《新闻界》2010 年第 2 期。

［51］ 王倩："我国违法广告监管制度的反思与重构"，载《江淮论坛》2007 年第 5 期。

［52］ 孙笑侠、郭春镇：《法律父爱主义在中国的适用》，载《中国社会科学》2006 年第 1 期。

［53］ 应飞虎："对虚假广告治理的法律分析"，载《法学》2007 年第 3 期。

［54］ 衡涛、陈志国、胡碧玉：“媒体、虚假广告主和国家三方行为的博弈分析”，载《统计与决策》2005 年第 16 期。

［55］ 陶永祺、卫绮骐译，载《交大法学》2014 年第 2 期。

［56］ 杨代雄：“萨维尼法学方法论中的体系化方法”，载《法制与社会发展》2006 年第 6 期。